ISADORA DUNCAN

伊莎多拉·邓肯自传
我短暂而又漫长的一生

[美] 伊莎多拉·邓肯 著

崔莹 译

My Life

广东旅游出版社
GUANGDONG TRAVEL & TOURISM PRESS
悦读好·悦旅行·悦享人生

中国·广州

图书在版编目（CIP）数据

伊莎多拉·邓肯自传：我短暂而又漫长的一生 /
（美）伊莎多拉·邓肯著；崔莹译. -- 广州：广东旅游
出版社，2025.2. -- ISBN 978-7-5570-3492-4

Ⅰ. K837.125.76

中国国家版本馆CIP数据核字第2025FU4401号

出 版 人：刘志松
责任编辑：张晶晶　　梁诗淇
责任校对：李瑞苑
责任技编：冼志良

伊莎多拉·邓肯自传：我短暂而又漫长的一生
YISHADUOLA·DENGKEN ZIZHUAN：WO DUANZAN ER YOU
MANCHANG DE YISHENG

广东旅游出版社出版发行

（广州市荔湾区沙面北街71号首层、二层　邮编：510130）

电话：020-87347732（总编室）

020-87348887（销售热线）

投稿邮箱：2026542779@qq.com

印刷：天宇万达印刷有限公司

（河北省衡水市故城县金宝大道侧中兴路）

880毫米×1230毫米　32开　12.5印张　300千字

2025年2月第1版　2025年2月第1次印刷

定价：56.00元

自 序

　　我承认，当第一次想到要写这本书时，我感到害怕。并不是说我的人生比任何小说都更无趣、比任何电影都更四平八稳。并且，即使我写得真的不错，也不会是一个划时代的独奏会，但这是写作！

　　我花了很多年苦苦地挣扎、练习、研究，才学会一个简单的舞蹈姿势。我对写作艺术的了解足以让我意识到即使要写一个简单美妙的句子同样需要我付出多年的专注。我经常意识到尽管一个人可能辛苦地跑到赤道和狮子、老虎大决斗，当他试图写下这一切时，或许会失败。可是另外一个或许从未离开他家门廊的人，写下的在丛林中杀死老虎的故事会让读者感觉他真的在现场，读者能感受到他的痛苦和恐惧、闻到狮子的气味、听到响尾蛇可怕的声音。一切似乎只存在于想象中，我所有奇妙的经历可能因为我没有塞万提斯甚至卡萨诺瓦的笔而失去味道。

　　还有一个问题。我们怎么书写关于自己的真相？甚至，我们知道真相为何吗？是朋友眼里的我们，我们眼里的自己，还是恋人眼里的我们？还有敌人眼里的我们。所有这些都大相径庭。我深知这一点，是因为我早晨喝咖啡时会看报纸。这份报纸上说我女神般美丽，说我是个天才；我几乎还在为此满意地微笑时，拿起另一份报纸——说我没有任何才华、身材糟糕，是个十足的哈比①。

我很快放弃了阅读关于我作品的评论。我不能要求别人必须对我进行正面评价，但负面评价太让人沮丧，太具攻击性，甚至能杀人。有一位柏林的批评家用冒犯我的方式来追逐我，他说我完全不懂音乐。一天，我写信给他恳请他来见我，我会让他认识到他犯了一个错误。他出现后，坐在我对面，我滔滔不绝地讲了一个半小时，为他讲述了我从音乐中独创的动作理论。我注意到他看上去非常平庸和淡漠，他从口袋中掏出他的助听器，告诉我他几乎聋了，即使他有助听设备、坐在第一排，也几乎听不见管弦乐队的演奏。这太令人感到滑稽和沮丧了，正是这样一个人的看法让我整夜无法入睡！

所以，如果每个人从不同角度看到的都是不一样的我们，那我们要怎么找到可以被书写下来的自己？是圣母玛利亚、麦瑟琳娜②，抹大拉的玛丽亚（Mary Magdalene）、才女？在哪里可以找到兼具以上冒险精神的女性？在我看来不是某一个，而是有成百个这样的女性——我的灵魂在飞升，不受其中任何一个影响。

有一种很妙的说法——写作的第一要义是写你没经历过的事情。写个人的亲身经历，会让他们尽力逃避一些事情。记忆比梦更不具

---

① 哈比：希腊神话中的鸟身女妖。

② 麦瑟琳娜：罗马皇帝克劳狄一世的第三任妻子，她以滥交而闻名。

体，事实上，我做的很多梦比我真实的记忆更生动。人生就是一场梦，这很好，否则如何能保存一些经历？我举个例子，卢西塔尼亚号的沉没①。类似事件都会给亲历者留下永久的惊恐，但我们在其他任何地方碰到他们时，会看到他们满脸笑容和幸福。只有在爱情里，人们才会经历突出的变化。在现实生活中，即使遭遇了最可怕的事情，主人公依然如故。曾目睹不少俄国王子在倾家荡产之后，依然每晚在蒙马特与歌女们欢快地共进晚餐——就像战前一样。

任何愿意写出自己人生真相的男女都会写出伟大的作品，但常常没人敢写。卢梭为人类做出了伟大的牺牲，他写出了自己真实的内心里最隐秘的行为和想法——《忏悔录》是一部伟大的作品。沃尔特·惠特曼将他真实的人生献给了美国，他的书一度被视为"不道德的书"而被禁止邮寄，这个描述在现在看来很荒谬。没有一个女人能说出她生活的全部真相，大多数著名女性的自传都是对外在存在的描述，对琐碎细节和趣闻轶事的描述，根本无法让人了解她们真实的生活。奇怪的是，对于那些欢乐或痛苦的重要时刻，她们保持沉默。

我的艺术仅仅是我努力用姿态和动作来表达我存在的真相。我甚至花了很多年才找到一个绝对真实的动作。语言具有不同的意义，在公众面前我可以毫不犹豫地滔滔不绝。我可以向他们诉说我灵魂深处最隐秘的冲动：从一开始我就为我的人生而舞；孩提时代，我自然而然地为成长的喜悦而舞；青春期时，我继续怀着喜悦跳舞，但我理解了悲剧暗流的现实，理解了生活的冷酷无情和破碎。

16岁时，我在没有音乐的情况下在观众面前跳舞。最后观众席上

---

① 1915年5月7日，德国潜水艇击沉了从美国驶往英国的卢西塔尼亚号邮轮。

突然有人喊道："这是《死亡与少女》。"之后，这支舞蹈就一直被称为《死亡与少女》，但这不是我的本意，我只是想表达我对所有貌似欢乐的背后所隐藏的悲剧的浅显的认知，按照我的理解，这支舞蹈应该叫作《生命与少女》。

后来，我跳的是我与一个生命的斗争，被观众称之为死亡，我从中夺取了短暂的欢乐。

普通电影和小说中的男女主人公表现出来的人物性格都很虚假。一般来说，他们都具备所有美德，不可能做出错误的行为。高贵、勇敢、坚毅……是男性。纯洁、性格温和……是女性。所有卑劣的品质都属于故事里的恶棍和"坏女人"，而实际上，我们知道这个世界不存在纯粹的好人和坏人。我们也许并不都违反《十诫》，但我们肯定都会犯错。我们的内心潜藏着法律的破坏者，且一触即发。

高尚的人只是那些没有受到足够诱惑的人，因为他们处于专门吃素的状态，或者因为他们的目标过于集中在一个方向上，以至于他们没有闲暇的时间环顾四周。

我看过一部精彩的电影，叫作《铁轨》。这部电影的主题是人类的生活就像在固定轨道上运行的发动机，如果发动机脱离轨道，或者有不可跨越的物体挡住了去路，那么灾难就会降临。那些面临陡峭的下坡路但没有被邪恶的冲动控制，从而卸下所有制动装置冲向毁灭的驾驶员很幸福。

有人问我是否认为爱情高于艺术。我回答说我不能把两者分开，因为只有艺术家才是我唯一的爱人，只有他才拥有纯粹的美感。当灵魂被允许凝视它的不朽之美时，爱就是看见灵魂。

邓南遮也许是我们时代最杰出的人物之一。他身材矮小，很难称得上英俊。但当他与心爱的人交谈时，就像阿波罗一样，他赢得了当时一些最伟大、最美丽的女人的爱。当他爱上一个女人时，他带她的灵魂从尘世飞升到神圣的天堂。在那里，比阿特丽斯在闪着光飘动。他把每个女人都变成了神圣本质的一部分，他把她高高举起，直到她相信自己真的和但丁用不朽的诗句赞颂过的比阿特丽斯一样。在巴黎，曾经有一段时期，人们对邓南遮的崇拜达到顶峰，以至于所有著名的美人都爱他。当时，他为每一位宠儿依次披上一层闪亮的面纱。她升到比普通人头还高的地方，走路时被奇异的光芒环绕着。当诗人的任性结束时，面纱消失了，光芒黯淡了，女人又变成普通的泥土了，她自己也不知道发生了什么事。

但她意识到自己突然坠入了凡间，回想被邓南遮爱慕时自己的变化，她意识到，在她的一生中，她再也遇不到这样的正爱了。她哀叹自己的命运，越来越忧伤，直到人们看着她说："邓南遮怎么会爱上你这样一个人平凡的红着眼睛的女人呢？"邓南遮是如此伟大的情人他能将最普通的人瞬间变为天使。

在诗人的一生中，只有一位女性经受住了这一考验。她是神圣的比阿特丽斯的化身，无须邓南遮为她披上任何面纱。因为我一直相信，埃莉诺拉·杜丝（Eleonora Duse，1858—1924）是但丁笔下的比阿特丽斯，她在我们这个时代再现了。所以，在她面前，邓南遮只能跪下来膜拜，并且这是他一生中独特而神圣的经历。在其他女人身上，他发现了自己传输的素材，只有埃莉诺拉飞升在他之上，向他揭示神圣的灵感。

人们对巧妙奉承的力量知之甚少！我想，听到别人用邓南遮特有的充满魔力的话语赞美自己，就像夏娃在天堂听到蛇的蛊惑一样。邓南遮可以让任何女人觉得自己是宇宙的中心。

我记得有一次和他在森林里散步时，我感觉很愉悦。当时，我们停下脚步，周围一片寂静。他惊呼道："哦，伊莎多拉。只有和你才能在自然中相处。其他女人都会破坏风景，而你是风景的一部分。"（哪个女人能抗拒这样的溢美之词？）"你是树木的一部分，天空的一部分，你是主宰大自然的女神。"

这就是邓南遮的天才之处，他让每个女人都觉得自己是不同领域的女神。

躺在内格雷斯科酒店的床上，我试着分析所谓的记忆。我感受到米迪地区①太阳的热度。我听到了小朋友在附近公园玩耍的声音。我感受到了自己身体的温度。我低头看着自己光着的双腿，伸展开双腿。我柔软的乳房，从未静止过地不断起伏，摆动的双臂让我意识到，十二年来我一直疲惫不堪，我的乳房一直潜藏着无尽的疼痛，我面前的这双手已刻上了悲伤的印记，当我独自一人时，这双眼睛很少干涸。我的眼泪已经流了十二年了，十二年前的那天，我躺在另一张沙发上，突然被一阵巨大的哭声惊醒。转过身来，看到洛亨格林像受了伤一样："孩子出事了。"

我记得，当时一阵奇怪的痛苦感袭来，我的喉咙就像吞下了火炭一样灼热。但我不能理解，我非常温柔地对他讲话，试着让他冷静下来，告诉他不可能是真的。有人来了，但我还是无法想象到底发生了什么。又来了一位长着黑胡子的男人，我被告知他是医生。他说："不会的，我会救活他们。"

---

① 米迪地区：位于法国南部。

我相信了医生。我想要跟他走，但被大家拦住了，我知道这是因为他们不想让我知道其实没有希望了。他们害怕我会因此失去理智，但当时的我处于一种情绪激动的状态。我看到身边的人都在哭，我没哭。相反，我非常想去安慰他们。回想起来，我很难理解自己当时奇怪的精神状态。难道我当时真的处于一种能预见的状态？我知道死亡并不存在——那两个冰冷的蜡像不是我的孩子，而只是他们扔掉的衣服？我孩子们的灵魂在光芒中永存？一个母亲的哭泣，在别人听来，哭到失去自我的情况只有两次，即孩子的降生与死亡。当我感觉到我的孩子那冰冷的小手再也不会紧握我的手时，我听到了自己的哭声，和他们出生时一样的哭声。为什么一样？因为一个是极度欢乐的哭声，一个是极度悲伤的哭声。我不知道其中的缘由，但我知道是一样的哭声。是不是在宇宙中，只有一种巨大的呼号，其中包含了悲伤、欢乐、狂喜、痛苦和母亲生育时的呼喊？

ISADORA DUNCAN

目 录

ISADORA DUNCAN

第一章　旧金山：降临人间

孩子还在母亲子宫里的时候，就有自己的性格了。我出生前，我的母亲生活悲惨，精神上承受着巨大的痛苦。除了冰牡蛎和冰香槟，她几乎吃不下其他东西。如果有人问我你什么时候开始跳舞的，我会回答：在我母亲子宫里的时候，可能因为母亲食用牡蛎和香槟——这些都是阿芙洛狄忒①的食物。

我的母亲当时承受了非常巨大的痛苦，她经常说："我即将出生的孩子肯定不正常。"她猜我会是一个怪胎。事实上，从我出生的那一刻起，我似乎就开始愤怒地舞动四肢。母亲喊道："你看，被我说中了，这个孩子是个疯子！"但之后，大人给我套上连体衣，把我放在桌子中央，一放音乐我就会手舞足蹈，我成了亲朋好友的开心果。

---

① 阿芙洛狄忒：古希腊神话中奥林匹斯十二主神之一，也是爱欲之神（即是罗马神话中的维纳斯），她曾说："我把自己的情欲送给了生蚝。"相传，她因好酒，与酒神狄奥尼索斯曾有过短暂的恋情。狄奥尼索斯是古希腊人信奉的葡萄酒之神，而香槟即葡萄酒的一种。——编者注，后文若无特殊说明，皆为编者注

我最初的记忆是一场火灾。我记得有人把我从楼上的窗户扔到了一个消防员的怀里。我那时大概两三岁，但清楚地记得那种被抚慰的感觉。在充斥着尖叫和火焰的骚乱中，我的小胳膊搂着他的脖子，显得很有安全感。消防员应该是爱尔兰人。我听到我母亲发疯似地喊着："我的两个儿子，我的两个儿子。"她以为我的哥哥们还在楼上，她想冲进去，但被人群挡住了入口。我记得后来人们在一间酒吧发现了他们。他们正坐在地板上给自己穿鞋袜，之后是在一个马车里，再后来是坐在柜台前喝热可可的画面。

我出生在海边，我发现此后我人生中的重大时刻都发生在海边。我对律动、对舞蹈最初的感觉当然是来自海浪的节奏。我出生的时候，刚好可以看到金星，阿芙洛狄忒也在海上出生。当金星上升时，我一切顺遂。每逢这个阶段，我的生活变得比较平和，而且我可以创作。看不见金星时，我的生活就会有灾祸降临。今天，占星学或许不像在古埃及和古巴比伦时那样让人觉得重要，但可以肯定的是，我们的心灵生活会受到行星的影响，如果父母明白这一点，他们就会研究星星对生出更漂亮的孩子的作用。

我同样相信，出生在海边或山里，对一个人的一生影响深远。我感觉大海总在召唤我，在山里时，我会有一种隐隐的不适感，会有想要飞的冲动。山总是让我觉得自己是大地的囚徒。仰望山顶，我不会像大多数游客那样心生景仰，而是只想越过山顶，逃之夭夭。我的一生和我的艺术都源于大海。

我的童年阶段，母亲很贫穷，但对此我心存感激。她没钱为孩子请佣人和家庭教师，所以我自由地活着——我童年就有机会去表达，并且终生如此，对此我心怀感激。我母亲是个音乐家，她靠教授音乐谋生，她去学生家里上课，一去就是一整天，晚上也要待上好几个小时。只要逃离学校的牢笼，我就自由了。我可以独自游荡在海边，想入非非。看到那些穿着时髦衣服、总被佣人和家庭教师过度照顾的孩子，我就心生同情。他们的人生还会有什么别的选择？母亲总是忙到没时间去想她的孩子会碰到什么危险，我和我的两个哥哥可以不受约束地肆意玩耍。因此我们偶尔会去冒险，要是被母亲发现，她肯定会焦急万分。幸运的是，她一直未曾察觉。我说幸运是因为这种无拘无束的童年生活给了我创作舞蹈的灵感，而我的舞蹈一直在表达自由，从未有人一直对我说"不许"。在我看来，那样的童年苦不堪言。

刚满五岁，我进了公立学校。我猜母亲肯定虚报了我的年龄，因为她得找个地方安置我。我相信"三岁看老"，我当时就已经是一位舞者、一位革命者了。母亲出生在一个爱尔兰天主教家庭，她受过洗，是一位虔诚的天主教徒，直到她发现我父亲没有她认为的那般完美。于是她与我父亲离婚，独自带着四个孩子面对这个世界。从那时起，她彻底反叛了天主教，成了一位坚定的无神论者。她成了鲍勃·英格索尔（美国著名无神论者）的追随者，还经常给我们朗读他的作品。

除此之外，她认为所有的感伤都毫无意义。我还很小的时候，母亲就告诉我们圣诞老人的真相了。有一次，在学校庆祝圣诞节，老师一边给我们分发蜡烛和蛋糕，一边说："这是圣诞老师送给你们的。"我站起来郑重其事地说："我不相信！这个世界上根本没有圣诞老人。"这让老师很生气，她说："只有相信圣诞老人的小朋友才能得到糖果。""那我也不想要你的糖果。"我说。老师很不理智地生气了，要拿我做反面教材，她让我走到前面去坐到地上。我走上前去，面向大家，发表了我人生中第一次著名的演讲。"我不相信谎言！"我大喊道，"我妈妈说她太穷了，无法成为圣诞老人，只有有钱的妈妈才能假装圣诞老人送礼物给孩子。"

这时，老师一把抓住我，想把我往地板上摁，但我拉住她，使劲用腿撑着身体，她只能把我的脚后跟按到地板上。没有如愿后，她只好罚我站到墙角。但尽管站在那里，我还是上半身转过去大喊："根本没有圣诞老人，根本没有圣诞老人。"她不得不送我回家。回家的路上我一直喊着："没有圣诞老人，没有圣诞老人。"但是一想到我被剥夺了糖果、因为说出真相而被惩罚，那种被不公正对待的感觉我从未释怀。我把这件事告诉了母亲，我问她："我错了吗？难道不是没有圣诞老人吗？"她回答："这个世界上没有圣诞老人，也没有上帝，只有你的意志能帮助你。"那天晚上，我坐在她脚边的地毯上，她为我们朗读了鲍勃·英格索尔的演讲。

在我看来，去学校接受的通识教育毫无用处。我记得上学的时候，我要么被认为出奇的聪慧，在班里出类拔萃，要么就被认为笨得无可救药，冥顽不灵。这完全取决于我是否花费心力去记忆所学的内容。这全是记忆力的游戏，我完全不懂上课的内容。不管排名如何，对我来说上学令人疲惫，我总是盯着钟表，等着时针一指向"3"就自由了。我真正接受教育是在夜晚，母亲会给我们演奏贝多芬、舒曼、舒伯特、莫扎特、肖邦的钢琴曲，朗读莎士比亚、雪莱、济慈和彭斯的作品，这些时刻是迷人的。母亲能背诵其中的大部分诗歌。我六岁时，在一次校庆日，我学着她的样子，背诵了里奇蒙·莱特尔的《安东尼与克莉奥佩特拉①》，让我的听众震惊不已。

我在死去！埃及，我就要死去！深红色的生命之潮在迅速退去。

还有一次，老师让每个学生写自己的成长历程，我写的内容大致是这样的："我五岁时，我们家在第二十三街区有间小屋子。因为付不起房租，我们在那里待不下去了，只好搬到第十七街去住。不久，由于钱不够，房东把我们赶出去了，我们只好搬到第二十二街区去住。在那里，我们没法安静地生活，只能搬到第十街区。"

我就是以这种方式生活，要一次又一次地搬家。当我在学校站起来朗读我所写的内容时，老师很生气。她以为我在开很恶劣的玩笑，我被逮到校长面前，校长叫来了我的母亲。当我可怜的母亲读了我的作文后，她哭了起来，发誓说我写的都是真的。这就是我们的"游牧"生活。

我小时候就希望学校能有所改变。我记忆中的公立学校对孩子总是表现出不理解，这很残酷。我还记得那种痛苦——饿着肚子，或是穿着湿了的鞋，坐在硬板凳上，努力地保持一动不动。在我看来，老师普遍没有人性，是专门来折磨我们的怪物——孩子们永远不会说出这些痛苦。

我没有因为家里贫穷而感到痛苦的记忆。在家里，我们都觉得这是理所当然的事情。我痛苦的记忆都是关于学校的。在我的记忆中，对一个骄傲而敏感的孩子来说，公立学校的制度就像监狱一样让人蒙

---

① 克莉奥佩特拉：埃及艳后。

羞。我总是在反抗。

我大约六岁时，有一天母亲回到家，看到我从附近招来了六个孩子，他们都是还不会走路的婴儿。我让他们坐在我面前的地板上，教他们挥舞手臂。她问我这是怎么回事，我告诉她——这是我的舞蹈学校。她被我逗笑了，于是坐到钢琴前，开始为我伴奏。我的舞蹈学校没有关门，反而越来越受欢迎。之后，邻居家的小女孩也来学舞蹈，他们的父母还付给我一小笔钱。后来被证明，这是一项非常有利可图的职业。

我十岁时，我舞蹈班的规模太大了。我告诉母亲，我再去学校一点儿用也没有，简直是浪费时间，我现在可以赚钱，而赚钱比上学更重要。我把头发扎到头顶，声称自己16岁，因为我比同龄人高，所以大家都相信了我。从小被外婆抚养的姐姐伊丽莎白，现在来和我们一起生活，她也和我一起教舞蹈。找我们学舞蹈的孩子越来越多，我们开始去旧金山的许多有钱人家里教他们的孩子学舞蹈。

ISADORA DUNCAN

第二章 父亲归来

我还是个襁褓中的婴儿时，母亲和父亲离婚了。我从来没见过父亲。有一次我问姨妈我父亲的情况。她回答："你父亲毁了你母亲的一生，他简直是个恶魔。"之后，我总是把他想象成图画书上长着犄角和尾巴的恶魔。当其他小朋友在学校谈论他们的父亲时，我总是一言不发。

　　我七岁时，我们全家住在一栋三层楼的一间空旷的两居室里。一天，我听到门铃响了，就跑去前厅开门，之后看见一位戴着高礼帽、非常英俊的先生，他对我说：

　　"你能告诉我邓肯夫人家怎么走吗？"

　　"我是邓肯夫人的小女儿。"我回答。

　　"这不是我的帕格公主①吗？"这位陌生的男人说。

　　突然，他把我抱进怀里，开始带着哭腔亲吻我。我很震惊，问他是谁。他哭着说："我是你父亲。"

---

　　① 我小时候他给我起的名字。——作者注

听到这个消息，我非常高兴，就冲进去告诉家人。"门口有个男人说他是我爸爸。"

母亲的脸色苍白，开始焦躁不安，起身走进隔壁房间，把自己锁在里面。我的哥哥，一个藏到了床底，另一个则躲进了橱柜里，而我的姐姐则变得歇斯底里起来。

"告诉他，让他走；告诉他，让他走。"他们喊道。

我大为震惊，但作为一个很有礼貌的小女孩，我走进前厅告诉他："我们家人今天很不舒服，不能接待你。"陌生人一听这话，就拉着我的手，请求我和他一起去散散步。

我们下了楼梯，来到街上，我在他身旁小跑着，一想到这位英俊的绅士就是我的父亲，一想到他并不像我一直想象的魔鬼那样长着犄角和尾巴，我就觉得又惊又喜。

他带我去了一家冰淇淋店，往我手里塞满了冰激凌和蛋糕。我怀着极度兴奋的心情回家后，发现家人都情绪低落。

"他是一个非常有魅力的人，他明天还会来，给我更多的冰激凌。"我告诉他们。

但家人都拒绝见他，于是过了一段时间后，他回到了在洛杉矶的另一个家。

之后的好多年，我都没有再见到他，直到有一次他又突然出现。这一次，母亲的态度缓和了，愿意见他。他送给我们一栋漂亮的房子，里面有好几个很大的舞蹈室、一个网球场、一个谷仓，还有一架风车。这是他的第四次发迹。此前他曾三次发迹，结果都赔光了。第四次发迹也只维持了一段时间，包括那栋房子在内，他最后什么都失去了。但我们在这里住了好几年，它是两次暴风雨航行之间的避风港。在他第四次破产前，我经常见到他。我知道他是个诗人后，变得很崇拜他。在他写的诗里，有一首在某种程度上是对我整个职业生涯的预言。

讲述我父亲的经历，是因为他早期留给我的印象对我之后的人生影响深远。一方面，我读了很多感伤小说；另一方面，这是我眼前关于婚姻的活生生的例子。我的童年似乎都笼罩在这位神秘父亲的黑色阴影之下，没有人愿意提起他，离婚这个可怕的字眼深深地印在我敏感的心灵上。我不能去找别人给我解释这些，于是我就试图自己去理解。我读过的大多数小说都以婚姻和幸福美满的生活结束，但有些小说却不是这样，比如乔治·艾略特①著名的小说《亚当·贝德》，这部小说中有一个没结婚的女孩，那是一个不被期待出生的孩子，可怜的母亲还蒙受了可怕的耻辱。我深深地感到这种状况对妇女的不公，再加上我父母之间的事情，我当时就决定，我要为反对婚姻和妇女解放而斗争，为每个妇女都有权按照自己的意愿生一个或多个孩子而斗争，为保护她们的权利和美德而斗争。十二岁的孩子有这样的想法看上去似乎有些奇怪，但我的生活环境让我非常早熟。我研究了婚姻法，知道美国女性地位低下的境况，并为此感到愤怒。我疑惑地看着我母亲已婚的女性朋友的脸，从她们每个人的眼睛里，我能看到她们脸上都写满嫉妒和被虐待的印记，于是我发誓我永远不要自贬到如此境地。我一直信守着这个誓言，即使因此与母亲疏远，被世人误解。苏维埃政府废除了婚姻法，这是一件好事。两个人在一个本子上签上自己的名字，签名下面印着："本签名不涉及任何一方的任何责任，可

---

① 乔治·艾略特（1819—1880）：英国维多利亚时期的女作家，《亚当·贝德》是她创作的第一部小说。

以根据任何一方的意愿而取消。"这样的婚姻是所有思想自由的女性都同意的唯一的协议方式，也是我唯一赞成的婚姻形式。

我相信时至今日，我和很多思想自由的女性的想法多少有点不谋而合，但在二十年前，我拒绝步入婚姻，并以自己为例，证明妇女有权非婚生子，这引起了很大的误解。当然，今非昔比，我们的观念发生了革命性的变化，我相信今天每个明智的女性都会认同我的观点——那就是任何精神自由的女性都无法接受婚姻法典的道德规范。尽管如此，明智的女性还是决定结婚，那是因为她们没有勇气捍卫自己的信念，如果看一下女性过去十年的离婚名单，就会意识到我所言不虚。很多听过我宣讲自由信条的女性懦弱地问："那谁来抚养孩子呢？"在我看来，如果需要婚姻法保证男人会抚养孩子，那么你所怀疑的这个男人就有可能在某些情况下拒绝抚养自己的孩子。当然，这种想法相当可怕，因为你已经打算要和一个可能是坏人的男人结婚。但我不认为大多数男人会如此低劣。

母亲让我们的童年充满音乐和诗歌。每天晚上，她会坐在钢琴前弹奏数小时。她没给我们规定作息时间，也没给我们定下什么纪律。相反，我觉得我母亲经常想不起我们，她沉浸在自己的音乐和诗歌朗诵中，对周围的一切熟视无睹。她有一个姐妹，那是我们的姨妈——奥古斯塔，她很有才华。她时常来看望我们，还经常参加业余演出。她非常漂亮，有一双黑眼睛，有一头乌黑的头发，我记得她穿着黑色天鹅绒短裤扮演哈姆雷特（莎士比亚作品中的主人公）。她的嗓音很动听，如果不是因为她的父母认为与戏剧有关的一切都与魔鬼有关，她可能会成为一名出色的歌唱家。我现在才意识到她的一生是如何被如今难以解释的美国清教徒精神毁掉的。美国的早期移民带来了一种精神上的追求，这种追求从来没被彻底放弃。他们的性格力量被强加给这个荒凉的国度，以一种非凡的方式驯服了野兽。他们也总是试图驯服自己，从而给艺术带来了灾难性后果。

奥古斯塔姨妈从小就被这种清教徒精神压垮了，她的美貌，她的率真，她那迷人的嗓音，全都毁于一旦。是什么让当时的人们声称——我宁愿看到我的女儿去死，也不能让她上舞台。如今，伟大演员成了最独特的群体，人们几乎无法理解彼时的人的感觉。

我想可能因为我是爱尔兰人，所以从小就反抗这种清教徒式的暴政。

搬进父亲送给我们的大房子后，一大好处是哥哥奥古斯丁在谷仓里开设了自己的剧院。我记得他从客厅的毛皮地毯上剪下一块来做假胡子，就是为了扮演普·凡·温克尔①。他很会模仿温克尔，以至于我在观众席透过饼干盒观看演出时，眼泪都流出来了。我俩都很感性，拒绝压抑情绪。

这个小剧院越办越好，渐渐在附近有了名气。于是我们决定沿着西海岸巡回演出。我负责跳舞，奥古斯丁负责朗诵诗歌。我们演了一出喜剧，伊丽莎白和雷蒙德也参与其中。虽然当时我只有十二岁，其他人也都才十几岁，但我们在圣克拉拉、圣罗莎、圣巴巴拉②等沿海地区进行的巡回演出非常成功。

我童年的主旋律是不断地反抗我们社会的狭隘、生活的局限。我有一种日益强烈的愿望，那就是飞去东海岸，那是我想象中更广阔的地方。记得有无数次，我对我的家人和亲戚发表长篇大论，结尾总

① 普·凡·温克尔：美国作家华盛顿·欧文脍炙人口的短篇小说中主人公的名字。
② 上述均为美国加利福尼亚州的城市。

是："我们必须离开这个地方，在这里我们会永远一事无成。"

我是家人中最勇敢的一个。当家里什么吃的也没有时，我会主动去找肉贩，想办法让他送给我们一些羊排。我还被派去找面包师，说服他继续接受赊账。在这些"远行"中，我感受到真正冒险的乐趣，尤其是当我成功的时候——当然，我通常都能成功。我常常背着战利品，高兴地一路跳着舞回家，感觉自己像个拦路抢劫的强盗。这对我是很好的教育，因为从学习如何哄骗凶恶的肉贩中，我学到了之后该如何面对凶恶的经理人。

记得有一次，我还很小，看见母亲在哭，因为她的织品被一家商店拒收。于是，我从她手里接过篮子，戴了顶针织帽，手上戴上针织手套，挨家挨户地叫卖。后来，我卖光了所有的东西，带回的钱是妈妈从商店里赚的两倍。

当我听到有的父亲说他们每天辛苦工作，为的是给孩子攒一大笔钱。我想知道他们是否意识到，这样做完全剥夺了孩子的冒险精神，他们留下的每一分钱都会让自己的孩子更脆弱。你能留给孩子最好的遗产是让他完全靠自己的双脚走自己的路。舞蹈课让我和我姐姐可以进入旧金山最豪华的房子，我并不羡慕那些富人家的孩子，相反，我同情他们。我惊讶于他们生活的渺小和愚蠢，与这些孩子相比，我似乎在使生活有价值方面富有一千倍。

我们舞蹈课的名气越来越大，于是我们开始声称这是一套新的舞蹈体系，但其实没这回事。我跟随我的幻想即兴创作，把我脑海中浮现的一切美好教给大家。我早期的舞蹈之一是朗费罗[①]的诗"我向空中

---

① 朗费罗（1807—1882）：美国诗人、翻译家。

射出一支箭"（《箭与歌》），这是一首我之前经常背诵的诗。我教孩子随着诗意舞动。在晚上，母亲经常为我们演奏，我则创作舞蹈。一位亲爱的年长朋友经常来和我们一起度过夜晚，她曾住在维也纳，她说我让她想起了芳妮·爱丝勒[1]，她会给我们细数芳妮·爱丝勒的成就。她常说："伊莎多拉会成为第二个芳妮·爱丝勒。"这句话激起了我远大的理想。她让妈妈带我去旧金山找一位有名的芭蕾舞老师，但我不喜欢他的课。当老师叫我踮起脚尖时，我问他为什么，他说因为这很美。我说这很丑，且违背自然。上了三次课后，我就再也不去了。

老师说舞蹈只是僵硬平庸的体操，而这只会搅乱我的梦。我梦想的是一种不同的舞蹈，我不知道它是什么样子。但我身处一个看不见的世界，我预感如果找到钥匙就可以进入这个世界。当我还是个小女孩时，就已经有艺术才华了，这多亏母亲的英雄主义和冒险精神，我的艺术之路才没有被扼杀。我认为，无论孩子的理想是什么，都应该从小起步。我不知道有多少父母意识到，他们给孩子的所谓教育，会让他们变得平庸，且剥夺了他们做任何美的、有创造性的事情的机会。但这是必然的，要不然那么多银行职员和服务员的岗位该由谁去填补呢，并且这些岗位似乎是有组织的文明社会所必需的。

母亲有四个孩子。也许通过一种强制教育制度，她本可以把我们变成讲求实际的公民。有时，她也哀叹："为什么四个都是艺术家，一个实用主义者都没有？"但正是她自己的美丽和躁动的心灵，让我们成了艺术家。母亲不关心物质，她教导我们对房子、家具和各种财富嗤之以鼻。由于她的榜样作用，我这辈子从来没有戴过珠宝。她教导

---

① 芳妮·爱丝勒：奥地利著名芭蕾舞蹈家。

我们，这些都是束缚。

离开学校后，我成了一个好读者。我们当时住在奥克兰，那里有一座公共图书馆。不管我们离图书馆有多远，我都会跑步去、跳着舞去，抑或是蹦蹦跳跳地往返。图书管理员艾娜·库尔波斯①是一位非常出色、美丽的女性，她是加利福尼亚州的女诗人。她鼓励我阅读，当我借阅好书时，她总是表现得很欣慰的样子。她那双美丽的眼睛，闪烁着燃烧的火焰和激情。后来我才知道，我父亲一度非常爱她。她显然是他生命中强烈的激情，我被她吸引，可能是因为命运的无形牵动。

那时，我读了狄更斯、萨克雷、莎士比亚所有的作品，此外还有成千上万的小说。好的坏的，我都读。我如饥似渴地阅读一切，我常常在夜里直挺挺地坐着，把白天收集来的蜡烛头点着，开始读书，读到天亮。我开始写小说，同时还编辑了一份报纸——内容都是我自己写的社论、地方新闻和短篇小说。我为了写日记还发明了一种秘密语言，因为这个时候我有个惊天秘密——我恋爱了。

我们的舞蹈课除了开设一些幼儿班外，还给一些年龄稍大的学生教当时所谓的"社交舞"，像圆舞曲、玛祖卡舞、波尔卡舞等。在那些学生中有两个年轻人，一个是年轻的医生，另一个是药剂师。那位化学家非常英俊，他有一个可爱的名字——弗农。我当时11岁，盘起头发，穿上长裙，看起来比实际年龄更大，就像《丽塔》②中的女主人公一样。我在日记中写到，我疯狂地、热烈地坠入爱河了，我认为肯定

---

① 艾娜·库尔波斯：美国女诗人，邓肯的父亲约瑟夫·邓肯正是因为爱上年轻的艾娜而离婚。

② 《丽塔》(rita)：由加埃塔诺·多尼采蒂(Gaetano Donizetti)对古斯塔夫·瓦兹(Gustave Vaëz)的法语歌剧本创作的独幕歌剧。——译者注

是如此。至于弗农有没有意识到，我就不得而知了。在那个年龄，我太害羞了，不敢表露我强烈的爱意。我们去舞会跳舞，他几乎每一支舞都选择跟我跳。之后，我一直熬到深夜，在日记里写下我当时所经历的令人感到害怕的激动。我写下："在他的怀里"，我感觉"漂浮"。

白天，他在主街上的一家药店工作，我会走好几英里①的路，只为路过那家药店。有时候，我会鼓起足够的勇气，走进去说："你好吗？"我还找到了他寄宿的房子，为此我常常晚上从家里跑出去，为的是从窗户外看他房间的灯光。我认为我承受了这种相当强烈的爱情长达两年。之后，他宣布他即将和奥克兰上流社会一位年轻的姑娘结婚。我把我的痛苦和绝望隐藏在日记里。婚礼那天，我看到他和一个头戴白纱的普通女孩走过红毯，那种感觉，我时至今日还记得。从那以后，我再也没见过他。

上次，我在旧金山演出，有个男人走进了我的化妆室，他一头银发，但看起来很年轻，格外帅气。我一眼就认出了他——弗农。我想，这么多年过去了，我也许可以告诉他我年轻时对他的喜欢。我以为他会觉得有趣，但他却吓坏了。我们一直谈到他那普普通通的妻子，她似乎还在世。弗农从未停止过对她的爱，原来有些人的生活可以如此简单！

那是我的初恋，我曾疯狂地陷入爱情。我觉得从那时起，我就从未停止疯狂地去爱。现在，我正慢慢从这种巨大且灾难性的伤害中恢复过来。可以说，在上次碰面之前，我正处于康复期的间奏阶段——或者说，这已经到结尾了？我可能会把我的照片发布出来，问问读者们的想法。

---

① 英里：英制单位，1英里约合1.6千米。

ISADORA DUNCAN

第三章　芝加哥：初次登台

受到我读过的书的影响，我打算离开旧金山，奔赴国外。我想到我可以跟着某个优秀的剧团一起离开。有一天，我去见了一家巡回剧团的经理，这个剧团要在旧金山演出一个星期，我请求在经理面前跳一支舞。一个上午，我在一个又大又黑、空无一物的舞台上跳了舞，母亲则为我演奏。伴着门德尔松的《无词歌》[①]，我穿着一件小小的希腊式短袍起舞。音乐结束后，经理沉默了一会儿，然后转身对我母亲说：

"这样的舞蹈，不适合在我们的剧场演出。教堂显然更适合她，我建议你带你女儿回家。"

虽然失望，但我并未死心，于是又做了其他计划。我召集了全家人，花了一个小时向他们阐明，为什么在旧金山生活是不可能的。母亲多少有些茫然，但还是愿意和我去任何地方。我们第一次准备好离开了——买了两张去芝加哥的旅游机票。我的姐姐和两个哥哥决定留

[①] 《无词歌》：是德国犹太裔作曲家门德尔松创作的，指那种在伴奏声部的衬托下，旋律进行得像歌唱似的钢琴独奏曲。

在旧金山，他们想的是，如果我赚到钱后，他们再来。

6月炎热的一天，我和母亲抵达芝加哥。我们带着一个小箱子，里面装着我外婆的一些老式珠宝和25美元。我以为我马上就能找到演出机会，这一切都令人愉快，轻而易举，但事实并非如此。我随身带着我那件小小的白色希腊式短袍，去见了一个又一个经理，在他们面前起舞。但他们都和我第一次见的经理的想法一样。"这很美，"他们说，"但不适合我们剧院。"

过去了几个星期，我们的钱都花光了，祖母的珠宝也没典当到多少钱。不可避免地，我们付不起房租了，行李都被扣留。有一天，我们发现自己要身无分文地流落街头了。

我还有和裙子相配的一个真正的蕾丝领，那一天，我在烈日下走了好几个钟头，打算卖掉它。在下午晚些时候，我终于把它卖出去了（我记得卖了10美元）。那是一个华丽的爱尔兰蕾丝领，卖掉的钱足够支付一个房间的费用。我记得我用剩下的钱买了一盒西红柿，于是我们就靠西红柿度过了一个星期——没有面包和盐。我可怜的母亲开始变得虚弱，都坐不起来了。我每天很早出门，设法找经理面试，但最后我决定干什么都可以，我找了一家职业介绍所寻求帮助。

"你会什么？"前台的女人问我。

"什么都可以。"我回答。

"嗯，你看上去什么都干不了！"

无奈之下，我向共济会圣殿屋顶花园的经理请求他们雇用我，哪怕是一天。他嘴里叼着一根大雪茄，帽子只遮住一只眼睛。他目空一切地看着我跳舞，我随着门德尔松的《春之歌》的旋律开始舞动。

"你很漂亮，"他说，"也优雅，但是如果你能改变一下，跳得有趣一些，我可以雇你。"

我想到可怜的母亲在家里吃完最后一个西红柿时虚弱的样子，我问他"更有趣"是什么意思。

他说："不是你跳的那样，应该穿短裙，跳带踢腿的动作。先表演希腊式的舞蹈，然后穿褶裙，跳踢腿舞，这会很有趣。"

但我到哪里去弄这些服饰呢？我意识到，去借钱或让他们预付我的酬劳都不划算。我只说第二天会带着服装、鞋子和"有趣"回来，然后就离开了。那天很热——典型的芝加哥天气。我在街上反复徘徊，又累又饿。这时，我看见前面有一家马歇尔·菲尔德大百货商店[①]，我请求面见经理，于是我被领进了办公室。办公桌后面坐着一个年轻人，他的表情很和善。我向他解释，说明天早上我必须弄到一条带花边的褶裙，如果他肯让我赊账，按约定拿到钱后，我会很快还钱。我不知道是什么促使这位年轻人答应了我的请求，但他真的这么做了。当我再次遇见他——戈登·塞尔福里奇先生（美国实业家、零售业巨头，并在伦敦成立了塞尔福里奇百货公司），他已经步入千万富豪的行列了。我当时买了白色和红色的衬裙，还有蕾丝用来做褶边。我拎着包回到家后，发现母亲身体很虚弱。她强撑着从床上坐起来，开始为我缝制舞裙。她忙了整整一夜，到第二天早上，最后一个褶边也缝好了。带着这套服装，我回到了屋顶花园的经理那里，管弦乐队已经准备好了。

"你选了什么音乐？"他问。

我还没想过这个问题，但我回答说《华盛顿邮报进行曲》，这首曲子很流行。音乐一响起，我竭尽全力，即兴跳了一段劲爆的舞蹈。

---

① 马歇尔·菲尔德大百货商店：芝加哥最古老的百货商场之一，成立于1852年。马歇尔·菲尔德以其优雅的购物环境和高品质的商品而闻名。

他高兴极了，将雪茄从嘴里拿了出来，说：

"太好了！你明晚就可以来跳舞了，我会为你安排一个特别的仪式。"

他很贴心地预付了我一周的薪水——50美金。

我用一个化名在这里演出，受到了观众的喜爱，但整件事让我感到厌恶。到了周末，当他提出想让我延长表演时间，甚至打算让我参加巡回表演时，我说了不。我们从饥饿中被拯救出来，但我受够了背离理想来取悦公众。那是我第一次也是最后一次这样做。

这个夏天是我一生中最痛苦的时刻之一。从那以后，每当我去芝加哥，看到街上的景象，就会让我有一种恶心的饥饿感。但哪怕经历了如此糟糕的一切，我最勇敢的母亲也从未说过"我们应该回家。"

一天，有人给了我一张叫安贝格的女记者的名片。她是芝加哥一家大型报社的助理编辑。我去见了她，她高个子，瘦瘦的，有一头红发，看上去五十多岁。我对她讲了我关于舞蹈的想法，她听得很认真，并邀请我和母亲一起去"波西米亚"俱乐部。她说，在那里，我们会遇到艺术家和文学界的人。到了晚上，我们就去了。"波西米亚"位于一座高楼的顶层，这里有几个空荡荡的房间，里面摆着桌椅，挤满了我见过的最不寻常的人。安贝格在他们中间，用有点男声的声音喊道：

"所有优秀的波希米亚人团结起来！所有优秀的波希米亚人团结起来！"每当她喊波希米亚人团结起来时，他们都举起啤酒杯，欢呼起来。我也带着我的宗教舞蹈来了，波希米亚人开始感到困惑，他们不知道该怎么评价。尽管如此，他们还是觉得我是一个可爱的小姑娘，邀请我每天晚上和好心的波希米亚人一起聚会。

这群波希米亚人来自不同的国家，是诗人、艺术家和演员，也是一群令人感到惊喜的人。他们似乎只有一个共同点——身无分文。我怀疑许多像我们这样的波西米亚人，如果不是在这个俱乐部能找到三明治和啤酒，就要饿肚子了。而这些都是由慷慨的安布尔提供的。

这群波希米亚人中间有一个叫米洛斯基的波兰人。他四十五岁左右，有一头浓密的红色卷发，长着红色络腮胡子，有一双炯炯有神的蓝眼睛。他时常坐在一个角落里，抽着烟斗，带着略微嘲讽的微笑，看着波希米亚人的娱乐活动。可在那些日子里，在所有看我跳舞的人中，只有他理解我的理想和舞蹈。他很穷，然而经常请母亲和我去一家小餐馆吃饭，带我们坐电车，去乡村里的树林里吃午饭。他喜欢鼠尾草，每次来看我，总是带着一大捧鼠尾草。所以看到鼠尾草，总会让我想到米洛斯基的红头发和红胡子……

他这个古怪的人，是诗人和画家。他试图在芝加哥做生意来谋生，但一直没有做到。事实上，他在芝加哥从来吃不饱饭。

那时候，我还是个小女孩，还不理解他的悲剧和爱情。我想，在这个复杂的时代，没有人能真正理解那个时代的美国人是多么无知和天真。那时候，我对生活的想法纯粹是抒情而浪漫的，我还没有经历过肉体之爱，并且很久以后我才意识到我让米洛斯基产生了疯狂的激情。这个四十五岁左右的男人疯狂地、毫无理智地陷入了爱情——只有波兰人才会与我这样一个天真幼稚的人相爱。母亲对此显然没有预感，而是给了我们很多独处的机会。我们会促膝长谈，在树林里散步，谈心催生了心理反应，最后他忍不住吻了我。在他向我求婚时，我相信他将是我一生中唯一的挚爱。

可夏天要结束了，我们还是身无分文。芝加哥已经没有什么可指望的了，我们必须动身回纽约。怎么回去呢？有一天，我在报上看到大名鼎鼎的奥古斯丁·戴利以及明星艾达·里恩担任主演的剧团正在城里。我决定去见见这位被誉为美国最热爱艺术和审美的剧院经理。很多个下午和晚上，我就站在剧院后台的门口，一次又一次地报上名字请求约见奥古斯丁·戴利。他们说他太忙了，我只能见到他的副经理。但我拒绝了，我宣称有一件非常重要的事必须见到奥古斯丁·戴利本人。终于在一个傍晚，我见到了这位有权有势的人。奥古斯丁·戴利长相英俊，但面对陌生人，他知道如何摆出一副绝对凶狠的表情。我很害怕，但还是鼓起勇气将我的想法娓娓道来。

"我有一个绝妙的想法，戴利先生，而你可能是这个国家里唯一能理解它的人。我发现了一种舞蹈，我发现了失落了两千年的艺术。您是一位卓越的戏剧艺术家，但您的戏剧中缺少某些恰恰是让古希腊戏剧伟大的内容，那就是舞蹈的艺术——悲剧合唱团。剧院里少了它，就如同一个人只有头和身体而失去了双腿的支撑。我为您带来了这种舞蹈，给你带来彻底改变我们整个时代的思想。我在哪里发现它？在太平洋边，在内华达山脉起伏的松林边。我在落基山顶看到了新一代美国舞蹈的理想图景。我国最伟大的诗人是沃尔特·惠特曼①，我发现了一种可以和沃尔特·惠特曼的诗歌相配的舞蹈。我是沃尔特·惠特曼的精神女儿。为了美国的孩子，我将创造一种新的舞蹈来展现美国。我会给你的剧院带来它所缺少的至关重要的声音——舞者的灵魂。"我继续说道，同时假装没有注意到这位伟大经理人不耐烦的打断："够了！真的够了！""你知道，"我提高嗓门继续说，

---

① 沃尔特·惠特曼（1810—1892）：美国诗人。出身于农民家庭，11岁时辍学。做过勤杂工、学徒、乡村小学教师、记者、编辑等。

"戏剧来源于舞蹈，第一个演员是一位舞蹈家，他边跳边唱。戏剧就是这样诞生的，除非舞蹈家把他自发的伟大艺术带到剧院，否则你们的剧院将会活在虚假的表达中！"

奥古斯丁·戴利不太明白这个瘦弱、奇怪的孩子怎么会这样厚颜无耻地给他上课，但他只回答了一句：

"是这样的，我在纽约即将有个童话剧的演出，里面有个小角色，你可以在10月1日前参加排练。如果合适的话，你就可以参演了。你叫什么名字？"

"我叫伊莎朵拉。"我回答。

"伊莎朵拉，真是个好听的名字，"他说，"10月1日，我们在纽约见吧。"

我喜出望外，立刻冲回家里找妈妈。

"终于有人赏识我了。"我说，"妈妈，我是被伟大的奥古斯丁·戴利看中的。我们必须在10月1日前到达纽约。"

"好，"妈妈说，"但我们怎么买火车票呢？"

问题就在这里，于是我有了一个主意。我给旧金山的一个朋友发了一封电报：

求职成功，奥古斯丁·戴利。必须于10月1日前抵纽约。请电汇一百美元车费。

奇迹发生了，钱到账了。我姐姐伊丽莎白和哥哥奥古斯丁在电报的鼓舞下以为我们发财了，于是他们也来了。尽管如此，我们还是设法登上了开往纽约的火车，满是兴奋和欢心的期待。最后，我想：这个世界会承认我的！如果我早就知道在此之前日子会很难熬，我可能会失去勇气。

伊万·米洛斯基知道我要离开后，显得悲痛欲绝。但我们发誓永远相爱，我向他解释，说等我在纽约发了财，我们就会选择结婚。并不是说我相信婚姻，只是那时我觉得有必要讨母亲欢心。我还没有完全拿起自由恋爱的武器，而这是我后来为之奋斗的。

第四章　纽约：黑暗中起舞

纽约给我的第一印象是比芝加哥更美，更有艺术气息。再次回到海边以后，我很欣喜。内陆城市，总让我觉得压抑。

　　我们落脚在第六大道旁一个边道的旅社里，这里住着一群奇怪的人。他们和波希米亚人一样，似乎都有一个共同点——没有一个付得起他们的账单，他们一直生活在社会边缘。

　　一天早晨，我前往戴利的剧院的后台入口处报到，我又一次被允许见到了这位大人物。我想向他解释我新的想法，但他似乎很忙，很着急。

　　"我们从巴黎请来了著名的哑剧明星简·梅，"他说，"如果你会演哑剧，这里有个角色给你。"

　　现在，在我看来，哑剧从来不是一门艺术。动作可以和语言无关，它本身就是抒情的，是情感的表达；而在哑剧里，人们用手势来代替语言，这既不属于舞蹈艺术，也算不得表演艺术，而是介于两者之间毫无生机的一种形式，然而除了接受这个角色，我别无选择。我把剧本带回家练习，但是整件事在我看来愚蠢得很，并且跟我的理想和抱负相去甚远。

第一次排练是一场可怕的幻灭。简·梅身材娇小，但脾气非常暴躁，一有机会就大发雷霆。我被告知，我必须指着她说"你"，手按在自己心脏的部位说"爱"，然后猛击自己的胸膛说"我"——这一切似乎都太荒谬了。由于我的表现令简·梅十分厌恶，她跑到戴利先生那里说我毫无天分，胜任不了这个角色。听到这些，我意识到这将意味着我们一家将困在可怕的旅馆里，交不起房租，忍受无情的女房东的折磨。我的脑海里浮现出一个合唱团小姑娘的样子，前一天她的行李箱都没被归还就被赶到了街上，我想起了我可怜的母亲在芝加哥所经历的一切。想到这些，我的眼眶里都是泪水，它们顺着脸颊往下流。我想我看起来一定很悲痛和可怜，因为戴利先生做出了更亲切的举动。他拍了拍我的肩膀，对简·梅说：

"你看，她哭的时候还挺动人的。她可以学的。"

但这些排练对我来说简直是一种折磨。我必须做一些我认为非常粗俗和愚蠢的动作，而且这些动作与他们的音乐没有真正的联系。不过，我年轻时适应性很强，终于成功地融入了这个幽默的角色。

简·梅在哑剧中扮演男主角皮埃罗。有一幕，我要和皮埃罗示爱。在配乐的三个不同小节中，我必须走近皮埃罗，在他脸上亲吻三次。在彩排时，我太过努力，结果在皮埃罗的白脸上印上了红唇印。刹那，皮埃罗变成了简·梅，她气急败坏地用拳头打我的耳朵！

这就是我走向剧院生活的"迷人"开端。然而，随着彩排的深入，我不禁赞叹这位哑剧演员充满活力的表现，如果她没有被禁锢在虚假乏味的哑剧形式中，她可能会成为一位伟大的舞蹈演员，但哑剧的表现形式太有限了，对此，我一直想说：

"如果你想说话，为什么不直接用语言说？为什么要费力去做手势，就像在又聋又哑的疯人院里一样？"

第一天晚上，我穿了一套蓝色丝绸的新古典主义风格的服装，头戴金色假发和一顶大草帽。唉！我本要给世界带来艺术革命，而现在，我彻底乔装打扮，不再是我自己了。我亲爱的母亲坐在第一排，她有点不知所措。即便如此，她也没有说"我们回旧金山"，但我看得出来，她非常失望，因为如此努力，结果却如此糟糕！

排练期间，我们没有收入，被赶出了旅社，又在第18街租了两间空房子。没钱坐车，我经常不得不步行到第29街区的奥古斯丁·戴利家。为了缩短路程，我常常跑土路，穿人行道，穿越树林。我有各种各样的办法应对窘况。因为没钱，我不吃午饭，所以午饭时间我就躲在舞台包厢里睡一觉，下午再空着肚子排演。在哑剧开演之前，我就这样排练了六个星期，之后演出了一个星期我才拿到报酬。

在纽约演了三周后，公司开始展开巡回演出，每天都有夜场。我一周有15美元的薪水，除了自己的开支，一半都寄回家给母亲维持生计。我们每到一个车站，一下车，我不是去找旅馆，而是背着我的行李箱，步行去找一个足够便宜的寄宿处。我将自己每天的花销控制在50美分以内，有时我得长途跋涉好几英里才能找到这样的住处。有时候，我找到的住所住着非常奇怪的邻居。我记得有一次，我住的那个房间连钥匙都没有，有几个喝醉酒的男人一直想闯进我的房间。我吓坏了，赶忙把沉重的行李拖到门前横放，用它挡住门。即使这样，我也不敢睡觉，而是整夜警惕地坐着。我想象不出还有什么比剧团所谓"在路上"的生活更凄惨的了。

简·梅不知疲倦，她每天都要排练，演什么都不合她的心意。

我随身带了几本书，读个不停。我每天都会给伊万写一封长信；我想我没有告诉他，我是多么的悲惨。

两个月的巡回演出后，这出哑剧回到了纽约。对戴利先生来说，这次巡演并不成功，让人沮丧。简·梅又回到了巴黎。

迎接我的又是什么？我又见到了戴利先生，并想说服他对我的艺术感兴趣。但他似乎对此充耳不闻，对我能提供给他的一切都不感兴趣。

"我筹划演出一场《仲夏夜之梦》，"他说，"如果你愿意，你可以在仙女那一场跳舞。"

我认为舞蹈在于表达人类的情感，对仙女之类的根本没有兴趣。但我同意了，并且提议在泰坦妮娅和奥伯龙上场之前，我可以跳一曲门德尔松的谐谑曲。

在《仲夏夜之梦》的公演里，我穿着一件又长又直的白色束腰长裙，外面蒙一层金纱，背上有两个华而不实的翅膀。我非常不喜欢翅膀——在我看来这太好笑了。我试着说服戴利我不需要用纸板翅膀就能演出拥有翅膀的感觉，但他坚持己见。表演的第一个晚上，我一个人上台跳舞，高兴异常。终于，在这里，我独自站在一个大舞台上，在一大群观众面前跳舞。我真的跳舞了——跳得很好，赢得了观众自发的鼓掌，我取得了他们所谓的成功。当我卸下翅膀，想象着见到戴利先生后他会很高兴，并祝贺我。可他却勃然大怒。"这里不是杂耍剧院！"他吼道。第二天晚上，当我开始跳舞时，我发现所有的灯都熄灭了。每一次，我的《仲夏夜之梦》都是在黑暗中起舞。谁也看不见舞台上有什么，只能看见一个白色的东西在飞舞。

在纽约演了两个星期后，《仲夏夜之梦》开始巡回了。我又一次踏上了沉闷的旅程，又一次四处寻找寄宿的地方。只是这次我的薪水涨到了每星期二十五美元。

一年就这样过去了。

我非常不开心，我的梦想、我的理想、我的野心都是徒劳的。我在剧团里几乎没有什么朋友，他们认为我是个怪胎。我过去常常在舞台后面拿着一本马可·奥勒留①的书，我试着用斯多葛派哲学来减轻我感受到的无尽痛苦。可我在那次旅程中结交了一个朋友，那是一个名叫莫德·温特的年轻女孩，她扮演的是泰坦妮娅。她很可爱，很有同理心，但她有个奇怪的癖好——她只吃橘子，其他食物都不吃。几年后，我读到了她死于恶性贫血的消息，我想她不属于这个世界。

奥古斯丁·戴利剧院里的明星是艾达·雷恩，她是一个伟大的女演员——尽管她对下属很冷漠。我在剧团里唯一的乐趣就是能看她表演。她很少参与我所加入的巡演，当我回到纽约时，我经常去看她演出的《皆大欢喜》（罗莎琳德）、《无事生非》（碧儿翠丝）和《威尼斯商人》（波西亚）。她是世界上最伟大的女演员之一。在日常生活中，这位大艺术家不在意同事是不是喜欢她。她非常骄傲和冷淡，跟

---

① 马可·奥勒留（121—180）：罗马帝国最伟大的皇帝之一，同时也是斯多葛派哲学家，代表作为《沉思录》。

我们打招呼看起来都很费劲。有一天，她的边厢门上贴出了这样一张告示：

望全体人员知悉，不必向雷恩小姐问好！

事实上，我在奥古斯丁·戴利剧团工作了两年，从未有幸与雷恩小姐交谈过。她显然认为剧团里所有的小人物都不值得被她注意。我记得有一天，戴利一伙人迟到了，她一只手挥过我们所有人的头顶，喊道："哦，老板，您怎么能让我等这些无足轻重的人呢？！"（我就是这些无足轻重的人中的一个，所以不喜欢这种做法。）我无法理解像艾达·雷恩这样一个伟大的艺术家和迷人的女人怎么会犯这样的错误，我只能想到一个原因——那时候她已经快五十岁了。奥古斯丁·戴利爱慕雷恩很长一段时间了，他后来又从剧团里挑选了漂亮女孩，雷恩或许对此感到不满。戴利毫无理由地或者未经雷恩小姐同意，就突然让漂亮女孩做主角，并且一演就是两三周或两三个月。不管怎样，但可能出于某种原因，雷恩小姐提出了反对意见。艾达·雷恩作为一个艺术家，我非常钦佩她。在那个时候，如果能从她那里得到一点善意的鼓励，对我将意义深远。但在这两年里，她从来没有正眼看过我。事实上，我记得有一次是在《暴风雨》的结尾，我在米兰达和费迪南的婚礼上跳舞，在我整个舞蹈的过程中，她显然把头转过去了，这让我非常尴尬，我甚至无法继续跳下去。

我们终于跟着《仲夏夜之梦》的巡回演出回到了芝加哥。找到所谓的未婚夫，我欣喜若狂。又是夏天，每当我不用排演的时候我都和他去树林里悠闲地散步，我越来越懂得如何欣赏伊万·米洛斯基的智慧。几个星期后，当我动身去纽约时，我们一致同意他会跟我去纽约结婚。我哥哥听到这个消息后，就去打听他。结果发现，他在伦敦早就已经结婚了。母亲吓了一跳，坚决要我们分开。

第五章　失火

现在，我们全家都在纽约了。我们想办法租了一间带浴室的工作室，为了有足够的空间练舞，我们清理了所有的家具，只买了五个弹簧床垫。我们在室内的四面墙上都挂上了幕布，白天将床垫靠墙支起。晚上，我们睡在床垫上，只有一条被子可以盖。在这里，伊丽莎白又办起了学校，就像在旧金山那样。奥古斯丁加入了一个剧团，很少在家，大部分时间都在巡回演出。雷蒙德开始涉足新闻业。为了节省开销，白天，我们按小时把工作室出租给一些朗诵班、音乐班或歌唱班的老师。但因为只有一个房间，这就需要全家人去散步，我记得为了取暖，我们沿着中央公园艰难地在雪地里行走。后来我们就回去了，隔着门在外面听课。有一位朗诵老师总是教同一首诗：

　　梅布尔，小梅布尔，她的脸贴在玻璃窗上。

　　老师常常用一种相当夸张的哀婉语气重复这首诗，学生则会面无表情地跟读，而老师则常常惊呼："你能感觉到哀婉吗？你能感觉到吗？"

就在这个时候，奥古斯丁·戴利有了借鉴艺伎表演的想法，他让我参加四重唱。然而我这辈子还没有唱过一个音符呢！另外三个人说我总是把她们带跑调，于是我只是张着嘴，安静地站在那里，不出声。母亲常说别人唱歌的时候都是一张庄严可怕的脸，而我却始终表情甜美，这真奇怪。

进行艺伎表演这件蠢事是压垮我和奥古斯丁·戴利关系的最后一根稻草。我记得有一天，他穿过黑暗的剧院，发现我躺在包厢的地板上哭泣。他弯下腰来问我怎么回事，我告诉他，我再也不能忍受他的剧院里那些愚蠢的表演了。他告诉我，他并不比我更喜欢艺伎，但是他得考虑财务方面的事情。然后，戴利的手放到我裙子的后面来安慰我，但这个动作只会让我生气。

"既然你们不需要我的才华，"我说，"那我留在这里有什么用呢？"

戴利吃惊地看着我，然后"哼"了一声走了。

这是我最后一次见到他。几天后，我鼓起全部勇气，提交了辞职信。从此，我对剧院厌恶十足：日复一日地重复同样的话和同样的动作，其看待生活的方式以及所有的废话都令我感到厌恶。

离开戴利后，我回到了卡内基音乐厅的工作室。这里给的钱很少，于是我又一次穿上了白色的短袍，母亲为我伴奏。由于白天我们几乎没法用工作室，我可怜的母亲常常整晚为我伴奏。

这个时候，我迷上了埃塞尔伯特·内文①的音乐。我为他的《水仙花》《奥菲莉亚》《水之女神》等创作舞蹈。一天，我正在工作室练习舞蹈，一个眼神凶煞、头发竖起来的年轻人从门外冲了进来。尽管很年轻，但他看起来已经被可怕的疾病折磨得不成样子了。他冲到我面前，喊道：

"我听到你在伴着我的音乐跳舞！我不许，不许！这不是舞曲，是我的音乐。谁也不许跟着我的音乐跳舞！"

我拉着他的手，让他坐在一把椅子上。

"坐这儿吧，"我说，"我伴着你的音乐跳一段。如果你不喜欢，我发誓我再也不跳了。"

然后，我为他跳了《水仙花》。《水仙花》的旋律能让我想到那喀索斯②，他站在溪边，直到爱上了自己的影子，最后太过忧伤，变成一朵花。这是我为内文跳的，最后一个音符还没结束，他就从椅子上跳起来冲向我。他一把抱住我，眼里充满泪水地看着我。

"你是一个天使，"他说，"你是一个占卜师。我作曲时，脑海里浮现的就是你跳舞的那些动作。"

接着，我为他跳了《奥菲莉亚》《水之女神》，他越来越沉醉其中。最后，他自己坐在钢琴前，开始为我谱写曲子。这首优美的舞曲被他命名为《春天来了》。这支舞曲，他虽为我弹过多次，却始终没

---

① 埃塞尔伯特·内文（1862—1901）：美国钢琴家、作曲家，其代表作是《水仙花》和《玫瑰花坛》。

② 那喀索斯：希腊神话中河神刻菲索斯与水泽神女利里俄珀的儿子。相传，纳西瑟斯对水中的自己一见倾心，就此拜倒在水边，再也无法离开。也有说法认为，他知道自己无法与自己的倒影结合，于是投水自杀。从他的遗体中长出的，就是水仙花。

有写下来，这一直是我的一个遗憾。内文非常激动，他立刻提议我们应该在卡内基音乐厅的小音乐室里合作举办音乐会，他将亲自为我伴奏。

从租用场地到做宣传，全都由内文一手操办。他每天晚上都来和我一起排练。我一直认为埃塞尔伯特·内文具有成为伟大作曲家的潜质，他可能会成为美国的肖邦。但面对残酷的生存环境，他为维持生计，付出了巨大努力，很可能就是为此患上了可怕的疾病，这导致了他的早夭。

第一场音乐会就非常成功，随后的几场在纽约引起了不小的轰动。如果当时我们足够实际地请一个优秀的经理人，可能我早就开始成功的舞蹈生涯了，但是我们太无知了。

现场的观众中，有许多上流社会的女性，舞蹈的成功让我收到来自纽约上流社会各种聚会的邀请。这个时候，我为菲茨杰拉德（美国作家）翻译的奥马尔·海亚姆（波斯诗人及天文学家）的诗创作了一支舞蹈。有时是奥古斯丁选择在我跳舞时大声念给我听，有时是我姐姐伊丽莎白念给我听。

夏天即将来临，阿斯特夫人邀请我在她位于纽波特的别墅跳舞。我的母亲伊丽莎白和我一起去了纽波特，当时这里是最流行的度假胜地，阿斯特太太在美国犹如英国女王在英格兰的地位，甚至比皇室成员更值得敬畏。但在我看来，她很和蔼。她把演出安排在她家的草坪上，纽波特最上流的社交圈的人都来看我在草坪上跳舞。我有一张当时演出的照片，照片上尊贵的阿斯特夫人坐在哈里·勒尔身边，范德比尔特家族成员、贝尔蒙特家族成员、费舍家族成员都围着她。之后，我又在纽波特的其他别墅里跳了舞，但这些女士太吝啬了，我们赚的钱几乎不够支付旅费和食宿费用。此外，虽然她们认为我的舞蹈非常迷人，但没有一个人哪怕有一点点懂我。总的来说，我们的纽波特之行令我失望。这些人似乎完全沉浸在势利和富贵的荣耀之中，没有一点艺术品味。

当时，人们都看轻艺术，认为艺术家是上层社会的仆人。这种想法现在已经发生了很大的变化，尤其是在伊格纳西·帕德雷夫斯基[①]成为波兰总理后。

就像加利福尼亚的生活无论如何都不能使我满意一样，我开始强烈地希望找到一个比纽约更适合我的地方。我梦到了伦敦，梦到了可能在那里遇到的作家和画家——乔治·梅瑞狄斯、亨利·詹姆斯、瓦茨、斯温伯恩、爱德华·伯恩·琼斯、惠斯勒……这些名字对我来说充满吸引力。说实话，纽约的所有经历让我意识到，在这里没有一个人真正理解我或者肯帮我实现梦想。

与此同时，伊丽莎白的学校规模在扩大，我们从卡内基音乐厅的工作室搬到了温莎宾馆一楼的两个大房间。这些房间的租金是每周90美元，不久我们就意识到，教授舞蹈课所挣的钱根本就不够支付房租和其他花销。事实上，虽然当时我们看上去不错，但其实入不敷出。温莎宾馆看上去很幽暗，我们觉得住在这里，要设法应付这些沉重的开支没什么乐趣可言。一天晚上，我和姐姐坐在火炉旁，盘算着怎样才能弄到支付账单的钱。我突然惊呼道："唯一能拯救我们的方法是烧了旅馆！"宾馆的三层住了一个非常富有的老妇人，房间里堆满了古

---

① 伊格纳西·帕德雷夫斯基（1860—1941）：波兰钢琴家、作曲家、政治家。他在1915年放弃巡回演出，转而投入波兰独立运动，1919年担任波兰总理。

董家具和名画。她有一个习惯，每天早上8点准时下楼到餐厅吃早餐。我们计划第二天早上去见她，向她借钱。第二天，我照做了。但她心情很不好，不愿意借钱给我们，还抱怨这里的咖啡不好。

"我在这里住了很多年了，"她说，"如果他们不能给我一杯能喝的咖啡，我就搬走。"

那天下午，她真的离开了，当时整个宾馆都着火了，她也被烧焦了。伊丽莎白靠着冷静的头脑冒险挽救了自己的舞蹈学校，让学生排成一队手拉手走出了着火的建筑。但我们没能救出任何财物，失去了包括非常珍贵的全家福在内的所有财物。我们搬往位于同一条大街的白金汉姆宾馆避难，几天之后就跟初来纽约一样，身无分文了。"这就是命运，"我说，"我们必须去伦敦。"

第六章　伦敦之行

夏末，这些不幸将我们牢牢困在纽约。就在那时，我有了去伦敦的念头。温莎宾馆失火后，我们失去了行李，甚至连必要的换洗衣服也没有了。奥古斯丁·戴利给我的工作、我在纽波特为上流社会跳舞和纽约名流跳舞的经历让我幡然醒悟。我觉得，如果这就是美国人对我的舞蹈的反应，在如此冷漠的听众面前，要想去敲开他们紧闭的心门是毫无意义的。我强烈渴望去伦敦。

　　家里现在只剩下四个人了。奥古斯丁在一个小剧团巡演中扮演罗密欧，爱上了扮演朱丽叶的十六岁的女孩。有一天，回到家里的他宣布要结婚了。我们将他的行为看作一种背叛。母亲暴怒，我怎么也想不通她为什么会如此生气。她的反应和我父亲第一次来看她时一样，她走进了另一个房间，砰的一声关上了门。伊丽莎白选择用沉默来逃避，雷蒙德则开始变得歇斯底里，我是唯一一个关心奥古斯丁的人。奥古斯丁脸色苍白，非常痛苦，我告诉他——我想和他一起去看望他的妻子。他把我带到一条小街上阴暗的寄宿旅馆，在爬到五楼以后，我们见到了朱丽叶。她很漂亮，但身体虚弱，一副病恹恹的样子。他俩告诉我，他们快要有孩子了。

因此，我们去伦敦发展的计划里，要排除奥古斯丁。家里人似乎认为他半途而废，不配拥有我们所追求的光明未来。

初夏的时候，我们再次住进了空无一物的工作室，同样身无分文。后来，我想出一个绝妙的主意，我曾在那些阔太太的沙龙里跳过舞，我想请求她们赞助一笔够我们去伦敦的钱。我首先拜访了一位女士，她住在第59街一座富丽堂皇的大厦里，从那里可以俯瞰中央公园。我告诉她，温莎宾馆失火了，我们如何失去了所有的财物，如何在纽约得不到赏识，我相信我会在伦敦得到赏识。

最后，她走到她的办公桌前，拿起笔，给我写了一张支票，折起来后，给了我。我满含热泪地离开了，连蹦带跳地跑出了门。可是，我发现只有五十美金，这笔钱根本不够全家人去伦敦。

我又去找另一个百万富翁的妻子，她住在第五大道街尾，我从第59街走到她的公馆，走过了50个街区。在这里，这个老女人对我更为冷淡，还指责我的要求太不切实际。她还向我解释说，如果我学过芭蕾舞，她的想法就会不一样，而且她认识一个芭蕾舞演员，那芭蕾舞演员发了大财。天气炎热，热浪袭人，我几乎昏厥并倒在一边。当时已经下午四点，我还没有吃午饭。这位女士对此似乎感到很不安，她按铃叫来一位仪表堂堂的男管家，他给我端来一杯巧克力和一些吐司。我的眼泪落在巧克力上、滴在吐司上，但我仍然试图说服这位女士为我们的伦敦之行买单。

"总有一天我会很有名，"我对她说，"那时您对美国天才的赏识会给您带来赞誉。"

最后，这位大约坐拥六千万资产的女主人也给了我一张五十美元的支票。但是她加了一句："你挣到钱就还给我。"

我从来没有还她钱，我宁愿把这笔钱送给穷人。

我用这种办法游说纽约大多数百万富翁的妻子，有一天，我们终于筹到了300美金的巨款作为我们去伦敦的费用。如果我们要预留一些钱作为在伦敦的花费，那么剩下的钱还不够买一张普通轮船的二等舱票。

雷蒙德想到一个好主意，他去码头寻找愿意让我们乘坐的船。后来，他在码头附近找到一艘前往赫尔的押运牲口的船只，船长被雷蒙德的故事打动了，他同意让我们搭船，尽管这会违反相关规定。我们的箱子都在温莎宾馆的大火中烧毁了，所以我们只带了几个手提包就上了船。我觉得正是因为这次旅程，让雷蒙德成了一个素食主义者。从美国中西部平原前往伦敦的途中，几百头可怜的牲畜被捆绑着，日夜发出最悲惨的叫声，这种景象让我们印象深刻。

每次，坐在大型客轮的豪华船舱里时，我总是会想起那次在押运牲口的船上的经历，想起我们无法抑制的欢乐和喜悦。我想知道，这样持续的奢华之后是否会造成神经衰弱。那时，我们的食物只有咸牛肉和喝起来像稻草的茶，床铺很硬，船舱很小，食物不足，但在去赫尔的两个星期的旅程中，我们非常快乐。我们乘坐这样的船不好意思用真名，于是都用外婆的姓——奥戈尔曼。我自称玛吉·奥戈尔曼。

大副是一个爱尔兰人，我经常和他一起在月下散步。船舱上锁后，他常常对我说："当然，玛吉·奥戈尔曼，如果你愿意，我可以成为你的好丈夫。"还有一些晚上，船长会拿出威士忌让我们喝口热酒。他是一个很好的人。总而言之，尽管艰苦，这是一段非常幸福的时光，令我们沮丧的只有可怜的牛在船舱里的吼叫声和呻吟声。不知道时至今日，他们是否还用那种野蛮的方式运牛！

奥戈尔曼一家在5月的一个早晨抵达赫尔，坐了几个小时火车后，终于到了伦敦。我们看了《泰晤士报》上的一则广告，于是在大理石拱门附近找到了一家旅馆。在伦敦的头几天，我们都是在廉价的公共汽车上度过的。我们兴奋异常，周围一切都让我们感到惊奇和喜悦，我们完全忘记了自己的钱少得可怜。我们去了威斯敏斯特教堂、大英博物馆、南肯辛顿博物馆、伦敦塔，游览了英国皇家植物园、里士满公园、汉普顿宫等地，回到住处后，我们总是既兴奋又疲惫。实际上，我们的做派完全像有一个美国爸爸会寄钱供我们游玩一样。几周后，我们被一个愤怒的女房东从旅游梦中唤醒，她要我们付账单。

后来有一天，在国家美术馆，我们听了一场关于柯勒乔①"维纳斯与阿多尼斯"的非常有趣的讲座。回到住处后，门在我们面前砰地关上了，我们少量的行李还在里面，而我们自己却站在门口。掏遍了全身，我们只剩下6先令②，我们朝大理石拱门和肯辛顿花园走去，在那儿坐下来考虑下一步该怎么办。

---

① 柯勒乔(1494—1534)：意大利文艺复兴时期的画家之一，以画拱形屋顶的壁画而著名。

② 先令：英国旧辅币单位，1英镑合20先令。

第七章　伦敦生活

如果把我们自己的生活拍成电影，恐怕我们都会吓一跳，惊呼道："这肯定不是我吧？"当然，我记忆中的我们四人走在伦敦街头，就像狄更斯笔下的人物那样。而此时此刻，我几乎不敢相信都发生了什么。我们年轻人吃点苦头没什么，受到打击尚能保持乐观。可是，我那可怜的母亲，她一生中已经经历了那么多的艰难困苦，她已经不再年轻，竟还能对这一切坦然处之，现在回想起来，真是不可思议。

　　走在伦敦的街道上，我们没有钱、没有朋友，也没有能过夜的地方。找了两三家旅馆之后，因为我们没有行李，他们坚持要先付房费。我们又试了两三家寄宿公寓，但所有的房东太太都一样的无情。最后我们被逼无奈，打算在格林公园的一条长凳上过夜。即便如此，却还是出现了一位高大的警察，他告诉我们不可以待在这里。

　　这种境况持续了三天三夜。我们靠吃小圆面包为生。然而，我们却仍然精神饱满，白天就在大英博物馆里度日。我记得当时我正在读温克尔曼①的《雅典之旅》的英译本，我完全忘记了我们异常的处境。我悲伤地哭泣，不是为我们自己的遭遇，而是为温克尔曼充满激情的发现之旅归来后的不幸逝世。

第四天的黎明，我决定想个办法。母亲、雷蒙德和伊丽莎白跟着我径直走进伦敦一家最好的旅馆，我提前告诉他们，进去后什么话都不要说。这时值夜班的门房还似醒非醒，我告诉他我们刚从利物浦来到此地，行李稍后会运来。我吩咐他，给我们安排一间上好的房间，然后送早餐来，我点了咖啡、荞麦面包以及其他的美式糕点。

那一整天，我们都睡在豪华舒适的床上。我不时地给楼下的门房打电话，抱怨我们的行李怎么还没有送到。

"我们连换洗的衣服都没有，怎么出门？"我说，于是我们晚饭也是在房间里吃的。

第二天天一亮，我们断定这个诡计很快会被揭穿，于是像进来时那样走了出去，只是这次没有叫醒门房。

我们走在街上时发现自己精神大振，已经准备好重新面对世界。那天早晨，我们走到切尔西公墓那里，坐在老教堂的墓地中，这时我注意到小道上有一张报纸。于是我捡起来看，有一段报道吸引了我的注意力。报道说的是一位太太在格罗夫纳广场买了一幢房子，正在大宴宾客。我在纽约时曾在她家跳过舞，我突然灵机一动。

"在这里等我。"我对其他人说。

我独自一人来到了格罗夫纳广场。午饭前，我找到那位女士的家。她非常友好地接待了我，我告诉她，我来伦敦了，我会去一些富

① 温克尔曼（1717—1768）：德国启蒙运动初期的艺术史家，是欧洲第一个认真研究并热烈崇拜古希腊罗马艺术的学者。

太太家里跳舞。

"我周五晚上的宴会需要会跳舞的人，"她说，"你可以在晚宴后为我们跳舞吗？"

我同意了，并且委婉地暗示，需要付一些定金。她立刻慷慨地给我开了一张10英镑的支票，我带着它跑回切尔西公墓。在那里，我发现雷蒙德正在发表关于柏拉图的灵魂论的演讲。

"星期五晚上，我要去一位太太家跳舞。她住在格罗夫纳广场，说不定届时威尔士亲王也会到场，我们要发财了！"我给他们看了支票。

雷蒙德说："我们必须拿着这笔钱，找一个工作室。预付一个月的房租，我再也不能忍受那些庸俗不堪的寄宿公寓的女主人的侮辱了。"

我们在切尔西国王路找了一间小工作室，我们没有床，直接睡在地板上，但我们觉得我们又像艺术家一样生活了，我们都认同雷蒙德想法——再也不能住那种资产阶级旅馆了。

付了公寓的房租后，我们用剩下的钱买了一些罐头，以备不时之需。我还在利伯提百货店买了几码棉纱布料，以备周五宴会的舞蹈之用。那晚，我跳了内文的《水仙花》，那时我还很瘦，我演绎了一个消瘦的少年，他迷恋自己在水中的倒影。我还跳了内文的《奥菲利娅》，我听到有人在低声说："这小孩的舞蹈怎会如此悲伤。"晚会结束时，我又跳了门德尔松的《春之歌》。

母亲为我伴奏，伊丽莎白读了安德鲁·朗格翻译的忒奥克里托斯①的几首诗，雷蒙德就舞蹈及其对未来人类心理可能产生的影响发表了一个简短的看法。那些养尊处优的观众显然理解不了这些，但女

---

① 安德鲁·朗格（1844—1912）：英国文学家、历史学家、诗人。忒奥克里托斯（前310？—前245？）：古希腊诗人。

主人很高兴，我们算是成功了。

这是一个典型的英国上流社会的聚会，会上没有人留意我光脚穿凉鞋、披薄纱跳舞并评头论足。尽管这在后来引发了德国人对我的评头论足。但英国人非常有礼貌，他们甚至没有想要评论一下我的服装别出心裁，或是我舞蹈的独创性。大家都只是说"太美了""太感谢你了"诸如此类的话，仅此而已。

从这一晚开始，许多名流邀请我去跳舞。某一天，我可能在皇室面前跳舞，或在劳瑟夫人家的花园里，但还是会有饿肚子的时候，因为我的演出多数是无偿的。女主人们经常会说："你可以在某某公爵夫人面前跳舞，那么有名的人会看到你，你将在伦敦出名。"

我记得有一天，为了一个慈善演出，我跳了四个小时的舞。为了奖赏我，一位贵妇人给我倒了杯茶，亲手递给我一些草莓，我已经几天没吃饱饭了，所以那些草莓和油腻的奶油让我想吐。与此同时，另一位女士举起一个装满金币的大袋子，说："看看你为我们盲人女孩之家赚了这么多钱！"

母亲和我都太要强了，不好意思告诉那些人他们有多残忍。相反，我们省吃俭用，把省下的钱用来买演出服，只为体面地出入这些场合。

我们买了几张简易床，还租了一架钢琴，但我们大多数时间都花在大英博物馆。在这里，雷蒙德绘制了这里所有关于希腊花瓶和浅浮雕的草图，我则努力用舞蹈和音乐去表现它们。我们每天在那儿的图书馆待很久，中午在那儿的餐厅用餐，一个便宜的小圆面包就着一杯牛奶咖啡就是午餐。

伦敦的美丽让我们着迷。所有我在美国错过的文化和建筑之美，现在都可以尽情享受了。

离开纽约之前，距离我最后一次见到伊万·米洛斯基已经过去一年。有一天，我收到一封来自芝加哥的朋友的信，告诉我伊万·米洛斯基自愿参加西班牙战争，随军前往佛罗里达，却在那里患了伤寒，不幸去世了。这封信对我来说是一个沉重的打击。我简直不敢相信这是真的。一天下午，我去库柏学院翻遍了前几个月报纸的合订本，在密密麻麻的阵亡者名单中，我找到了他的名字。

朋友在那封信里还附上了伊万·米洛斯基在伦敦的妻子的名字和地址。于是，有一天，我叫了一辆马车去拜访伊万·米洛斯基夫人。她住在哈默史密斯附近，离我很远。我仍然或多或少地受到美国清教徒的影响，伊万·米洛斯基在伦敦有一个妻子，但他从来没有对我提起过她，这让我很痛苦。所以我没有告诉任何人这件事。我把地址给了车夫，马车走了似乎好几英里，都快到了伦敦的郊区。那里一排一排的房子都是灰色的，长得都一模一样。我没见过这么凄凉、这么肮脏的前门，但名牌却一个比一个气派。有舍伍德屋、格伦屋、埃恩尼斯·莫尔和其他完全不相称的名字，最后是斯特拉楼。在那里，我按了门铃，一个看上去颇为阴郁的伦敦女仆打开了门。我请求见米洛斯基夫人，于是我被领进一间闷热的客厅。我穿着一件白色的平纹细布连衣裙，是凯特·格林纳威（英国儿童书籍插图画家）画里的那种；腋下系着一条蓝色腰带，头上戴着一顶大草帽，卷发披肩。

我能听到头顶有脚步声，一个尖锐、清晰的声音在说："姑娘们，保持队形，保持队形。"斯特拉楼原来是一所女子学校。尽管伊万很悲惨地死了，但我心情复杂，既害怕，又嫉妒得咬牙切齿。就在这时，一个我这辈子见过的最奇怪的小个子走进来，她身高不到四英尺，瘦得皮包骨头，有着一双闪着光的灰色眼睛，留着稀疏的灰色头发，一张白皙的小脸映入眼帘，嘴唇薄而紧闭。

她对我不是很热情。我试图解释我是谁。

"我知道，"她说，"你是伊莎多拉，伊万多次在信里提到过你。"

"我很抱歉，"我结结巴巴地说，"他从来没跟我提起过你。"

"嗯，"她说，"他不会的，我本来打算去见他的，可是现在他死了。"

她的声音和表情让我忍不住想哭，后来她也哭了，仿佛我们是老朋友一样。

她带我去看她的房间，墙上挂满了伊万·米洛斯基的照片。有几张他年轻时的照片，照片中的他有一张非常俊美刚毅的脸。还有一张他寄给她的穿军装的照片，她在那张照片的四周围上了黑纱。她给我讲了他们过去的生活，他怎么怀着发财梦去了美国，可惜钱不够，所以他们没能一起去。

"我本来要去找他的。"她说，"他总是这样写：'我很快就有钱了，到时候你就可以来了。'"

可是，几年过去了，她仍是女子学校的一名家庭教师，头发也变白了，伊万仍然没有给她寄足够去美国的钱。

和这个等待中的老妇人的命运相比，我真是勇敢多了。我不明白的是：作为伊万·米洛斯基的妻子，如果她想去找他，为什么不去？即使只能坐三等船舱。无论是当时还是后来，我都无法理解，为什么一个人想做一件事时，却选择不行动。对于自己想做的事，我从不犹豫。即使我常常陷入困境和不幸，但至少我有过我行我素的满足感。这个可怜的、耐心十足的老妇人怎么能年复一年地等着丈夫来接她呢？

我坐在她的房间里，四周都是伊万的照片，她紧紧地握着我的手，滔滔不绝地说着他，直到我意识到天色渐暗。

她让我以后再来，我也请她去我们家做客，可是她说她完全没有时间，因为她得从一大早工作到晚上，要给姑娘们上课，还要批改作业。

　　因为我已经让车夫先走了，只得坐在顶篷车里回家了。我记得我一路为伊万·米洛斯基和他可怜的妻子的命运哭个不停，但与此同时，我感到一种奇怪的狂喜的力量，同时还有一种庆幸，并蔑视那些失败者，蔑视那些将生命浪费在等待中的人，这无疑是一种年轻人的残忍。

　　在那之前，我枕着伊万·米洛斯基的照片和来信入眠，可是从那天起，我把这些物件都收了起来，放进了我的行李箱。

　　我们在切尔西的单间公寓租期满的第一个月，天气变得很热。我们就在肯辛顿找了一个有家具的工作室搬了进去。这里有钢琴，还有更多的房间来工作。很快就7月底了，我们面临着惨淡的8月，但我们在演出季攒的钱很少。整个8月，我们都在肯辛顿博物馆和大英博物馆的图书馆度过。我们经常在图书馆关门后，从大英博物馆走回肯辛顿的工作室。

　　一天晚上，米洛斯基夫人忽然出现，邀请我共进晚餐，这让我很惊讶。她来拜访我们，这对她来说是一次意义重大的冒险，她非常兴奋，甚至还点了一瓶勃艮第葡萄酒。她让我讲讲伊万在芝加哥是什么样的，他都说过什么话。我告诉她，伊万非常喜欢在树林里收集鼠尾草，有一天，我看见他，阳光照在他的红头发上，他怀里抱着一大束鼠尾草，我总是把他和鼠尾草联系起来。听到这儿，她哭了，我也哭了。我们又喝了一瓶葡萄酒，彻底沉浸在往事的回忆里。之后，她坐上迷宫般的公交车回到了斯特拉楼。

　　伊丽莎白和我们以前在纽约一些学生的妈妈开始通信。到了9月，其中一位给她寄来一张供她回程的支票，她决定必须回美国挣些钱。

她说："要是我赚了钱，就可以寄钱给你。你很快就会变得富有、出名，我很快就会和你们团聚。"

我记得我们去了肯辛顿大街上的一家商店，给她买了一件暖和的旅行用的外套，最后送她上了港口接驳列车，只剩下我们三个回到工作室，成天在绝望中度日。

快乐而温柔的伊丽莎白走了，10月阴冷而凄凉。我们第一次尝到了伦敦大雾的滋味，也许总是喝廉价的汤使我患上了贫血症，大英博物馆甚至都失去了原有的吸引力，很长一段日子，我们连出门的勇气都没有，整日裹着毯子坐在工作室里，在用硬纸板拼成的简易棋盘上玩跳棋。

回望这段生涯时，正如我对我们当时的异常乐观感到惊讶一样，我也对我们精神的彻底崩溃感到惊讶。事实上，那时候的我们甚至有过早上没有勇气起床而昏睡一整天的经历。

之后，我们收到了伊丽莎白的一封信，还附有一笔汇款。她到了纽约，住在第五大道的白金汉宫大酒店。她办了学校，而且办得不错。伊丽莎白给了我们勇气。由于我们工作室的租期到了，我们在肯斯顿广场租了一栋带家具的小房子，这样就可以享受广场的花园了。

秋天一个燥热的晚上，雷蒙德和我在花园里跳舞，一个头戴黑色大帽子的漂亮女人出现了，她说："你们到底是从哪里来的？"

"我们绝非来自地球，"我答道，"而是来自月亮。"

"哇，"她说，"无论从哪里来，你都非常可爱。你们愿意跟我去看看吗？"

我们跟着她去了她位于肯辛顿广场非常温馨的家。在那里，从她收藏的伯恩·琼斯、罗塞蒂和里奇蒙·莫里斯的杰出画作里可以看出她是一个怎样的人。

她是帕特里克·坎贝尔夫人。她为我们弹琴，还唱了一些英文老歌，又朗诵了诗歌。最后，我为她跳了舞。她非常漂亮，有着一头高贵的黑发、一双黑色的大眼睛、奶油般的肤色和女神般的脖颈。

她让我们都爱上了她，与她的相遇让我们摆脱了沉闷和沮丧。我们的命运也因此转变了，帕特里克·坎贝尔夫人很喜欢我的舞蹈，她给我写了介绍信，让我去找乔治·温德姆夫人。她告诉我们，她年轻时，在温德姆太太的家里初次登场，朗读了朱丽叶的台词，很受欢迎。温德姆夫人很愉快地接待了我，我有史以来第一次坐在炉火旁享受英国的下午茶。

这里我要说，炉火、面包、黄油三明治、浓茶，没有户外的黄色雾气，还有英国人的听上去有文化的慢吞吞的口音，都让伦敦变得非常迷人。如果说我以前就为之陶醉了，那么从那一刻起，我就深深地爱上它了。这所房子有一种神秘的氛围，安全舒适，既文雅，又让人放松。我必须说，我觉得我有一种如鱼得水般的自在感。美丽的图书馆也非常吸引我。

就是在这里，我第一次注意到优秀的英国仆人的翩翩风度，他们自信的举止就像贵族一样。他们丝毫不像美国社会那些佣人一样，以身为佣人为耻或为自己服务于贵族而目中无人，而是在举止上散发着贵族气质。他们的父辈在他们之前这样做了，他们的后代在他们之后也会如此生活。这是一种能让人平静和有安全感的生活方式。

一天晚上，温德姆太太安排我在她的客厅跳舞，伦敦几乎所有艺术界和文学界的人都来了。在这里，我遇到了一个让我刻骨铭心的人。他五十岁左右，有着一张我所见过的最英俊的脸。突出的前额下有一双深陷的眼睛，一个古希腊式的鼻子和一张精致的嘴巴，身材瘦高，略微有些驼背，中分的灰白的头发长至耳际，表情非常温柔。他是著名钢琴家的儿子，叫查尔斯·哈雷。奇怪的是，当时我遇到的那些热情地向我献殷勤的年轻人，没有一个能吸引我。事实上，我甚至注意不到他们的存在，但我立刻深深地爱上了这个五十岁的男人。

他是玛丽·安德森①年轻时的好朋友，他邀请我去他的工作室喝茶，他给我展示了玛丽·安德森在《科利奥兰纳斯》中扮演维尔吉利亚时穿的外衣，他把它作为庄重的纪念品保留着。这次拜访之后，我们的友谊变得非常深厚，我几乎每个下午都去他的工作室。他告诉我许多关于伯恩·琼斯（他的密友）、罗塞蒂、里奇蒙·莫里斯和拉斐尔前派以及他十分熟悉的威斯勒和丁尼生的一些事件（这些人他都很熟悉）。在他的工作室，我度过了令人陶醉的时光，正是由于和这位美好的艺术家的友谊，我才略微领悟到早期绘画大师的艺术精髓。

当时，查尔斯·哈雷是新国家美术馆的负责人之一，所有现代画家都在这里做展览。新美术馆是一个非常迷人的小画廊，这里有一个中央庭院和一个喷泉，查尔斯·哈雷想到了我可以在这里表演。他把我介绍给他的朋友——画家里奇蒙爵士、安德鲁·朗格和作曲家赫伯特爵士，他们都同意来美术馆演讲。画家里奇蒙讲舞蹈和绘画的关系，安德鲁·朗格讲舞蹈和希腊神话的关系，作曲家赫伯特谈舞蹈与音乐的关系……我则绕着喷泉在中央庭院跳舞，周围有稀有植物、鲜花和成排的棕榈树，这一切都促成了我的成功演出。报纸对此争相报道，查尔斯·哈雷非常高兴，伦敦的名流都请我喝茶、吃饭，我们有一段短暂的受幸运之神眷顾的时光。

---

① 玛丽·安德森（1918—2014）：美国女演员。

一天下午，罗纳德夫人的小房子举行的一个拥挤的招待会上，我被介绍给威尔士亲王，他也就是后来的爱德华国王。他称赞我，说我像庚斯博罗画中的那些美人，这又给伦敦社交圈添了一把火。

我们的运气有所好转，在沃里克广场租了一个大工作室。在那里，我每天都在研究新产生的灵感，这些灵感都来自我在国家美术馆看到的意大利艺术的影响。虽然我认为，在这一时期，我深受伯恩·琼斯和罗塞蒂的影响。

这时，一位年轻的诗人走进了我的生命，他有着柔和的声音，梦幻般的眼睛，刚从牛津大学毕业。他是斯图尔特家族的后人，名叫道格拉斯·安斯利。每个傍晚，他会夹着三四本书出现在工作室，给我读斯温伯恩、济慈、勃朗宁、罗塞蒂和王尔德的诗。他喜欢大声读诗，我也喜欢听。我可怜的母亲认为她必须在场监督，虽然她知道且喜爱这些人，但不能理解牛津式的读诗方式，尤其是听了里奇蒙·莫里斯的诗之后，过不了多久便会瞌睡连连。这时道格拉斯·安斯利会倾身靠近我，在我的脸颊上轻轻吻一下。

我很享受这段友谊，和安斯利，还有查尔斯·哈雷的友谊让我非常愉快，我不想再有别的朋友。普通的年轻人让我感到厌烦，虽然当时有许多人在伦敦上流社会的聚会的场所看到我跳舞后，很乐意再次见我。他们约我出去，但我如此矜持，他们全都吓退了。

查尔斯·哈雷和一位非常迷人的未婚妹妹哈雷住在一座小小的老房子里。哈雷小姐对我很好，经常邀请我参加只有我们三个人的小晚宴。就是在那里，我第一次见到了亨利·欧文[1]和埃伦·特里[2]。我第

---

[1]　亨利·欧文（1838—1905）：英国演员、导演。

[2]　埃伦·特里（1847—1928）：英国女演员。

一次知道欧文是看了他的《钟声》，他伟大的艺术让我非常激动。我因此很崇拜他，以致我好几个星期都睡得不好。至于埃伦·特里，从那时起，她一直是我生命中的偶像。从来没有见过欧文的人，无论如何是无法理解他的艺术所带来的震撼人心的美和瑰丽的，他的智慧和戏剧的魅力让人无以言表。他是一位天才艺术家，他的缺点本身就让人令人崇拜。在他的身上，有一种但丁才有的天才和威严。

那个夏天的一天，查尔斯·哈雷带我去拜访伟大的画家瓦茨，我在他的花园里为他跳了舞。在他的住处，我看到埃伦·特里那张美得不得了的脸多次出现在他的画里。我们一起散步，他告诉我很多关于他艺术和生活的美好的事情。

那时，埃伦·特里处于女性的成熟期。她不再是那个激发瓦茨灵感的高个子、苗条的女孩。她变得胸部丰满，臀部上翘，风姿绰约。这与今天的审美大不相同。如果今天的观众能看到鼎盛时期的艾伦·特里，她肯定得被迫减肥了。我敢说，如果像我们现在的女演员一样把时间花在显得年轻和苗条上，她的表现力肯定会大打折扣。她看上去并不苗条和瘦弱，但她确实是一位非常美丽的女性榜样。

就这样，我在伦敦接触到了当时最杰出的知识分子和艺术家。冬天慢慢过去，沙龙也变少了，有一段时间我加入了本森剧团，但除了扮演《仲夏夜之梦》中的第一个仙女外，再也没有进一步发展。剧院经理似乎无法理解我的艺术，也不相信我会对他们的作品有所贡献。这就很奇怪，自从莱恩哈特、盖米尔以及其他一些剧院前卫人士推出带有我舞蹈风格的作品以来，还是有好多人随意模仿我的舞蹈的。

有一天，有人要把我介绍给特里斯夫人（当时还是女士）。在一次排练中，我去了她楼上的化妆室，她对我非常热情。当我按照她的吩咐穿上舞衣后，她让我为比尔博姆·特里斯先生跳舞。我跳了门德尔松的《春之歌》，他几乎没有看我，而是一直心不在焉地看着舞台上方。后来在莫斯科的一次宴会上，他说我是世界上最伟大的艺术家之一，我把这个故事告诉了他。

"什么！"他惊叫道，"我见过你的舞蹈、你的美貌、你年轻的样子，却不懂得欣赏？啊！我真是个傻瓜！"

"而现在，"他又说，"一切都太晚了，太晚了！"

"永远不会太晚，"我回答，从那一刻起，他就不停地对我表示感激。关于这一点，我后面会谈到。

其实，当时我很难理解为什么安德鲁·朗格、瓦茨、埃德温·阿诺德爵士、奥斯丁·多布森、查尔斯·哈雷，以及在伦敦遇到的所有画家和诗人都对我的艺术充满热情，但剧院经理们仍然无动于衷。仿佛我的艺术太过高雅，他们无法理解。他们理解的剧院艺术应该是粗俗的、物质主义的。

我成天在工作室工作，傍晚的时候不是诗人来朗诵诗歌，就是画家带我出去或看我跳舞。他们约定不会同时出现，因为他们彼此非常反感。诗人说他不明白我怎么会花那么多时间和那个老家伙在一起，画家说他不明白一个聪明的女孩怎么会看上一个粗鲁的男人。但我对他们都很满意，我真的说不出我更爱哪一个。星期天总是留给哈雷，我们在他的工作室一起吃午餐，配着斯特拉斯堡鹅肝酱、葡萄酒和他亲手煮的咖啡。

有一天，他允许我穿上玛丽·安德森著名的束腰外衣，我摆了各种姿势让他给我画素描。

冬天就这样过去了。

第八章　奔赴巴黎

我们之前总是入不敷出，但现在迎来了一个收支平衡期。这种平静让雷蒙德坐立不安，于是他去了巴黎。到了春天，他突然发电报炮轰我们，恳求我们去巴黎。于是，有一天，母亲和我收拾好我们的行李，坐上了横渡英吉利海峡的客船。

　　在经历了伦敦的大雾之后，我们在一个春天的早晨到达了瑟堡。法国对我们来说就像一个花园，从瑟堡到巴黎，我们一路上总是从三等舱的窗口探出身子一路欣赏风景。雷蒙德赶来车站接我们。他把头发留得很长，盖住了耳朵，衣领翻了下来，打着一条领带。我们对他的变化多少有些惊讶，他解释说这是他所住的拉丁社区的时髦装扮。

　　他带我们去了他的住处，不想撞到一个小小的女店员跑下楼来。雷蒙德请我们喝了一瓶红酒，他说这瓶酒值三十生丁①。喝完红酒，我们就出发去找住处。雷蒙德只会说两句法语，我们在街上一边走，

_____

① 生丁：法国辅币，1法郎等于100生丁。

一边说"Chercher atelier"。

我们不知道的是，在法国，"atelier"不仅是工作室的意思，它指的是所有类型的店铺。最后在傍晚，我们才在郊区找到一间带家具的工作室，月租金只要50法郎。我们惊喜得很，预付了一个月的租金。我们想不通它为什么这么便宜，但那天晚上我们知道原因了。就在我准备休息的时候，感觉就像发生了地震一样，震得我们的工作室地动山摇。雷蒙德去看了看，发现我们楼下是一家印刷厂，他们总会在夜间工作，所以这里的租金很便宜。这让我们有些沮丧，不过在那个时候，50法郎对我们来说意义重大。我提议，说这声音听起来像大海的波涛声，我们就假装住在海边吧。门房提供餐饮，午餐25美分，晚餐1法郎，包含红酒。她经常端上一碗沙拉，带着礼貌的微笑说："该搅拌沙拉了！先生们，女士们，该搅拌沙拉了！"

雷蒙德没有追求那个女店员，而是一心一意地陪着我。到了巴黎，我们太兴奋了。我们常常五点就起床，先从卢森堡公园里跳舞开始，我们还跑遍巴黎，步行数公里，去卢浮宫里消磨时间。雷蒙德已经画了一套希腊花瓶图集了，而我在卢浮宫里翩翩起舞，我们每天在那里流连忘返。以至于管理员起了疑心，当我用哑剧的方式解释说我只是来跳舞时，他认为面对的是没恶意的疯子，于是就放过我们了。我记得，我们在打了蜡的地板上一坐就是几小时，滑来滑去，去看不同的展览，或者踮起脚尖说："看，这里有狄奥尼索斯。"或者高喊："快过来，这里有美狄亚正在杀她的孩子。"

我们日复一日去卢浮宫，到了闭馆时间才依依不舍地离去。在巴黎，我们没有钱，没有朋友，但我们什么都不想要。卢浮宫是我们的天堂。我后来遇到过一些人，他们看到我们——我穿着白色连衣裙，戴着自由帽，雷蒙德戴着大黑帽，敞着领口，系着飘逸的领带——说我们两个很奇怪，这么年轻，却如此着迷于希腊花瓶。夜幕降临时，我们穿过暮色，在杜伊勒里宫花园的雕像前流连忘返，当我们大快朵颐白豆、沙拉和红葡萄酒时，心情愉悦到了极点。

雷蒙德擅长用铅笔绘画，几个月内，他就临摹了卢浮宫里所有的希腊花瓶。后来都出版了，其中有些貌似人物画像的画作，其实是我裸体跳舞时的侧影。

除了卢浮宫，我们还参观了法国国立中世纪博物馆、卡纳瓦雷博物馆、巴黎圣母院，以及巴黎所有的博物馆。我尤其被歌剧院前的卡尔波群雕和凯旋门上的鲁德群雕吸引。我们对每一座纪念碑都肃然起敬，年轻的心灵为之振奋。

春去夏来，1900年，盛大的万国博览会开幕了。令我欣喜若狂但又令雷蒙德不悦的是，一天早上，查尔斯·哈雷出现在我们位于盖尔特大街的工作室外。他来巴黎看展览，之后我们就经常见面。我不可能找到比他更迷人、更聪慧的向导了。白天，我们穿梭在不同的建筑之间，晚上，我们在埃菲尔铁塔附近用餐。他很绅士，我感到累了，他让我坐旋转升降椅。博览会让我感到厌倦，因为在我看来，博览会上的展品完全不能与卢浮宫相提并论。然而，我非常开心，因为我崇拜巴黎，我崇拜查尔斯·哈雷。

星期天的时候，我们乘火车去了乡下，徜徉在凡尔赛的花园或圣日耳曼的森林里。我在森林里为他跳舞，他为我画素描。夏天就这样过去了。当然，对我可怜的母亲和雷蒙德来说就没那么幸福了。

1900年的博览会让我印象最为深刻的是日本伟大的悲剧舞蹈家佐贺洋子的舞蹈，查尔斯·哈雷和我一次又一次被这位演员绝妙的艺所震撼。

　　另一个让我终生印象深刻的是"罗丹展馆"。主办方将这位伟大艺术家的全部作品首次向公众展出。我第一次进入展馆时，还不知道罗丹是谁，但我一站在他的作品前就肃然起敬。他的作品仿佛带我进入了一个全新的世界。每次去那里，听到有人指着雕塑——"他的头在哪里？""她的胳膊呢？"这时，我常常转过身去，对着人群大声点评——这不是一个单纯的人体，而是一种象征，是人类对理想的渴盼和呼唤。

　　秋天来了，世界博览会要结束了，查尔斯·哈雷要回伦敦了。回去之前，他将侄子查尔斯·努夫拉尔介绍给我。临走时，他对侄子说："我把伊莎多拉交给你了。"努夫拉尔是一个二十五岁左右的年轻人，多少有些玩世不恭，但他完全被这个托付给他照顾的美国小女孩的天真迷住了。他学识丰富，对美术、音乐、建筑均有涉猎，使我得以接触到完整的法国艺术教育。他把我照顾得很周到，给我讲了很多关于哥特式艺术的相关内容，让我能欣赏路易十世、路易十四、路易十五和路易十六的时代。后来，我们离开了盖尔特大街，用剩下的一点积蓄，在维利尔大道租了一间大工作室。雷蒙德用最有创意的方式布置了这个工作室。他将锡箔纸卷起来，放在煤气喷流上。他让煤气像古罗马的火炬一样燃烧，让我们的煤气费上涨。

　　在这里，母亲重拾她的音乐，就像童年时代一样，她会连续几个小时演奏肖邦、舒曼和贝多芬。我们的工作室内没有卧室，没有浴室。雷蒙德在四周的墙上画上希腊式的柱子，我们还有几个雕花的箱子，而里面放着我们的床垫。晚上，我们会把床垫从箱子里拿出来，以便睡在上面。雷蒙德发明了独属于他的凉鞋，因为他觉得鞋子都令人讨厌。他是个喜欢发明创造的人，他晚上四分之三的时间都用来搞他的发明设计，在那里敲敲打打，而我可怜的母亲和我只能尽可能地睡在箱子上。

查尔斯·努夫拉尔是我家的常客。有一天，他带了两个朋友来我们的工作室，一个是年轻又帅气的雅克·博格尼斯，另一个则是文艺青年安德烈·博格尼耶。查尔斯·努夫拉尔对我感到非常骄傲，他很高兴地将我作为一件出色的美国产品展示给他的朋友们。我很自然地为他们跳了舞，当时我正在学习肖邦的前奏曲、华尔兹舞及玛祖卡舞。母亲的伴奏饱含深情，坚定有力，她可以为我伴奏好几个小时。就在那时，雅克·博格尼斯想到他的母亲——圣玛索夫人（也是一位雕塑家的妻子），她可以让我在某个晚上为她的朋友们跳舞。

圣玛索夫人的沙龙是巴黎最具艺术气息和最时髦的沙龙之一，排练被安排在她丈夫的工作室内。钢琴前坐着一个钢琴弹得特别好的人，他的手指像巫师一样灵巧，我立刻被他吸引住了。

"太美妙了！"他惊呼道，"多么可爱，多么可爱的孩子！"他把我搂在怀里，以法国人特有的方式亲吻了我，他就是著名的作曲家梅萨热。

到了我首次表演的夜晚，在一群如此善良、热情的人面前跳舞，我完全被征服了。还没等舞曲结束，他们就叫道："好极了，好极了，她多可爱！多可爱的孩子！"第一支舞结束时，一个目光如炬的高个子站起来，拥抱了我。

"你叫什么，小女孩？"他问。

"伊莎多拉。"我回答。

"你的小名吗？"

"当我还是个小姑娘的时候，别人叫我洛丽塔。"

"哦，洛丽塔，"他接着亲吻了我的眼睛、脸颊和嘴唇，"你太可爱了！"圣玛索夫人拉着我的手说："这就是伟大的伊莎多拉。"

事实上，巴黎的重要人物都到场了。我收获了满满的鲜花和赞美，当我离开的时候，我的三个骑士——努夫拉尔、雅克·博格尼斯和安德烈·博格尼耶都想护送我回家，他们脸上洋溢着自豪和满意的笑容，因为他们的小天才取得了如此大的成功。

他们三个之中后来成为我最要好的朋友的，不是高大、讨人喜欢的努夫拉尔，也不是相貌堂堂的雅克·博格尼斯，而是身材矮小、面色苍白的安德烈·博尼耶，他虽然样貌平平，但很聪慧。我一直是个脑力劳动者，虽然人们不会相信，但我头脑中的爱情故事（我有过很多段爱情故事）就像源于内心的爱情故事一样有趣。安德烈当时正在写他的第一本书《彼特拉克和西斯蒙第》。他每天都来看我，他抑扬顿挫的朗诵使我了解了法兰西最优秀的文学作品。

那时，我已经可以自如地用法语阅读和交谈，安德烈·博格尼耶会在下午或是晚上来我们工作室，长时间地大声为我朗读。他的声音有一种抑扬顿挫的感觉，非常悦耳。他给我读莫里哀、福楼拜、戈蒂埃、莫泊桑的作品，他是第一个给我读梅特林克的《玛兰公主》①的人。

每天下午，他都会夹着一本新书或杂志，怯生生地敲响我们家的门。我母亲无法理解我对这个男人的热情，他不符合她心目中情人的

① 莫里斯·梅特林克（1862—1949）：比利时剧作家、诗人、散文家。1911年获得诺贝尔文学奖。《玛兰公主》是梅特林克的戏剧作品，是象征主义戏剧流派的代表作品之一。

形象。正如我之前所说，他又胖又矮，眼睛也很小。富有头脑的女人才能懂得——他那双眼睛里闪烁着智慧的光芒。他常常给我读两三个小时的书，之后就和我坐塞纳河上的公共马车到城岛去。我们在月光下眺望巴黎圣母院。圣母院是法国哥特式教堂的第一代元老，是宗教文化与世俗文化相混合的奇特产物。他熟悉巴黎圣母院建筑外墙上的每一个图形，他能告诉我上面每一块石头的来历。我们一起走回家，我时不时能感觉到他指尖碰触我手臂的力量感。到了周日，我们俩会乘火车去玛莱。在博格尼耶的一本书内有这样的记载。他描述了我们在森林中漫步的情景。我沿着小路翩翩起舞，之后像仙女那样向他招手，抑或像树精一样笑声郎朗。

他向我吐露了他所有的创作思路，听上去这肯定不会成为畅销书，但我相信安德烈·博格尼耶会是那个时代最优秀的作家之一并流芳百世。有一天早晨，他脸色惨白、愁眉苦脸地出现在我面前。他不愿告诉我他为什么情绪激动，他只是沉默不语，面无表情地用双眼紧盯着我。临走时，他意味深长地在我额头上吻了一下。我有一种不好的预感，我感觉他可能要寻短见。于是，我一直沉浸在痛苦的焦虑当中。三天后，他神采飞扬地回来了，并坦白到，他曾与人决斗，并打伤了对手。我一直不知道这场决斗是为了什么。事实上，我对他的私生活一无所知。他通常会在每天下午五六点钟出现，视天气和我们的心情决定是带我读书还是去散步。有一次，我们坐在默东森林的空地上，周围有四条交叉的路。博格尼耶为它们一一命名。右边那条叫"成功"，左边那条叫"安宁"，笔直向前的那条叫"不朽"。

"那我们坐在哪里？"我问他。

"爱的地盘。"他低声回答。

“那我更想待在这里。”我高兴地喊道。

但他只说了一句：“我们不能停在这儿。”

之后，他站了起来，沿着笔直的路，飞快地向前走去。

我感到既失望又困惑，一路小跑追上他，喊道：

“可是为什么，你为什么要离开我？”

他一路上都沉默不语，到了我家门口，他就忽然离开了。

这段奇特而热烈的友情持续了一年多，我也想过办法来吸引博格尼耶的注意，期待友情转化为爱情，但以失败告终。对此，我深受打击，只能得出一个结论：他不爱我。

有一天晚上，我决定让母亲和雷蒙德一起去看歌剧，这样家里就只剩我一个人了。那天下午，我偷偷买了一瓶香槟。到了晚上，我准备了一张小桌子，上面摆满了鲜花、香槟，还有两个杯子。我穿上一件透明的希腊式短袍，用玫瑰花束挽起头发。我等待着博格尼耶，不久后他到了，脸上呈现出一副吃惊、尴尬的表情。他没有举起香槟，而我为他跳了一支舞，但他似乎心不在焉。最后，他突然选择告别，说晚上要完成一大堆写作任务，只留下我一人与玫瑰和香槟相伴。我伤心地哭了起来。

回想起当时，我如此年轻漂亮，很难为他的选择找到理由。事实上，我也从未理解这一切，我只能绝望地认为他不爱我。我的虚荣心受到了极大的伤害，于是我赌气与我的三位仰慕者中最英俊的那位示好。他高大英俊，一头金发，与安德烈的保守作风不同，他是单刀直入派。然而这次经历也以失败告终。一天晚上，在一间餐厅的雅间里享用了香槟晚餐之后，他带我去了酒店，用×先生和×夫人的名义订了房间。我兴奋地颤抖着，就要品尝到爱的滋味了。我倒在他的怀里，在他炽热的爱抚攻势下，心醉神迷。突然，他停了下来，跪在床边，开始向我哭喊："你为什么不阻止我！你是圣洁的天使，谁也不能碰你！快把衣服穿上！"

他全然不理我的抽泣，只是给我披上外套，匆匆送我上了一辆马车。在回去的路上，他一直咒骂着自己，把我吓坏了。

我问自己："他是罪犯吗？"我感到头晕恶心又沮丧，我又一次被丢在工作室门口了。这一切，都让我心情特别低落。我那位年轻的金发朋友再也没有回来，不久他就去了殖民地。

多年以后，我见到他时，他问我："你原谅我了吗？"

"原谅什么？"我问道。

这是我年轻时在爱情路上的第一次大胆冒险，并带给我极大的震撼。我渴望进入爱的世界，但多年以来却一直被拒之门外。因为我无法理解情人的行为，他们抗拒着我的示爱，令我对向往已久的爱情产生畏惧。我把这种力量倾注到艺术中，爱情不能给予我的，我将从艺术中去找寻。

我在工作室里度过了无数漫长的日夜，为的是寻找可借由身体动作这一媒介，神圣地表达人类精神的一种舞蹈。我会一连几个小时选择将双手交叠在胸前，静静伫立着。母亲看到我这么长时间一动不动，为此很担心我。我想通过身体劳累的极限体验，寻找到原始动力的火山口。就这样过了好几个月，我渐入佳境，可以随心所欲表现任何情感和思想。只要一站在舞台边缘，精神的泉流就通过身体的各个渠道涌遍全身，我创立的我舞蹈学校的理论正是诞生于此。芭蕾舞学校的老师告诉学生，此种跳舞的原动力，是基于背脊骨下的中心点，由此中心，而发挥四肢身躯等自由动作，但结果只会让人变成呆滞机械的傀儡。此种方法产生的机械动作，是配不上心灵之表现的。而在我这方面，则追求一种心灵的泉源，灌注于身体各部，使之充满活跃的精神，此种中心原动力，即是心灵的反映。这种舞蹈，绝不是简单的手足挥舞，也不仅仅是大脑的召唤，而是心灵的检阅，一个内在灵魂的自我觉醒，它展现的是生活原型，是自然的原本样貌。我经常试图向艺术家们解释我艺术的第一个基本理论。斯坦尼斯拉夫斯基在《我的艺术生活》[①]一书中提到了我告诉他的这件事。

这种理论貌似很难诉诸言语。但是我每次就算在我的最小的学生面前说："用你的灵魂去聆听音乐。现在，在聆听的同时，你没有感觉到你内心深处的自我正在觉醒吗？正是靠着这股力量，你的头抬了起来、手臂举了起来，你正慢慢地走向光明？"他们却听懂了。这种觉醒是舞蹈的第一步——正如我所设想的那样。

即使是最小的孩子也明白，从那时起，甚至在走路，在他们所有的动作中，他们都拥有一种精神上的力量和优雅。仅靠身体的挥动或是大脑的思考都不足以产生这种力量和优雅。

所以我的学生，在特罗卡迪广场和大都会剧院表演时，总是能够吸引众多的观众。但是当她们长大后，往往受物质因素的影响，失去了小时候的那种灵动。

童年和青年时期的独特的环境，使我的力量得到了极大的成长。在我生命的不同时期，我都能将外界所有的影响拒之门外，并独自生活在这种力量之中。因此，在我为获得尘世之爱，做了相当可悲的努

---

① 《我的艺术生活》：苏联著名剧作家斯坦尼斯拉夫斯基的作品，他在书中回忆了他的艺术童年时期、艺术青少年时期、艺术成年时期的生活历程。

力之后，我忽然产生了厌恶之情。于是，我决定重新拥抱这种力量。

后来，当安德烈略带怯懦和歉意地出现在我面前。我滔滔不绝地向他讲了几个小时舞蹈艺术及一些新观点。我必须要说，他似乎从未表现出厌倦或疲惫，而以充满善意的耐心和认同感倾听着。我向他解释我发现的每一个动作，我还梦想找到一个最初的动作。我将这一动作发展成涉及多个主题的一系列不同的变奏，如第一个动作是表达恐惧，接着是由于悲伤这一原发情绪而产生的自然反应。由愁苦而产生哀叹之舞，或者由爱情生发的动作。跳舞者好像鲜花绽放，散发出香气。

这些舞蹈不依附于特定的音乐，但似乎是从某种无形的音乐节奏被创造出来的。此后，我第一次尝试表现肖邦的前奏曲，也开始接触格鲁克①的音乐。母亲总是不厌其烦地为我演奏，她会一遍又一遍地弹奏《俄耳甫斯》的乐谱，直到天都要亮了。

工作室的窗户很高，一直延伸至整个天花板。房间没有窗帘，母亲总是抬头仰望天空的星星和月亮。尽管雨水有时会倾盆而下，一滴滴小水滴滴落在地板上，因为工作室的顶窗很少能防雨。这里的冬天冷得要命，四面八方都有风。夏天则像蒸桑拿，因为只有一个房间，我们很难自己安排自己的事情。年轻人的韧性强大到可以战胜困难，而母亲是个谦逊、克制的天使，她唯一的愿望是能对我的工作有所助益。

格弗瑞伯爵夫人是当时的社交女王。有一天，我接到去她的客厅跳舞的邀请。她的屋子里聚集着一大群来自时尚圈的人，包括巴黎社

---

① 格鲁克：冯·格鲁克（1714—1787），德国作曲家。

交界的各种名流。伯爵夫人称赞我带来了希腊艺术的复兴。那时她崇拜的是皮埃尔·路易①的《阿佛洛狄忒》和《碧丽蒂斯之歌》，而我所演绎的，是大英博物馆冷寂的灯光下的雕刻柱和希腊帕提农神庙的庙顶。

伯爵夫人在她的客厅里搭了一个小舞台。舞台以格子框架为背景，上面都放上了红玫瑰。这种布置和我的舞蹈精神极不协调。虽然我也读过伯爵夫人所崇拜的那些艺术作品及读物，譬如皮埃尔·路易的《碧丽蒂斯之歌》、奥维德②的《变形记》和萨福③的抒情诗，但丝毫未受其中描写的肉体欢娱的影响。这表明文学审查制度根本没有必要。你缺失的经历，永远也无法通过阅读来理解。

我仍然笃信清教徒思想，可能是因为我那来自开荒者祖父母的血统。他俩在1849年乘坐一辆有篷马车穿越落基山脉东部的大草原，之后在原始森林中开辟道路，翻越群山。他们穿过燃烧的平原，对印第安人严防死守或是与敌对的印第安人作战。可能是来自我父亲的苏格兰血统，或其他的什么原因，美国的土地塑造了我，就像它塑造了其他大多数美国年轻人一样。我是一个清教徒，一个神秘主义者，一个追求英雄主义表达而非任何感性表达的奋斗者。我相信大多数美国艺术家都是从这个模子刻出来的。尽管沃尔特·惠特曼的诗作曾一度被

---

① 皮埃尔·路易（1870—1925）：法国象征主义唯美派作家。集小说家、诗人、编辑、藏书家于一身，其作品多次被改编成戏剧、电影，成为情色文学的经典之作。

② 奥维德（前43—17）：与贺拉斯、维吉尔齐名的古罗马诗人，代表作有《变形记》《爱的艺术》等，对但丁、莎士比亚等后世文学影响极大。

③ 萨福（约前630或前612—约前592或前560）：古希腊著名的女抒情诗人，一生写过不少情诗、婚歌、颂神诗、铭辞等。

禁止。他的著作被列入不受欢迎文学作品的名单，尽管他经常宣扬肉体的欢愉，但他的骨子里仍是一个清教徒，我们国家的大多数作家、雕塑家和画家也是如此。

那么，这种清教徒主义不同于法国的感官主义，是因为美国土地粗犷、风霜残酷呢，还是受无所不在的林肯精神的影响？可以说，美国的学校一直以来几乎不存在感官艺术方面的教育。真正的美国人并不是传说中所说的拜金主义者，而是理想主义者和神秘主义者。我并不是标榜美国人没有欲望。恰恰相反，一般来说，广义的盎格鲁-撒克逊人，或是一些有凯尔特人血统的美国人，在关键时刻比意大利人还要热烈，比法国人还要性感，比俄国人还要彪悍。但之前养成的习惯把他们的性情封闭在一堵铁墙之中，只有当生活中出现某些意外时，他们才会表露真性情。那么，有人可能会说，盎格鲁-撒克逊人或凯尔特人是所有民族中最热烈的情人。我认识这样的人，他们睡觉时穿着两套睡衣——一套丝绸的，柔软贴身，一套毛纺的，保暖性好。他们的身边还有《泰晤士报》《柳叶刀》和烟斗。他们会突然间就变成萨提尔①，让希腊人都自叹不如。他们会爆发出如火山一样的激情，甚至会吓坏意大利人。

因此，那天晚上，在格弗瑞伯爵夫人家，在拥挤不堪的沙龙里，坐满了衣着华丽、珠光宝气的女人。那里成千上万朵红玫瑰的香气熏得我喘不过气来。前排的纨绔子弟都盯着我看，他们的鼻尖都快贴到舞台了，他们都快蹭到跳舞的脚趾了，我非常不开心，觉得简直就是

---

① 萨提尔：希腊神话中，性情快活、爱好嬉戏又活泼好动的一种动物，经常追求山林女神。如今，人们会把那些好色而行为表现有些粗俗的男子叫作萨提尔。

一场灾难。第二天早上，我收到了伯爵夫人亲切问候的便条，她向我表示感谢，并让我到门房去领取报酬。对于钱，我分外敏感，也不喜欢被叫到门房那里，但这笔钱能够让我支付房租。

更令人高兴的是，有一天晚上，我在著名的玛德琳·勒·马尔夫人的客厅里跳舞。那次，我随着《奥菲欧》起舞，并第一次见到了有"法国萨福"之称的诺瓦耶女伯爵。让·洛林也去了，并将我的演出评论发表在报纸上。

卢浮宫和法国国家图书馆是两个最让我快乐的地方。现在，我发现了第三个快乐之地——迷人的歌剧图书馆。图书管理员对我的研究有浓厚的兴趣，他把图书馆里所有关于舞蹈的著作，关于希腊音乐和戏剧艺术的书籍通通帮我找来。我如饥似渴地阅读了从古埃及到如今所有关于舞蹈艺术的著作，并把我读到的所有内容都记在了一本影印本上。当我完成这个巨大的实验后，我意识到能给我启发的大师只有卢梭（《爱弥儿》）、沃尔特·惠特曼和尼采。

在一个灰暗的下午，有人敲画室的门。一个女人站在那里，她是那样高大、那样坚定，就像有瓦格纳的音乐为她的出场伴奏一样——这预示着即将发生的事件。确实，她的来临以及伴随的不幸让我难以忘怀。

"我是波利尼亚克王妃，"她说，"格弗瑞伯爵夫人是我的朋友，我看过你跳舞。我很喜欢，我的丈夫也是，他是个作曲家。"

她的面容精致，但下颚过于突出，线条粗犷，显得过于严肃，就像罗马皇帝的脸，冷漠的表情让她显得更加妩媚、动人。让人费解的是，她说话时的声音有种金属般的嘶哑感，像她这样的人会发出这种声音很是奇怪。后来我才知道，尽管她身份高贵，但冷漠的表情和声音其实是她的面具，用来掩饰极度的敏感和羞怯。我给她讲了我的艺术追求，王妃立刻表示愿意在她家为我安排一场音乐会。她不仅会画画，还是一位出色的音乐家，她会弹钢琴和风琴。王妃似乎从我们家徒四壁的住处和我窘迫的神情感受到了我们的贫穷。她忽然表示要走，并害羞地将一个信封放在了桌子上，里面有两千法郎。

我相信，尽管波利尼亚克王妃冷漠无情的名声在外，但她肯定经常做这样的好事。

第二天下午，我去了她的家。我见到了波利尼亚克王子，他是一位很有才华的优秀的音乐家。他精致、纤瘦，总戴着一顶黑色天鹅绒的帽子。这顶帽子衬托出他精致俊美的面容。我穿上短袍，在他的音乐室里为他跳舞。他欣喜若狂地欢呼——我是他等待已久的一个幻象。他对我关于动作与声音关系的理论深感兴趣，也对我关于复兴舞蹈艺术的理想很感兴趣。他愉快地用一架老旧的管风琴为我弹奏。他对这架琴爱不释手，用他细长的手指抚弄着它。我立刻对他产生了一种温暖的感激之情，他终于惊叫起来了："多么可爱的孩子。伊莎多拉，你是可爱的。"

我害羞地回答："我同样爱您。我愿意永远为您跳舞，并创作受您优美音乐启发的宗教舞蹈。"

然后，我们约定了一次合作。可这个世界太让人绝望了，合作的希望对我来说是如此珍贵，但不久后他的去世让这一切破灭了。

在王子家举办的音乐会取得了巨大的成功，由于王妃慷慨地向公众开放，观众也不仅限于她的私人朋友，因此我的作品受到了更广泛的关注。在这之后，我们还在她的住处定期举行系列音乐会，每次都有二三十人到场，王子和王妃每次都来音乐会现场。我记得有一次，王子在欣赏时摘下他的天鹅绒帽子，在空中挥舞着，喊道："伊莎多拉万岁。"

大画家欧仁·卡里埃和他的家人也常来听音乐会。有一次，欧仁·卡里埃发表了关于舞蹈的简短演讲，对此我受宠若惊。他说：

"伊莎多拉渴望表达人类的情感，对此，她在希腊艺术中找到了最好的典范。她对美丽的浅浮雕人物充满了敬仰之情，并备受启发。富于创新本能的她却以此返回自然，从而找到了自己的表达方式，产生了她所有的舞蹈。她带给我们的是她自己的欢乐和悲伤，遗忘当下、寻找幸福是她的追求。在表达自我追求之时，她也唤起了我们的理想。在她为我们瞬间复活希腊作品时，我们和她一样年轻，也一同燃起了新的希望；当她向不可避免的命运表示屈服时，我们也和她一起。

"伊莎多拉·邓肯的舞蹈不再是一种消遣，它是一种个体的表达。她的舞蹈更是一种具有生命力的艺术作品，更能激发我们去创作自己要创作的作品。"

第九章　邂逅大师

虽然，我的舞蹈被许多上流社会人士熟知和欣赏，但我们家的经济状况一直不容乐观。我经常为如何支付房租而发愁，常常因为没有生炉子的煤只得忍受寒冷。然而，就是在这样的贫困状况中，我仍能在冷寂的工作室里独自站几个小时，只为了等待灵感，并用动作表达自我。最后我会精神振奋，忠实于自己的灵魂。

有一天，当我这样站立的时候，来了一位衣冠楚楚的绅士，他戴着钻戒、穿着一件毛皮领子——看上去就价值不菲，他说：

"我从柏林来的，我听说过你的赤脚表演。"

你可以想象，他对我的舞蹈的描述，让我非常震惊。

"我有欧洲最大的杂耍剧院，想马上和你签约。"

他搓了搓手，满脸笑容，一副给我带来了好运的样子，但我却像受伤的蜗牛缩进了壳里一样，淡淡地答道："哦，谢谢你，我绝对不会去杂耍剧院表演。"

"看来你并不懂，"他喊道，"最伟大的艺术家都在我这里表演。来我们这里表演吧，你会收入不菲。我一晚上就可以给你五百马克①，以后还会涨。你将以'世界上第一个赤脚舞者'的身份被隆重介绍给观众。你肯定同意吧？"

"我当然不同意，我不会同意的。"我有点生气了，重复了好几遍，"任何条件，我都不答应。"

"这不可能呀。我不能接受，我都准备好合同了。"

"不。"我说，"我的舞蹈不适合音乐厅。总有一天，我会去柏林，我希望为你们的爱乐乐团伴舞。是在音乐殿堂，而不是有杂技演员和动物表演的杂耍戏院。太可怕了，我的天啊。不，不管你开出什么条件，我都不会去了。祝你愉快，再会！"

他看了看我们周围的环境，以及我身上破旧的衣服。这位德国经理几乎不敢相信自己的耳朵。后来，他又来了几次，甚至还开出了每晚1000马克的价码，想跟我签一个月，还是被我拒绝了。我冲他大声说，我来欧洲来为了通过舞蹈追寻宗教的伟大复兴、通过舞蹈动作来表现人体的美丽和圣洁，而不是为了让那些吃得太饱的资产阶级在晚饭后跳舞、消遣。他勃然大怒，指责我是一个愚蠢的女人。

"请你离开！离开！"

"一晚上1000马克，你都拒绝？"他抽了一口气说。

"是的。"我厉声答道，"我宁愿拒绝一万、十万，我想要什么，你根本不懂。"

他离开时，我说："有一天，我会去柏林。我会为歌德和瓦格纳的同胞跳舞。我要在一个配得上他们的剧院，而且出场费不止一千

---

① 马克：德国货币名，如今已经被废除。

马克。"

我的预言应验了。三年后，我在克罗尔歌剧院里面有了演出，而柏林爱乐乐团为我伴奏。这位慷慨的经理人给我带来了鲜花，观众席的座位以超过2.5万马克的价格售罄。他善意地承认了自己的错误，说："您之前说得对，仁慈的小姐，祝福你！"

就当时的处境来说，我们确实急需用钱。公爵的赏识和我越来越大的名气没能让我们填饱肚子。那时候，一位娇小的女士经常出现在我家。她像埃及公主一样，虽然她来自落基山脉以西的某个地方。在漫长而著名的职业生涯中，她一直以自己家乡的名字演出。她唱歌特别迷人，我注意到，经常有人在凌晨时分从门缝里塞进带有紫罗兰香味的小纸条，之后雷蒙德就偷偷消失了。他没有在早餐前散步的习惯，我觉察到其中的蹊跷。之后的一天，雷蒙德向我们宣布，他要跟一个乐团去美国巡回演唱了。

于是，母亲和我独自留在了巴黎。母亲身体不好，于是我们不得不搬到了玛格丽特大街上的一家小旅馆居住。在那里，她终于可以睡在床上了，而不是像在工作室那样睡在冰冷的地板上被冻得直打哆嗦。她还可以按时吃饭，因为这里提供餐食。

在这里，有一对不论在哪里都能引起人们注意的夫妇。女的三十岁左右，相貌出众，眼睛很美。那双眼睛，是我所见过的最奇特的眼睛，温柔、深邃、迷人又充满热情，同时又拥有高贵纽芬兰犬般的顺服谦逊。她有一头红褐色的头发，像火焰一样映衬着她的脸庞，举手投足之间都充满了爱的魅力。我还记得我当时想：注视她的双眼，就如同看到火山口一般。男的身材清瘦，长得眉清目秀，拥有一脸与年龄不符的疲惫感。通常还有第三个人和他们一起聚精会神地沉浸在充满活力的谈话中。他们的谈话那么生动、那么充满活力，好像这三个人永远不会像普通人一样哪怕有一分钟的无聊，而是不断被内心的火焰吞噬。男士的火焰是纯美的智慧之火，女士的火焰是女人的热情之火，只有第三个人，貌似更散漫一些，更热衷于对生活的享受。

一天早上，这位年轻女士来到我的桌前，她说："这位是我的朋友亨利·巴塔耶（法国剧作家、诗人）。这位是让·洛林，他写过关于您的艺术的文章，我是贝尔特·巴迪。如果您愿意的话，我们想去您的住处看您跳舞。"

我当然非常欣喜和激动，我从未听到过像贝尔特·巴迪这样充满磁性、温暖且富有活力和爱的声音。我是多么仰慕她的美丽啊！在那个年代，女性的时尚毫无美感可言，而她的衣着总是不同寻常，有时身着长袍，色彩搭配和谐，有时衣服上缀满亮片。有一次，我看见她穿着长裙，头戴一簇紫色的花，正要去参加一个聚会，她要在那里朗诵巴塔耶的诗，我想没有哪个诗人的缪斯女神比她更美。

那次会面之后，他们经常来我的住处。有一次，巴塔耶还给我们读了他的诗。就这样，我这个未受过什么教育的美国姑娘以某种神秘的方式找到了一把可以打开巴黎知识分子和艺术精英心扉的钥匙。当时巴黎在世界上的地位，就相当于古希腊全盛时期的雅典。

雷蒙德和我养成了在巴黎附近漫步的习惯，漫步时我们常常会遇到一些名胜。有一天，我们在帕雷蒙索区发现了一位古怪的法国富豪留下的中国博物馆。有一天，我们去了吉美博物馆，那里有很多东方珍宝。我们还去了卡纳瓦罗博物馆，拿破仑的面具让我们激动不已。雷蒙德在克吕尼博物馆看了好几个小时候的波斯版画，他疯狂地爱上了十五世纪的挂毯——《淑女和独角兽》。

我们游荡的过程中，有一天，我们来到特罗卡迪罗广场。在这里，我们被一张海报吸引了。海报上写着当天下午的演出，穆内·絮利①主演的索福克勒斯的《俄狄浦斯王》。当时我们还不知道穆内·絮利是谁，但都很想看。我们看了看海报下方的票价，又看了看口袋里的钱，正好有三法郎，而上层看台的最低票价是75生丁。这意味着我们没有钱吃晚饭了，但我们还是登上了站立区。

特罗卡迪罗广场的舞台没有幕布。场景搭建大概是模仿古希腊的样子，合唱队走了进来，他们穿的是某些书上定义的非常难看的希腊服装。管弦乐队演奏的音乐十分平庸，曲调甜腻枯燥。雷蒙德和我交换了一下眼神，我们都觉得牺牲晚饭太不值了。这时，从左边代表宫殿的门廊走进来一个人影，他在伴唱和布景都相当糟糕的情况下，抬手唱道：

孩子们，老卡德摩斯的年轻后人，

你们为何朝着这宫殿呼号？

为何有这些哀求的树枝，这些花环？②

啊，我该如何描述听到他的声音的瞬间所唤起的情感呢？我怀疑，在整个荣耀的古代时期，在希腊的宏伟时代，在狄奥尼索斯剧场③的时代，在索福克勒斯时代，在罗马帝国，或者在任何国家的任何时候，这种歌声是否存在过。从此，穆内·絮利的形象和声音在我

---

① 穆内·絮利（1841—1916）：法国男演员。

② 《俄狄浦斯王》的开场，原文为法语。

③ 狄奥尼索斯剧场：建于公元前6世纪，是希腊最古老的露天剧场。

心中渐渐扩大，仿佛吞没了所有的言语、艺术和舞蹈，以至于整个特罗卡迪罗广场的空间都无法容纳这位艺术巨人。我和雷蒙德在看台上屏住了呼吸，看到动情之处，不禁流下了眼泪，我们在极度的兴奋中紧紧相拥。幕间休息时，我们一致认为这是我们朝圣之旅中最精彩的时刻，是我们出国的原因。

第二幕开始了，伟大的悲剧在我们面前拉开帷幕。年轻自信的国王出现了疑虑和不安，他不惜一切代价，只为实现了解真相的强烈愿望。此后，一个至高无上的时刻来了，穆内·絮利开始翩翩起舞！

第二幕结束时，我看着雷蒙德，他脸色苍白，目光灼灼。没有人能描述第三幕。只有看过伟大的穆内·絮利表演的人，才能理解我们的感受。当他陷入极度痛苦时，他开始变得神志不清，惊恐万状。当他意识到，他正是所有人都在寻找的万恶之源时，他选择从眼眶中把眼睛挖出来。当他知道自己再也看不见时，开始呼唤着他的孩子诀别。特罗卡迪罗广场的六千名观众都被这一幕深深震撼了，他们哭得泣不成声。

雷蒙德和我不情不愿地缓缓走下长长的楼梯，最后警卫不得不赶我们出去。就在那时，我意识到我已经获得了关于艺术的伟大启示。从那以后，我找到了自己的道路。我们一路被鼓舞着走回家去，一连几周都沉醉在由此带来的感悟中。那时我从未想过有一天我能够跟伟大的穆内·絮利同台演出。

自从那次观看了罗丹的作品展之后，他的天赋一直令我魂牵梦萦。于是有一天，我找到了罗丹在大学路的工作室。我对他的向往，如同神话中塞姬追寻丘比特一样，只不过我要追寻的不是爱神，而是艺术之神阿波罗。

罗丹身材矮小，但强壮有力。他头发颇短，但留着浓密的络腮胡子。他的作品质朴、伟大，有时候他面对雕像喃喃自语，仿佛母亲呼唤孩子的乳名。他会去抚摸那些雕像。我记得当时的我在想，大理石在他的抚摸下，像熔化的铅一样在流动。最后，他拿起一小块黏土，用手掌挤压，才几下工夫，黏土变成了一个女人的乳房，在他手底仿佛有了呼吸。

他握着我的手，一起坐上马车去我的工作室。到了工作室，我很快换上舞衣，为他跳的是博尼埃翻译的古希腊诗人德阿克里特的牧歌。我还停下来解释我的新舞蹈理论给他听，可他根本心不在焉，只是在赏玩自己的作品一样打量着我，两眼放光地向我走来。他的眼中喷出烈焰，他的手捏住了我的胳膊，抚过我的脖子、胸部、臀部及全身，我甚至能感受到他身上散发出的热量。从他身上散发出的热量炙烤着我、融化着我。我恨不得把我整个人交给他，如果不是我的成长经历让我感到害怕，我真的会这样做。可是我停了下来，把我的裙子套在我的短袍上，茫然地让他离开。

两年后，我从柏林回到巴黎，我再次见到罗丹。后来的许多年里，我们一直都保持着友好的交往。

与另一位伟大艺术家欧仁·卡里埃①的会面，与罗丹相比完全不同，但同样令人愉快。作家凯泽的妻子带我去卡里埃的工作室，她很同情我们孤身来到巴黎，经常邀请我们去她家拜访。她的小女儿当时

---

① 欧仁·卡里埃（1849—1906）：法国画家，其画作主要描绘家庭生活、母子关系及名人肖像。代表作有《病孩》《保罗·维莱纳像》等。

正在学习小提琴，她还有一个天才作曲家儿子路易斯。晚上，我们围坐在灯下欢聚一堂。我注意到她家墙上有一幅奇特的画像，画中的人面容忧郁。夫人说那是卡里埃为她画的。

有一天，她带我到他位于莫罗街的家。我们爬上他顶楼的工作室，在这里，他被书、家人以及朋友包围着。他是我所见过的精神力量最为强大的人，散发着智慧的光芒。他画作中的美、力量和奇迹都是他崇高内心的直接表达。我对他充满了敬畏，如果不是懦弱和保守的天性，我差点就要臣服于他。

多年之后，约斯卡夫人提到了这次见面：

"我记得非常清楚，当时我还是个年轻女孩。在欧仁·卡里埃的工作室，我第一次见到了她。那一天，她的面容和名字涌进了我的灵魂。我和往常一样，怀着忐忑不安的心情，敲开了公寓的大门。在蒙马特①的那所小房子里，这位伟大的艺术家默默地工作，在他的身边围绕着可爱的孩子、妻子和母亲。他们都穿着黑色的羊毛衫，孩子们虽然没有玩具，但脸上却洋溢着爱意。啊，都是神圣的存在。

"伊莎多拉站在谦逊的大师以及沉默寡言的朋友——梅奇尼科夫（来自于巴斯德研究所）中间。除了利利安娜·吉什，我从来没有见过像她那样害羞的美国女孩。欧仁·卡里埃牵着我的手，就像牵着一个孩子。我站在那里看着她，他说：'这就是伊莎多拉·邓肯。'紧接着的是长久的沉默，仿佛在为这个名字定格。

"突然，一向声音很低的卡里埃用低沉而响亮的声音宣布：'这位

---

① 蒙马特：位于巴黎十八区的一座130米高的山丘，在塞纳河的右岸。历史上有多位名人艺术家曾在此活动。

年轻的美国人会震惊世界。'"

每次，当我看到卡里埃为他的家人拍的那些关于卢森堡的照片时，总是忍不住流眼泪。我记得我很快就成了那里的常客。

这是我年轻时最美好的回忆之一，他们一下子就接纳了我。他们选择和我做朋友。以后每当我自我怀疑时，我常常会想起这次经历，于是我便会重拾信心。在我的一生中，欧仁·卡里埃这个天才就像一种恩赐激励着我——要坚持自己的最高理想。他召唤着我，让我在艺术道路中始终朝着更纯净的方向前行，并对自己的事业，抱有神圣的愿景。

除此之外，当我悲伤到几乎发疯时，是欧仁·卡里埃的作品给了我活下去的信念。

卡里埃的作品传达出的力量，是别的作品所无法相较的。没有一个艺术家像他那样对周围的人有着非凡的同理心。他总是尽力帮助他人，他的作品不应只被放在博物馆里，而应该摆放在精神力量的殿堂里。在那里，全人类都可以与他伟大的精神交流，并因此获得心灵的净化和祝福。

第十章　新老朋友

西方的南丁格尔曾对我说："莎拉·伯恩哈特[1]是一位伟大的艺术家，可惜她人品不佳。还好有洛伊·富勒[2]，她不但是一位伟大的艺术家，而且人很纯洁，从未有过丑闻。"

一天晚上，她带洛伊·富勒来到我的住处了。我为她表演了我的舞蹈，并阐明了我的理论。我对每一个来找我的人都会做这件事，哪怕她是个水管工。洛伊·富勒激动地说，她第二天要去柏林，并打算邀请我去柏林与她会合。她不仅是一个伟大的艺术家，还负责萨达·雅科[3]的经纪事务。我很欣赏萨达·雅科的艺术，富勒建议我与萨达·雅科一起去德国举办音乐会，我欣然接受。于是，我打算去柏

---

① 莎拉·伯恩哈特（1844—1923）：法国女演员，同时也是画家和雕塑家。她曾翻译过剧本，写过小说，1907年还发表了一部自传。

② 洛伊·富勒（1862—1928）：美国现代舞蹈的先驱，在现代舞蹈史上有多种发明，她是第一个在舞蹈中使用剧场漆黑效果的舞蹈家。还发明了最早的舞台灯光投射系统，使用了照明灯、魔幻灯、聚光灯等灯光系统。

③ 萨达·雅科：日本女演员。1902年起曾在欧洲各国巡回演出。

林和洛伊·富勒会合。

我临行前的最后一天，安德烈·博格尼耶来向我道别，我们最后一次去了巴黎圣母院。之后，他送我去了火车站，以他惯有的方式吻我的手与我道别，而我从他的眼镜镜片后看到了浓郁的愁绪。

我在布里斯托尔酒店见到了洛伊·富勒。在豪华的套房内，她被随从簇拥着，有十来个漂亮姑娘围着她。她们一会儿摸她的手，一会儿吻她。在我单纯的成长过程中，我的母亲当然爱所有孩子，但她很少爱抚我们。这种强烈的表达感情的方式吓了我一跳，这对我来说相当新鲜，我感受到了前所未有的温暖氛围。

洛伊·富勒非常慷慨，她按动电铃，点了一桌极为丰盛的晚餐——一定价格不菲。那天晚上，她本来要在冬季花园跳舞，可她的脊椎似乎疼得厉害，我担心她能否守约。她贴心的随从不时拿来冰袋给她敷在背上。"再来一个冰袋，亲爱的，"她说，"好像没那么疼了。"

那天晚上，我坐在包厢内欣赏洛伊·富勒的舞姿。我简直不能将台上那光鲜亮丽的形象跟刚才那个遭受疾病折磨的病人联系起来。在我眼前，她一会儿变成许多色彩绚丽、闪闪发光的兰花，一会儿变成摇曳多姿、花团锦簇的花海。最后，她变成一朵螺旋状的百合花，这些都是梅林的魔法[①]，是光，是色彩，是流动形式的巫术。这是怎样一个天才啊！没有一个模仿者能模仿洛伊·富勒！我看得着迷了。我逐渐意识到，这是她天性的瞬间迸发，此生再也不会重演。她在观众眼前幻化出各种绚烂的姿态，这令人难以置信。洛伊·富勒是最早将

———————————

① 梅林的魔法：梅林是凯尔特传说中亚瑟王的挚友，是梅林指引亚瑟王得到圣剑并统一了英格兰。相传，他善于施展魔法。

灯光色彩和丝带变换运用到舞蹈中的人，我被这位了不起的艺术家迷得晕头转向。就这样，我回到了住处。

第二天早上，我出门去游览柏林。希腊和希腊艺术早令我魂牵梦萦，如今柏林的建筑令我印象深刻。

"这里简直就是希腊！"我惊呼道。

可当我仔细观察后，我才发现柏林和希腊并不相似。这里是日耳曼人印象中的希腊。这些石柱并不是高耸入云的多利安柱①，而是日耳曼式的，这是迂腐的考古学教授对希腊想象的产物。

在柏林逗留了几日后，我们离开了布里斯托尔酒店，跟随洛伊·富勒的团队去了莱比锡。离开时，我们没有带走行李箱，就连我从巴黎带来的那个破旧的行李箱也被留了下来。我当时不能理解为什么在一个成功的艺术家身上会发生这种事情。在经历了香槟晚宴和豪华酒店的奢华生活之后，我无法理解为什么我们会被迫丢下行李箱离开。后来，我知道了。这是因为洛伊·富勒是萨达·雅科的经纪人，而萨达·雅科的演出失败后，洛伊·富勒不得不承担了债务。

在莱比锡，我每晚去包厢看洛伊·富勒演出，愈发迷恋于她妙不可言的艺术。她时而像水，时而像光，最后幻化成螺旋状的火焰，四散到永恒的时空中去。

在莱比锡，我记得凌晨两点我被一阵声音吵醒。我听不清楚她们在说什么，但我听出了一个红发女孩的声音，我们都叫她护士，因为她总是随时准备安抚和照顾任何一个头疼的人。从她们的窃窃私语

---

① 多利安柱：古希腊最基本的柱式之一。其主要特征是粗大、雄壮，它没有柱础，柱身有20条凹槽，柱头没有装饰。

声中，我模糊地听到了"护士"激动地说——她要回柏林去和某个人商量，以便筹到让我们都能去慕尼黑的钱。之后，这个红发女孩走近我，深情地吻了我一下，激动地说："我要去柏林了。"因为只有几个小时的路程，我想不通她为什么如此激动和难过。很快地，她筹到了足够去慕尼黑的钱，她回来了。

到慕尼黑之后，我们又想转去维也纳。可钱又一次不够了，而且这次似乎也没有获得任何资助的机会，于是我主动向美国领事求助。我告诉他，他必须为我们提供去维也纳的机票。在我的游说下，我们终于到了维也纳。我们住进了布里斯托尔酒店最豪华的一间套房，尽管我们来时几乎没有带任何行李。此时，尽管我依然钦佩洛伊·富勒的艺术，但我开始怀疑自己，将母亲一个人留在巴黎，加入这群美丽癫狂的女士是为了什么。对于这一路上发生的种种戏剧性事件，我一直扮演一个无助且富有同情心的旁观者的角色。

在布里斯托尔酒店，我和红发女孩住一个房间。一天凌晨四点，"护士"忽然起身后，点了一支蜡烛。她走到我的床边，大声喊道："上帝让我掐死你！"

我听说，一个人要是疯了，可千万不要和他对着干。虽然很害怕，我还是控制住了自己，回答："好，让我先做祷告吧。"

"可以。"她同意了，并把蜡烛放在我床边的小桌上。

我从床上溜了下来，赶紧趁机打开门飞奔出去，穿过长长的走廊，跑下宽大的楼梯，冲进酒店职员的办公室。彼时，我穿着睡衣，头发四散，大喊道："有人疯了。"

"护士"紧跟着追来，6个酒店员工一起扑向她才把她制服。医生下的诊断结果让我不安，我发电报给母亲，母亲从巴黎赶了过来。我将这段经历说给她听，最后的结果是我们决定离开维也纳。

我和洛伊·富勒在维也纳时，有一天晚上，我在德国艺术之家为一群艺术家跳了舞。每个男士都带着一束红玫瑰，当我表演《酒神祭》时，我全身都盖上了红玫瑰。那天晚上，有一位名为亚历山大·格罗斯的匈牙利经理人找到我。他说："你若想干一番事业的话，来布达佩斯找我。"

而今，在遭遇了这些之后，我和母亲决定离开维也纳之际，自然就想到了格罗斯先生的邀约。我来到了布达佩斯，我和他签订了一份合约，合约上规定我要在乌拉尼亚剧院演出一个月的独舞。

我说："我之前都是为上流社会跳舞，我为艺术家、雕塑家、画家、音乐家跳舞，从没给普通大众跳过。"格罗斯打消了我的顾虑："艺术家是最挑剔的观众，能过他们那一关，普通观众一定会更加喜欢的。"

于是，在他的劝说下，我签了合同。后来，他的预言实现了。我在乌拉尼亚剧院跳舞的第一晚，就取得了难以形容的成功。于是我在布达佩斯跳了三十晚的舞，每场爆满。

啊，布达佩斯，正值阳春4月。在第一次演出后不久的一个晚上，格罗斯邀请我们到一家演奏吉卜赛音乐的餐馆吃晚饭。啊，吉卜赛音乐，是唤醒我年轻感官的第一声呼唤！是令我情窦初开的音乐，多么奇妙呀！有没有与从匈牙利的土壤中生长出来的吉卜赛音乐类似的音乐？我记得，多年以后，我和约翰·沃纳梅克讨论过这个问题。当时我们在他商店的留声机部试听留声机发出的美妙音乐，我对他说："这些构造精巧的机器——都是技艺精湛的发明家的产品——播放的音乐，比不上任何一个匈牙利农民在尘土飞扬的路上演奏的吉卜赛音乐，一个匈牙利吉卜赛音乐家抵得上世界上所有的留声机。"

第十一章　倾城之恋

美丽的布达佩斯此刻正值百花盛开。无论是河岸，还是山上，每一座花园里都盛开着丁香花。每天晚上，狂热的匈牙利观众都向我欢呼，他们把帽子扔到舞台上，高喊"万岁"。

　　一天晚上，我看到多瑙河在阳光下流淌、微波荡漾，回来我就告诉乐队指挥，当晚的最后一个节目我要演出约翰·施特劳斯的《蓝色多瑙河》，演出很成功。全场观众都狂热地跳起舞来，我不得不重复很多遍华尔兹舞曲，他们才不至于表现得像疯子一样。

　　那天晚上，观众席间有一位年轻的匈牙利男人，他与其他人一起高声欢呼。他仪表堂堂，将我这个纯洁的仙女变成一个狂野的酒神祭司。春天那柔和的月夜，我离开剧院时，空气中弥漫着丁香花的芬芳。观众的狂热纷纷散去，这些无拘无束的人开始吃晚餐。他们一边倾听吉卜赛人的音乐，一边品尝匈牙利特色的红辣椒炖牛肉。喝下烈性葡萄酒后，这的确是我有生以来第一次得到滋养。而受到的过度滋养以及丰富食物的刺激，都让我第一次意识到——我的身体不仅仅是表达音乐的神圣与和谐的工具。此前，我几乎感觉不到乳房的存在。而现在，我的乳房开始变得肿胀，这为我带来了一种迷人又尴尬的感觉。让我大吃一惊的是，我的臀部开始像那些健身男孩的臀部一样变得丰满。我感到一股冲动，它让我晚上再也无法入睡，只能在狂热又痛苦的不安中辗转。

在一天下午的一次聚会上，我正在喝一杯金色的托卡伊葡萄酒时，目光与他交接了。他那双黑色的大眼睛目光灼灼地看着我，饱含着对我的热烈崇拜。他的一个眼神就代表了布达佩斯春天的全部意义。他高大魁梧，有着一头茂密的黑色卷发，发间还泛着紫光。事实上，他甚至可以为米开朗琪罗担当《大卫》的模特。他微笑时，红润的嘴唇内露出洁白的牙齿。从我们第一次见面开始，我们就沦陷其中了。

"你的脸庞就像一朵花，你就是我的花朵。"他一遍又一遍地重复，"我的花朵，我的花朵。"

在匈牙利语里，花朵代表着天使。

他给了我一张小方格纸，上面写着："皇家剧院包厢。"

那天晚上，我和母亲一起去看了他的演出，他扮演的是罗密欧。他是个出色的演员，当然，之后他成了匈牙利最伟大的演员。他对年轻的罗密欧的激情演绎征服了我。之后，我去了他的化妆间，剧团内的人都带着好奇心看着我，每个人似乎都知道了我们的关系。他们都很高兴，只有一个女演员似乎一点儿也不开心。之后，他陪我和母亲回到了酒店。在那里，我们共进晚餐，似乎演员在演出前从不进食。

之后，母亲以为我睡着了，而那时，我去了会客厅里与我的"罗密欧"会面，而会客厅和卧室之间隔着一条长长的走廊。他告诉我——他现在对罗密欧的理解发生了变化。

"我以前演罗密欧时，总会在翻墙之后，立刻用普通的嗓音吟诵：'没有受过伤的人才会讥笑别人身上的创痕。'小声点，窗子里亮起来的是什么光？那是东方，朱丽叶就是太阳！今晚，你要记住。当我低声说着这些话时，它们让我窒息。自从我遇见你，爱情改变了罗密欧的声音。现在，我才明白了。伊莎多拉，是你第一次让我明白什么是"罗密欧"的爱。现在，我要重新演绎这个角色。"

于是，他起身，开始将整个角色重新给我演了一遍。他又停下来说："是的，我明白了。如果罗密欧真的爱她，他就会这样说。这与我第一次扮演罗密欧的感受完全不同。啊，我心爱的花朵般的女孩，你启发了我。凭借这份爱，我会成为一个伟大的艺术家。"

他对我一遍遍地朗诵罗密欧的台词，直到黎明的曙光出现。

我如痴如醉地看着他，倾听着，甚至为他配戏。我建议他为剧作增添一些动作。当我们都跪了下来时，我们发誓至死不渝。

啊，青春和春天，还有布达佩斯和"罗密欧"！当我想起你时，一切似乎并不那么遥远，仿佛发生在昨晚一样。

一天晚上，演出结束后，我们一起去了会客厅。母亲以为我睡着了，她并不知道我们的会面。起初，"罗密欧"显得很高兴，他谈论着艺术和演出，我也很高兴。但渐渐地，我注意到他似乎心事重重。他变得很沮丧，时而还紧握双手，似乎很不舒服。终于，我注意到他的眼睛是红肿的，嘴唇也变得肿胀，嘴唇仿佛都渗出了血。

我也感到不舒服，开始头晕目眩。有一种无法抗拒的渴望涌上心头，我想要靠近他。接着他完全失去了控制，将我抱进了房间。惊慌和渴盼之中，一种隐忧也爬上了我的内心。

第二天早上天刚亮，我们就一起离开了旅馆。之后，我们坐上一辆马车，驱车几英里来到乡下。

我们停在一个小屋前，女主人给了我们一间有着老式四柱床的房间。一整天，我们都待在乡下。"罗密欧"为我擦去眼泪，劝我别哭了。

那天晚上，我的表演状态十分糟糕，因为我当时非常痛苦。当我在会客厅见到"罗密欧"时，他正沉浸在喜悦和欢欣之中。我觉得所有的痛苦都得到了补偿。他深情地向我保证——他会让我知道人间天堂，这个预言很快就实现了。

"罗密欧"有一副好嗓子，他给我唱了吉卜赛人的情歌，他还为我讲解了歌词的含义。一天晚上，亚历山大·格罗斯为我在布达佩斯歌剧院安排了盛大的晚会，我想到可以邀请匈牙利吉卜赛管弦乐队上台演奏，当他们演奏吉卜赛音乐时，我可以表演吉卜赛舞蹈。一定要表演一首爱情歌曲，歌词大意如下：

唯有一个小女孩，在这世上。

她是我亲爱的鸽子。

善良的主，请一定要好好爱我。

因为他，把你给了我。[1]

我的表演充满了激情，富有渴望与崇拜的感情。我跳得如此激动，以至于观众都哭了。在《拉德斯基进行曲》结束之后，我穿着红色短袍，表演了一首给匈牙利英雄的革命赞歌。

随着晚会结束，布达佩斯的演出季也落下了帷幕。第二天，我和

---

[1] 原文为匈牙利文。

"罗密欧"驱车乡间，在小屋里住了好几天。我第一次体会到整夜相拥而眠的快乐。清晨醒来时，我发现自己的头发缠进了他散发着香味的黑色卷发中。他环抱着我，我有一种无与伦比的快乐。回到了布达佩斯，天堂飘来的第一片阴云是母亲的痛苦，还有从纽约归来的伊丽莎白，她似乎认为我犯了某种罪行。她们的焦虑让我难以忍受，最后我说服她们前往蒂罗尔进行短途旅行。

根据以往的经验判断，无论我感受到多么汹涌的激情，我的大脑仍旧保有理智，这一点过去如此，现在也依然如此。

因此，我十分羡慕那些浪漫和激情的人，他们不用担心那些高高在上的批评家，也从不把那些喋喋不休的发言看得很重。

让那些能评判我的人去评判我吧，我宁愿去责怪大自然。我愿意插上翅膀，去自由飞翔，虽然飞得越高，可能也跌得越重。

亚历山大·格罗斯为我安排了在匈牙利的巡演。我在许多城镇进行了演出，包括西本教堂。那里流传着七位革命将士被绞死的故事，这令我印象深刻。在城外一大片开阔的田野里，我写了一首进行曲，为这些将士致敬，也向李斯特的传奇音乐致敬。

在整个巡演中，每到一处，我都得到了观众的热烈掌声。亚历山大·格罗斯为我安排好汽车，车厢里装满了白色的鲜花。我穿着白色长裙，在欢呼声中，仿佛来自另一个世界的女神正步入人间。

尽管我的艺术令人如痴如醉，观众也对我喜爱有加，但我仍然无法忍受对"罗密欧"的思念，尤其是独自一个人的夜晚。我宁愿用我的成功来换取再次投入他的怀抱，哪怕只是瞬间。

我渴望回到布达佩斯，那一天终于来了。"罗密欧"选择来车站接我，他看上去十分喜悦，但我感觉到他发生了某种变化。他告诉我，他要去排练了，因为他要为扮演马克·安东尼一角开始做首演准备。

一个人的热情能如此轻松地被角色改变吗？

我不知道，我知道"罗密欧"最初的天真和激情已经没了。他说起我们的婚事，好像已经注定。他打算带我去看公寓，去挑选适合我们结婚的地方。在爬了无数级的楼梯之后，我们去看那些没有卫生间的公寓，我感觉到莫名的沉重。

"我们今后住在布达佩斯，然后呢？"

"为什么这么问，"他说，"你可以每晚都去包厢看我的演出。亲爱的，你还可以与我对词。"

他为我背诵了马克·安东尼所有的台词，现在他的热情都放在了罗马民众身上，而我——他的朱丽叶，他不再选择关心。

有一天，我们一起在乡下散步。他坐在一个干草堆旁，张口问我，大致意思是说："你是不是想离开我，好继续发展自己的事业。"我仍然记得那些乏味的干草堆，以及我内心的寒冷。那天下午，我与亚历山大·格罗斯签订了前往维也纳、柏林以及德国其他城市巡演的合同。

之后，我去看了"罗密欧"关于马克·安东尼的首演。我对他的最后记忆是剧院中的观众疯狂的热情。我坐在包厢内，告诫自己不要哭，可感觉就像吃了成堆的碎玻璃。第二天，我动身去了维也纳，"罗密欧"消失了，我向马克·安东尼道别。他看上去很严肃，一副心事重重的样子。从布达佩斯到维也纳的旅程，是我一生中最痛苦和悲伤的旅程之一。这个世界上的一切快乐似乎都消失了。到了维也纳之后，我就生病了，亚历山大·格罗斯送我去了一家诊所。

我在极度沮丧和痛苦中度过了几周。"罗密欧"从布达佩斯赶来了，甚至在我的房间里搭了个小床。他对我温柔又体贴。一天清晨醒来，我看到了护士的脸。她是修女，裹着黑头巾，将我和对面小床上的"罗密欧"隔了开来，我听到了爱的丧钟。

亚历山大·格罗斯将我带去弗兰森巴德疗养。我精神不佳，情绪低落，对美丽的乡村和身边的好友都毫不关心。格罗斯的妻子来了，她开始悉心照料我。昂贵的医疗花光了我的存款，对我来说这或许是一件幸运的事情。

爱情带来的悲伤、痛苦，重塑了我的艺术。我把伊芙琴尼亚在祭坛上告别生命的故事编成舞蹈。后来，格罗斯安排我到慕尼黑演出，在那里我再次与母亲和伊丽莎白重聚，她们对我恢复单身很是高兴，尽管她们感受到了我的变化和忧郁。

慕尼黑演出之前，伊丽莎白和我去了趟奥帕蒂亚，我们开着车在街上来来回回寻找酒店。在这个宁静小镇上，我们找不到合适的住处，房子没找到，却引来小镇上居民的关注。费迪南公爵路经此地，他对我们很感兴趣，衷心地欢迎我们，还邀请我们住到他位于斯蒂芬妮酒店花园的别墅里。整个事件原本非常简单，却在宫廷社交圈里闹得沸沸扬扬。很快地，那些贵妇人开始登门拜访，我一开始天真地以为她们对我的艺术感兴趣，实际上她们是想知道是什么身份的人住进了大公的别墅。这群贵妇人，每晚都礼仪周到地坐在餐桌前，而我也照着她们的样子，做出比她们更有修养的样子。

那时，我设计了一款后来广受欢迎的泳装。大开胸，肩上只有一根吊带，裙子齐膝，裸腿赤足。当时，妇女们穿的游泳服还是一身头脚不露的黑衣，让人想起偷偷摸摸的夜行人。我在服装设计领域里也同样掀起了一场革命。一向着意回避女性的费迪南公爵甚至都情不自禁地击掌称赞："伊莎多拉太漂亮了，春天也没有这么美！"

后来，我在维也纳卡尔剧院跳舞，大公带着他的一群年轻英俊的随从副官和一些官员，每晚都订包厢观看，人们自然会议论。大公对我的欣赏纯粹属于审美和艺术层面的。说真的，他似乎不愿意和女人交往，而是喜欢和年轻英俊的军官们在一起。几年后，当我听说奥地利法院下令，将费迪南大公监禁在萨尔茨堡一座阴森的城堡中时，我对他深表同情。也许他与其他人有些不同，但哪个真正有同情心的人不会有点疯狂呢？

在奥帕蒂亚那幢别墅的窗前有一棵棕榈树。那是我第一次在温带看到棕榈树。我注意到它的叶子在清晨的微风中轻微晃动，这让我有了灵感。我常常凝视着这棵棕榈树，它的叶子轻微晃动，像乐曲轻巧的过门①和诗歌灵妙的韵脚。我脑海里浮动着海涅的诗句："南方有一棵寂寞的棕榈树……"

离开奥帕蒂亚后，我和伊丽莎白去了慕尼黑。那时，慕尼黑的文艺生活集中在艺术之家，那里有大批的艺术家，这些人每晚集聚一堂，喝上等慕尼黑啤酒，高谈哲学和艺术。卡尔巴赫、莱姆巴赫、斯图克等大师都出现在此。格罗斯希望把我的首演安排在艺术家之家，莱姆巴赫和卡尔巴赫欣然同意，但斯图克坚持认为我的舞蹈不适合艺术之家这样的艺术殿堂。一天早晨，我找到了斯图克的住处，为的是说服他我的艺术配得上艺术之家。我为他跳了舞，和他谈了四个小时后，我们谈到了我神圣的使命，以及舞蹈作为一门艺术的可能性。之后，他经常对他的朋友说，他的一生中从未如此惊讶，他称赞我就像

---

① 过门：指声乐曲中常由叠句或副歌构成的短器乐乐段。

来自奥林匹斯山的精灵突然从另一个世界横空出世。他最终同意了，我在慕尼黑艺术之家的首次亮相是这座城市多年来最大的艺术事件，这引起了巨大的轰动。

之后，我去了凯姆萨尔演出。那些学生都为我发疯。我的马车被散场的学生团团围住，他们把马解下来，一伙人拉着车游街，另一伙人擎着火炬在后面欢呼雀跃。到了一家咖啡馆，我被抬了起来，在学生群舞的顶峰跌宕起伏。他们不断地高唱："伊莎多拉，伊莎多拉。你让我们感到，人生多么美好。伊莎多拉，伊莎多拉……"

回到别墅后，年轻的学子依然聚集在窗户下唱歌，争抢着我扔下的花朵和手帕。

这天晚上被《简单》①报道了，让所有的慕尼黑市民瞠目结舌，但《简单》算得上最单纯的小报了。黎明时分，学生们把我抬回家时，我的衣服和披肩都被撕成碎片别在了他们的帽子上。

当时，慕尼黑是名副其实的艺术文化中心。街上到处可见腋下夹着乐谱的学生和少女，店铺里到处陈列着珍贵的古书和漂亮的新书，博物馆里也有许多奇珍异宝。山上吹来阵阵秋风，我去拜访满头白发的大师拉姆巴哈、哲学家卡福尔霍恩，这些社交活动都使我重拾理性，回到我对精神世界的追求中来。我开始学习德语，阅读叔本华和康德的原著，并很快就能融入艺术家、哲学家、音乐家们在艺术俱乐部的讨论。我还学着喝上好的慕尼黑啤酒。没多久，我情感上的痛苦慢慢平复了。

一天晚上，在艺术之家举行的一个特别演出上，一个坐在第一排

---

① 《简单》：是德国著名的讽刺杂志。

的男人，他鼓掌时的侧影引起了我的注意。他让我想起了一位故人，同样下垂的眉毛，同样挺拔的鼻子，只是他的嘴唇看着更加柔软。演出结束后，我才知道他就是理查德·瓦格纳的儿子——西格弗里德·瓦格纳。他加入了我们的圈子，于是，我有幸认识了他。我很钦佩他，后来他成了我最珍视的朋友之一。他谈吐机智，常常谈及他伟大的父亲，这种对父亲的回忆仿佛笼罩在他身上的一个光环。

那时，我第一次阅读叔本华的著作，他对音乐与意志关系的哲学启蒙让我着迷。

我感受到伟大的精神，那是一种神圣的光芒，并常常让我觉得自己进入了另一个思想家的世界。在这个世界里，哲学思想仿佛是人类至高无上的东西，只有音乐才能和它媲美。在慕尼黑音乐厅，我们还接触到一些意大利的艺术作品。考虑到离意大利的边境如此之近，我们便有了去意大利的冲动，于是，母亲、伊丽莎白和我就坐上了开往佛罗伦萨的火车。

ISADORA DUNCAN

第十二章 希腊朝圣

我永远不会忘记穿越蒂罗尔之后前往翁布里亚平原的奇妙经历。

　　我们乘火车到了佛罗伦萨。在美术馆、花园和橄榄园里度过了几个星期之后，我心中狂喜。是波提切利吸引了我，我在他的画作《春》的面前坐了好几天。在这幅画的启发下，我创作了一支舞蹈，努力表现出画中散发的柔和而奇妙的动作。被花朵覆盖的大地的轻柔起伏、仙女们围起来的圆圈，拂面的微风，所有这些，都围绕着一个中心人物——她一半是阿佛洛狄忒，一半是圣母玛利亚，她的手势的寓意为孕育春天。

　　我在这幅画面前一坐就是好几个小时，我被它迷住了。一个好心的较为年长的管理员给了我一个凳子，并饶有兴致地看着我着迷的样子。我一直坐在那里，直到我真的看到了那些花朵在生长，赤脚在舞蹈，身体在摇摆，直到欢乐信使降临，我想到：我要把这幅画用舞蹈表达出来，把爱、春天、孕育的消息传递给别人，而这些信息是通过痛苦获得的。如今，我要通过舞蹈把这种陶醉传递给别人。

要闭馆了，我还站在这幅画面前。我想借助这美丽时刻的神秘，去寻找春天的意义。我觉得迄今为止我的生活都是一团糟，我一直在盲目地探索。我心里想："如果我可以找到这幅图的秘密，我可以向别人展示生命的丰盈和成长的喜悦。"我记得我已经像一个满怀希望去参加战争，在战争中受了重伤的人那样去思考生命，并经过反思后说："我为什么不去传播福音，让其他人免受这种伤害呢？"

我在佛罗伦萨，在波提切利的《春》面前沉思，之后我想用舞蹈来表达我的沉思。哦，甜美的、半遮半掩的异教徒生活。阿佛洛狄忒有着基督之母的神态和亲切感，但更温柔，散发着柔和的光芒。阿波罗像圣塞巴斯蒂安一样攀着树枝。我感到这一切都带着平静的喜悦涌入我的内心，我特别希望把这一切用我的舞蹈表现出来，我将这个舞蹈命名为"未来之舞"。

在这里，在古老的宫殿内，伴着朱塞佩·威尔第的音乐和一些早期籍籍无名的大师的旋律，我为佛罗伦萨艺术圈的人起舞。随着维奥尔①的美妙旋律，我跳起天使之舞，演绎在拉一个想象的小提琴。由于我们金钱观念淡薄，不顾实际情况，于是我们又入不敷出了，不得不给亚历山大·格罗斯发电报，让他给我们寄钱，好让我们能去柏林与他会合。他正在那里为我的首演做准备。

我们到达柏林后，开车穿过城镇时，我感到有点不知所措，因为我发现整座城市到处都贴着写着我名字的讨厌的海报，上面还写着我即将在克罗尔歌剧院与爱乐乐团首演。亚历山大·格罗斯把我们带到了布里斯托尔酒店，在菩提树大街一间漂亮的套房里，所有的德国

---

① 维奥尔：一种弦乐器的名称。

媒体似乎都在等着我的首次采访。在慕尼黑的学习和佛罗伦萨的经历让我沉浸在沉思和灵性的氛围中，于是我用我的美式德语向新闻界的先生们介绍了关于舞蹈艺术天真而宏大的构想，我说舞蹈艺术是一种"伟大的艺术"，它将会使所有其他艺术重获新生，他们对此大吃一惊。

这些德国记者和后来我在美国采访我的记者对我的态度截然不同。德国记者对我的理论非常感兴趣，他们心怀崇敬之情在听我的阐释。第二天，德国报纸上就出现了长篇文章，严肃地用富有哲理的方式论述了我的舞蹈。

亚历山大·格罗斯是一位勇敢的先驱，他冒着倾家荡产的风险，为我在柏林的演出做准备。他不惜花费重金做广告，找了一流的歌剧院、最出色的指挥家。如果幕布升起，瘦小的我出现在巨大的舞台上，而我却没能在第一时间赢得爱思考的柏林观众的掌声，那对他来说就意味着彻底的毁灭。但他是个出色的预言家，我确实不出所料地成功了。跳了两个多小时后，观众不愿离场，而是一次又一次地要我返场。最后，他们热情地欢呼着，一起来到了脚灯处，数以百计的年轻学生真的爬上了舞台，我差点被过度的崇拜压死。之后的许多个夜晚，他们重复着在德国盛行的迷人的仪式，把我的马从马车上解开，拉着我像打了胜仗一样穿过街道，走过菩提树大街，一直走到我的酒店。

从我演出的第一晚起，我就被德国大众所熟知，他们称我为"圣洁的伊莎多拉"。一天晚上，雷蒙德突然从美国来找我们，他太想家了，说他再也不能和我们分开了。于是，我们重提了一个我们长久以来一直珍视的计划，那就是去最神圣的艺术圣地朝圣——去我们心心念念的雅典。我觉得我的艺术研究才刚刚起步，在柏林短暂的演出季结束，我不顾亚历山大·格罗斯的恳求和哀痛，坚持离开了德国。于是，我们又一次坐上了开往意大利的火车。我们眼里都是光，也很激动，一起踏上了推迟已久的途经威尼斯的雅典之旅。

我们在威尼斯住了几个星期，满怀虔诚之心去参观美术馆和教堂，但是，很自然，这时的威尼斯对我来说已经没那么意义重大了。我们特别欣赏佛罗伦萨卓越的智慧和精神之美。多年后，我和一位瘦弱、橄榄色皮肤、黑眼睛的情人再次来到威尼斯，我才感受到威尼斯的秘密和可爱，也第一次感觉到威尼斯魅力的魔力。但第一次去威尼斯旅行时，我迫不及待地想乘船去更高的地方。

雷蒙德认为，我们的希腊之行必须尽量简朴，因此我们没有乘坐又大又舒适的客船，而是登上了一艘邮轮，这是一艘航行于布林迪西和圣莫拉之间的小船。我们非常高兴地在圣莫拉靠了岸，因为这里有古伊萨卡岛的遗迹，绝望的萨福（古希腊女抒情诗人）也是站在这里的一块岩石上跳海自尽的。直到现在，回忆起这次旅行时，我仍会想起当时读到的拜伦的诗句：

希腊群岛

希腊群岛，希腊群岛

热烈的萨福在这里爱与歌唱

战争与和平的艺术在这里成长

提洛岛在这里浮起，阿波罗跃出海面！

永恒的夏天为海岛涂满金色

可是，除了太阳，一切都已消逝。

黎明时分，我们从圣莫拉乘上小帆船，船上除了我们就只有两个男人。炎热的7月，我们在蓝色的爱琴海航行，驶进安布拉基亚湾，在卡瓦萨拉斯小镇登陆。

雇这条帆船的时候，雷蒙德用很多手势加上古希腊语给船夫解释说希望我们尽量沿着尤利西斯的路线航行。船夫似乎不知道尤利西斯，但是看到这么多德拉克马（希腊货币），他还是鼓起勇气扬帆起航了。可是他还是不愿航行太远。他多次指向天空，发出"轰隆，轰隆"的声音，用手臂的姿势告诉我们大海变幻莫测，海上会有风暴。我们想起了《奥德赛》中描述这海的诗句：

他说完立即聚合浓云，手握三股叉，
搅动大海，掀起各种方向的劲风的
暴烈气流，用浓重的云气沉沉笼罩
陆地连同大海，黑夜从天空跃起。
东风、南风一起刮来，反向的西风
和产生于太空的北风掀起层层巨澜。
奥德修斯顿时四肢麻木心瘫软①

没有比爱琴海更变幻莫测的海了。我们似乎是冒着生命危险在航行，和尤利西斯的经历太相似了：

---

① 引自古希腊荷马所著《荷马史诗·奥德赛》，王焕生译，人民文学出版社2015年版。后文中《奥德赛》的诗句均出自该版本。

他正这样说，陡然隆起一个巨澜，

可怕地从上盖下，把筏船打得团团转。

他自己被从筏上抛出，抛出很远，

舵柄从手里滑脱，桅杆被各种风暴

混合旋起的强大风流拦腰折断，

船帆和帆桁一起被远远地抛进海里。

他被久久地打入水下，无力迅速地

向上浮起，身受狂涛巨澜的重压，

神女卡吕普索所赠衣服也增添分量。

他很久才浮出水面，嘴里不断喷吐

咸涩的海水，海水顺着他的头流淌。

之后，尤利西斯的船翻了，他遇到了瑙西卡：

不敢抱膝请求你，虽然已遭遇不幸。

昨天(第二十天)我才逃脱酒色的大海，

自从强烈的波涛和风暴把我吹离

奥古吉埃岛。现在神明送我来这里，

让我继续遭不幸，我的苦难犹未了，

神明们还会给我降下灾祸无穷尽。

尊敬的姑娘，可怜我，遭到许多苦难后，

我首先遇见了你，其他人我均不相识。

我们在伊庇鲁斯海岸的土耳其小镇普雷维萨停了下来。买了些食物——大块山羊奶酪和大量成熟的橄榄和风干的鱼。由于帆船上没有被遮挡的地方，奶酪和鱼处在暴晒的环境里散发出来的气味，再加上这艘小船一直在缓慢又强劲地颠簸，这一天太难受了，我真的永生难忘。这一天海上常常风平浪静，我们不得不划起桨来。最后，黄昏时分，我们在卡尔帕索斯靠岸了。

当地的居民都来到海滩上欢迎我们，比哥伦布第一次登陆美洲引起的轰动还大——当雷蒙德和我跪下来亲吻这片土地时，他们惊讶得说不出话来，雷蒙德大声背诵：

美丽的希腊！冰冷的是人们的心，

倘看着你而没有在爱人灵前的感想；

麻木不仁的是那些不掉泪的眼睛。

看着英国人的手破坏你的城墙，

搬走你残破的神坛。

的确，我们高兴得快发疯了。我们想拥抱所有的居民，想大喊：流浪了那么久，我们终于来到了希腊圣地！向奥林匹亚的宙斯致敬！向阿波罗致敬！向阿佛洛狄忒致敬！缪斯们啊，准备好再次起舞吧！我们的歌声可能会唤醒狄奥尼索斯和他沉睡的女祭司！

信徒们，前进吧，

信徒们，前进吧，

把神的儿子，

布洛弥俄斯·狄俄倪索斯，

从佛律癸亚山护送到希腊的宽阔街道上，

把布洛弥俄斯送回家来！①

快披上梅花鹿皮，

上面拴一条缀着白羊毛球的带子做装饰②

他知道我为什么前来，我们两个老人——他比我还老——有约在先，要扎起神杖，披上鹿皮，用常春藤缠在我们头上。③

卡尔帕索斯没有旅馆和铁路。那天晚上我们睡在一家小旅馆能给我们提供的唯一的房间里。至少，我们睡得不多。第一，因为雷蒙德整夜大谈苏格拉底的智慧和柏拉图式爱情的神圣补偿；第二，因为我们的床就是一块粗糙不平的木板；第三，希腊有成千上万想在我们身上饱餐一顿蚊虫。

黎明时分，我们离开当地。我们和母亲坐上了一辆两匹马拉的马车，车上还有四个旅行箱，我们还从月桂树上砍下枝条，送给母亲，月桂树枝和我们一起护卫母亲。全村人都护送我们离开，他们走了好长一段路。我们走的是两千多年前马其顿国王腓力率领军队走过的古道。

从卡尔帕索斯到阿格里尼翁，我们要穿过路途艰险、崎岖、景色

---

① 引自欧里庇得斯《酒神的伴侣》，罗念生译，上海人民出版社2015年版。

② 同上。

③ 同上。

壮美的群山。这是一个美丽的早晨，空气洁净如水晶。我们用青春的脚步轻盈地飞奔着，常常在马车前又唱又跳又叫喊，充满了欢乐。当我们穿过阿谢洛奥斯河（古阿刻罗俄斯河时）时，我和雷蒙德不顾伊丽莎白哭着恳求，坚持要在清澈见底的河水里游泳或是洗礼。我们没有意识到水流有多湍急，差点儿被冲走。

在旅途中，有一次，两只野蛮的牧羊犬从远处的农场穿过整个山谷，向我们狂奔而来。要不是我们英勇的马车夫用大鞭子吓退了它们，它们会像恶狼一样凶猛地攻击我们。

在路边的一家小旅店，我们吃了午饭，第一次品尝到用传统猪皮和树脂保存的酒，喝起来有一种家具的油漆味。我们虽面露难色，但坚持声称这酒真好喝。

最后，我们来到了建在三座山上的斯特拉托斯古城。这是我们第一次在希腊废墟中冒险，陶立克式的柱子让我们狂喜。我们跟雷蒙德来到了西山上宙斯神庙的所在地。在我们富有画面感的想象里，夕阳中有一座海市蜃楼——它也出现在三座山的山顶，美丽、广阔。

晚上，我们到了阿格里尼翁，虽然已筋疲力尽，但却体会到了常人难以体会的快乐。第二天早晨，我们乘公共马车到了米索隆基，拜伦被供奉在这座英雄小镇的遗迹中，这里的土地浸透着烈士们的鲜血，我们来此处朝圣拜伦那颗燃烧的心。拜伦从火葬的余烬中抢出雪莱的心脏，这难道不令人觉得惊异吗？雪莱的心脏如今被祭奉在罗马，也许这两位诗人的心仍从"希腊的辉煌"到"罗马的壮丽"神秘地交流着。

所有这些回忆平息了我们欢腾起的异教徒的喜悦，悲伤了起来。德拉克洛瓦的名画《米索隆基废墟上的希腊》描绘的是几乎所有的居民，包括男人、女人和孩子，都在奋不顾身地冲破土耳其防线时被屠杀，整座城镇依然笼罩在这种悲剧性的气氛里。

1824年4月，拜伦在米索隆基去世，两年后的4月，离拜伦忌日很近，这些烈士也走进了他的幽暗之地——他，已经做好为了他们的解放愿意付出一切的准备。还有什么比拜伦死在米索隆基这个勇敢的小镇更感人的吗？他的心脏与那些让世人再次感受到希腊不朽之美、牺牲了的烈士埋在一起。因为，真的，所有的殉难都会结出丰硕的果实。我们满怀激动，眼睛里含着泪离开了米索隆基。在夕阳的余晖里，我们乘船去帕特雷。站在甲板上，我们看着米索隆基渐渐模糊。

在帕特雷，我们纠结于是去奥林匹亚还是雅典，但对帕台农神庙的强烈渴望最终占了上风。于是，我们乘火车前往雅典。火车在明亮的希腊飞驰。某一刻，我们可以瞥见白雪皑皑的奥林匹斯山，下一刻，我们又被橄榄树林中扭动身姿、翩翩起舞的仙女和树神哈玛得律阿斯环绕。我们高兴极了，常常太过激动，以至于只能用眼含热泪互相拥抱的方式来表达自己。车站里那些无动于衷的农民惊讶地看着我们。他们可能觉得我们不是喝醉了就是疯了，而我们只是激动地在寻找最高明的智慧——雅典娜的蓝眼睛。

当天傍晚，我们抵达了紫罗兰冠冕的雅典。我们颤颤巍巍、诚惶诚恐地踏上了神庙的台阶。我似乎感觉到：我所知道的所有生活就像一件杂色的衣服从我身上掉落；我之前从未真正生活过；在屏息之间，在第一次纯美的凝视中，我第一次诞生了。

太阳从彭特利库斯山缓缓升起，它两侧的大理石岩面在阳光的照射下清澈、壮观。等我们登上卫城山门的最后一级台阶，凝视着晨光中的圣殿，我们都沉默了。我们稍稍离彼此远些，因为这里的美太神圣了，甚至无法用言语来表达。我们感到莫名的恐慌，没有哭泣和拥抱，各自找到了膜拜的好位置，于是都沉浸在冥想的狂喜中，几个小时后，我们都变得虚弱，颤抖起来。

母亲和她的四个孩子，此刻都在一起。在我们眼里，邓肯家族的人在一起就够了，其他人只会让我们偏离方向。此外，在瞻仰帕台农神庙时，我们似乎已经抵达了完美的巅峰。既然如此，我们问自己为什么要离开希腊，既然雅典的一切符合我们的审美？也许有人会问：在我已获得公众的认可，经历了布达佩斯的充满激情的插曲后，为什么不再期待重新拥有这些？对我来说，这是一次纯粹的精神朝圣之旅，我追寻的精神是雅典娜女神，她现在依然在帕台农神庙废墟。因此我们决定，邓肯家族应该永远留在雅典，并在那里建一座有我们特点的神庙。

我在柏林的演出让我存了一笔钱，这笔钱在我眼里永远花不完。因此，我们开始为我们要建的神庙寻找合适的地方。对此，只有奥古斯丁面露难色。他焦虑了很久，最后终于承认，他想念自己的妻女。我们认为这是他的一大弱点，可是他已经结婚并有了一个孩子，于是我们同意他把妻女接来。

之后，他的妻子带着女儿一起来了。他的妻子穿着路易十五时期的高跟鞋，打扮得很时髦。我们不满地看了看她的高跟鞋，因为我们已经穿上了凉鞋——以免弄脏帕台农神庙的白色大理石地板。但她强烈拒绝穿凉鞋，即使当时我穿着新古典主义风格的裙子，雷蒙德穿着灯笼裤，敞着领口，扎着飘逸的领带，统统都是堕落的服装。我们必须回归古希腊人的短袍——我们真的穿了，这让现代希腊人有点惊讶。我们穿上短袍，短外套，腰部饰裙，在头发上缠上发带，出发去寻找可以建神庙的地方。我们考察了克洛诺斯、比雷埃夫斯和阿提卡的所有山谷，也没有找任何适合建造神庙的地方。终于有一天，在走去伊米托斯山（以盛产蜂蜜而闻名）的途中，要越过一处高地，雷蒙德突然把他的手杖放在地上，喊道："看，我们和雅典卫城在同一水平线上！"果然，向西望去，我们看到了雅典娜神庙，感觉离我们的位置非常近，但实际上我们离它有四公里。

但这个地方也有缺点。首先，我们不知道这片土地的主人是谁。这里远离雅典，只有牧羊人经常来这里牧羊。我们花了很长时间才弄清楚，这块土地属于五个农民家庭，他们拥有这块土地一百多年了。他们就像分派一样把这块土地从中心往外分成几块。费尽周折，我们找到这五户农民，询问他们是否愿意出售。他们非常惊讶，因为从来没有人对这块地感兴趣。这块地远离雅典，土质多石，只能长出蓟草，此外，附近没有水源。以前没有人认为这片土地有任何价值。但是，当我们表示想买这块地的时候，这五户农民一致认为他们这块土地是无价之宝，他们狮子大张口。尽管如此，邓肯家族还是决定购买这块土地，于是决定换种方式和他们继续交涉。我们邀请这五个家庭参加一个宴会。我们准备了烤羊肉，还有其他各种诱人的食物。酒水我们准备的是拉克酒——这个国家的白兰地。宴会上，在雅典一位矮小的律师的帮助下，我们起草了一份土地交易合约。因为农民不会写字，所以他们用其他方式在合约上做了记号。虽然我们为这块土地支付了高昂的费用，但我们认为这次宴会非常成功。与雅典卫城处于同一水平线上的荒丘、自古以来被称为柯罗诺斯，现在属于邓肯家族。

下一步是获得纸张和建筑工具，来绘制房屋的设计图。雷蒙德看阿伽门农宫的平面图时，脑海里有理想中的神庙模型。他对建筑师的帮助嗤之以鼻,他自己雇用了工人和运石工。我们认为只有彭特利库斯山的石头才配得上我们的神庙,帕台农神庙宏伟的柱子就是从彭特利库斯山闪耀的侧面凿出来的。然而,山脚下的红石就让我们很满意了。从那时起,每天都能看到载着这些红色石头的长队马车沿着蜿蜒的路从彭特利库斯山到柯罗诺斯。每运来一车石头倒在我们的土地上,就让我们更高兴。

之后,我们终于迎来了圣神庙奠基的重大时刻。我们认为,必须隆重地举行庆祝仪式。天知道,我们没有一个人信教,脑子里都是现代科学和自由思想。然而,我们觉得像希腊传统一样,由希腊牧师主持奠基仪式,会更有美感、更合适。我们还邀请了附近方圆数里的村民来参加我们的奠基仪式。

老牧师身穿黑袍、头戴黑帽,黑色的纱罩从帽顶垂下。牧师让我们准备一只黑公鸡作为祭品。这个习俗可以上溯到阿波罗神庙时期,经拜占庭时期,传至今日。好不容易找到黑公鸡,连同祭刀一起交到了牧师手中。与此同时,农民们从全国各地赶来,还有一些来自雅典的时髦人士。日落时分,在柯罗诺斯,已经聚集了一大群人。

老牧师郑重地着手仪式,令人印象深刻。他要求我们准确地标出房屋地基的范围。为此,我们在雷蒙德事先已经圈好的地基上跳了一段舞。然后,他找到了离房子最近的一块基石,在日落之时,割断黑公鸡的喉咙,让深红色的血喷洒在石头上。他持刀,庄严地绕着地基走了三圈。接着是祈祷和念咒语。他为房子的所有石头祈福,并询问了我们的名字,然后又念了一段祷文,我们在祷文中经常听到了:伊莎多拉·邓肯(我的母亲)、奥古斯丁、雷蒙德、伊丽莎白和小伊莎多拉(我自己)。每次他念我们的姓邓肯(Duncan),听上去像兹肯

（Thuncan）一样，用Th的浊音代替D。他再三叮嘱我们要虔敬地、平和地在这里生活。祈祷结束后，乐师们带着他们原始的乐器来了。一桶桶上好的红酒和拉克酒被打开。我们在山上燃起了熊熊的篝火，和邻居一起唱歌喝酒，整晚都十分快乐。

我们决定永远留在希腊。不仅如此，正如哈姆雷特所说，我们还发誓永不结婚，"让已婚的人保持婚姻"。

我们毫无保留地接受了奥古斯丁的妻子。但对我们自己而言，我们的本子上制订了一个计划，这个计划仅限于邓肯的家族成员，其他人被排除在外。我们制订了在柯罗诺斯生活的规则。我们计划建立一个和柏拉图的《理想国》一样的集体。我们规定日出而作，日落而息。用欢快的歌舞迎接初升的太阳。之后，我们要喝上一碗适量的羊奶。早晨，我们可以教村民唱歌跳舞。必须让他们歌颂希腊诸神，脱下他们可怕的现代装束。之后，在我们吃过绿色蔬菜的简单午餐后——因为我们决定成为素食主义者——就开始冥想。晚上，可以在合适的音乐声中举行异教仪式。

随后，我们开始建造科帕诺斯。由于阿伽门农宫殿的墙大约有两英尺厚，科帕诺斯的墙也必须厚两英尺。直到已经开始动工建墙，我才意识到需要从彭特利库斯山运来多少红石、每车石头的价格究竟是多少。几天后，我们就决定在这里露营过夜，才突然意识到一个很现实的困难，那就是方圆几里没有一滴水。我们希望蜂蜜产区伊米托斯山高地有许多泉水和流淌的小溪。可是，再凝视伊米托斯山，这里终年积雪，积雪化成瀑布从山顶飞泻而下。唉，我们意识到伊米托斯山是一个非常干燥、干旱的地方。离我们最近的泉水也在四公里之外！

但雷蒙德丝毫没有气馁，他雇了更多的工人来挖一口自流井。

在挖掘过程中，他发现一些不同的历史遗迹，于是他坚持认为高地上曾经有一个古老的村庄。但我有理由认为这里曾经只是一个墓地。因为井挖得越深，地面就越干燥。在伊米托斯山寻找水源数周无果后，我们回到了雅典，去向我们坚信住在雅典的有预知能力的灵魂寻求帮助。我们得到了城市的特别许可，这样就可以在有月光的傍晚前往卫城。于是，我们习惯了坐在狄奥尼索斯圆形剧场，听奥古斯丁朗诵希腊悲剧，也经常在这里跳舞。

我们一家人完全自给自足。我们从来不和雅典居民打成一片，即使有一天我们从农民那里听说希腊国王骑马来参观我们的神庙，我们仍然没什么感觉，因为我们生活在国王阿伽门农、墨涅拉奥斯和普里阿摩斯的统治之下。

第十三章　在雅典娜神庙前驻足

一个月夜，我们坐在狄奥尼索斯剧场，一个男孩尖利的声音从夜空中传来，带着只有男孩才有的那种悲惨神秘的特质。突然，一个又一个声音加入进来。原来，他们在唱一些古老的希腊乡村歌曲。我们听得如痴如醉。雷蒙德说："他们唱的肯定是古老的希腊男声合唱团的调子。"

　　第二天晚上，音乐会再次上演。由于我们赠给他们很多德拉克马，于是第三天晚上合唱团的队伍壮大了。渐渐地，雅典的所有男孩子都约好在月光的狄奥尼索斯剧场为我们歌唱。

　　此时，我们对希腊教会中的拜占庭音乐产生了浓厚的兴趣。我们参观了希腊教堂，聆听了主教美妙平实的圣咏。还去了雅典郊外的希腊年轻牧师的神学院，牧师为我们展示了保存在图书馆的可以追溯到中世纪的手稿。我们和很多杰出的希腊人一样，认为阿波罗、阿佛洛狄忒和所有异教诸神的赞美诗都是通过手稿流传到希腊教堂的。

　　我们萌生了一个想法——让这些希腊男孩重现最早的希腊合唱

团。为此，我们每晚都在狄奥尼索斯剧场举行比赛，并为那些能演唱最古老的希腊歌曲的人颁奖。我们还聘请了一位拜占庭音乐方面的研究者来做评委。我们用这种方式组建了一个十个男孩的合唱团——也是雅典最美声音合唱团。有一个年轻的神学院的学生，他同时还研究古希腊语，他帮我们选了埃斯库罗斯的《祈援人》。这些唱词或许是存世至今最美的唱词。我经常回想起这样一个场面：惊慌的少女们聚集在宙斯祭坛的周围寻求庇护，以躲避漂洋过海而来的图谋乱伦的堂兄弟。

因此，研究雅典卫城、柯罗诺斯的建筑和埃斯库罗斯的合唱团舞蹈之后，我们完全沉浸在自己的创作中。除了偶尔去偏远的村庄逛逛，我们别无所求。

我们阅读《埃略西斯的神秘教仪式》一书，并大受震撼。

那些神秘，无以言说。只有看见的人才被祝福！他死后的命运也与其他人不同。

我们决定去参观厄琉息斯（即埃勒夫希那），这里距雅典十三英里半。我们赤着腿，穿着凉鞋，沿着白色的尘土飞扬的道路起舞。这条路靠着海边，环绕着柏拉图的小树林。我们希望向诸神祈福，为此，我们不是走路，而是跳着舞。我们路过了达夫尼的一个小村庄和希腊东正教教堂。从山丘的一个豁口望去，我们看到了大海和萨拉米斯岛。我们在那里停留了一会儿，遥想当年著名的萨拉米斯战役。当时希腊人遭遇并打败了薛西斯指挥的波斯军队。

相传，薛西斯坐在艾加里奥山前一座小山上的一把银质椅子上观战。公元前480年，希腊人率领一支由三百艘战船组成的舰队消灭了波斯人，赢得了独立。大约六百名精锐的波斯战士驻扎在一个小岛上，以切断希腊人的后路，击沉他们的船只并把他们赶上岸。但是，从流放地被召回的阿里斯提得斯，得知薛西斯要摧毁希腊舰队后，智取了波斯人。

希腊发起了进攻，

那铜饰的船头立刻就互相撞击起来，

有一只希腊船向着一只腓尼基的船身进袭，

击破了我们的船艄；于是每一只船都向着敌人撞去

起初我们波斯的长蛇舰队还能抵抗；

等到这许多船只集中在那狭小的港内时，非但不能彼此顾及，

并且用那包铜的船头对着自己的船身撞去，撞坏了全船的桡扁。

敌方的战舰不肯失去良机，围着我们攻打，

把我们的船弄翻了，

海面上看不见水，尽是破船片和被杀的尸体[1]。

其实，我们一路上都在跳舞。途中，只在一个小基督教堂停过一次，那里的希腊牧师看着我们跳舞前行，非常惊讶，坚持要我们参观教堂并喝些他的酒。我们在厄琉息斯停留了两日，感受到了它的奥秘所在。第三天，我们返回雅典，但我们不是独行，还有埃斯库罗斯、欧里庇得斯、索福克勒斯和阿里斯托芬的影子陪伴着

---

[1] 引自埃斯库罗斯的《波斯人》，罗念生译，上海人民文学社2014年版。

我们。

我们无心继续流浪。因为我们已经找到自己的麦加，对我们来说，希腊意味着完美的辉煌。我从此对智慧的雅典娜的崇拜没有之前那般笃定了，而我最后一次去雅典时，我承认吸引我的不再是对雅典娜的崇拜，而是达夫尼小教堂里受难基督的面容。但当时，在我们年轻的时候，我们所有的欢乐和灵感都是雅典卫城带给我们的。我们太强大、太目空一切，不懂怜悯。

每个黎明，我们都会登上卫城山门。我们开始了解这座圣山的历史。我们带着书本，追寻着每一块石头的历史。为了学习某些标记和预兆的起源和含义，我们读了所有相关的考古研究的书籍。

雷蒙德有了一些新发现。他和伊丽莎白花了一些时间在雅典卫城，想找到在雅典卫城建成之前，山羊沿着石头上山留下的古老脚印。他们确实找到了一些脚印，因为雅典卫城最初仅仅是靠由一群牧羊人建造的，他们建城是为了晚上保护羊群。他们成功找到了羊群走过的小路，这些足迹可以追溯到雅典卫城修建的一千年前。

在年轻牧师的帮助下，我们从几百名雅典的流浪儿中挑选出了十名嗓音完美的男孩，开始训练他们大合唱。我们研究希腊礼拜堂里左右舞的歌，它们如此巧妙和谐，正是对宙斯、天父、雷神和保护神的赞美诗，它们被早期的基督徒改编成耶和华的赞美诗。在雅典的图书馆里，我们发现了宙斯的诗歌，还在不同的古希腊音乐书籍中发现了这样的音域和音程。于是我们陷入了狂热的得意之中——两千年后，我们终于将这些失落的宝藏带到了世人面前。

我们住在丹格利特酒店。这个酒店很慷慨，为我提供了一个可以由我做主的客厅，我每天都可以在这里工作，花几个小时为《祈援人》的歌队设计动作和舞姿，灵感来源于希腊教会音乐的节奏。

我们如此专注并深信这些理论，以至于我们从来没有意识到它与宗教表达结合显得有些滑稽。

当时的雅典和往常一样，处于革命时期。起因是王室和学生们要在舞台上使用哪种希腊语版本，是古希腊语还是现代希腊语。成群结队的学生们举着支持古希腊语的横幅在街上游行。我们从柯帕诺斯回雅典的那天，他们包围了我们的马车，称赞我们穿的古希腊的外衣，邀请我们加入，我们欣然加入了他们的游行队伍，为的是"古典的希腊"。这次集会后，学生们在市剧院安排了代表活动。十名希腊男孩和研究拜占庭的牧师，都身着五颜六色的飘逸的外袍用古希腊语演唱了埃斯库罗斯的合唱曲，而我，则是伴舞。学生们非常激动。

后来，国王乔治听闻这一盛况，表示希望在皇家剧院重演。但是，在皇家剧院为雅典王室和所有大使演出时，盛况大不如前。戴着白山羊手套鼓掌的掌声一点儿也不鼓舞人心。国王乔治来后台我的化妆间找我，请我去皇家包厢拜访王后，虽然他们看上去对我的舞蹈很满意，但我还是意识到，他们并不是真的理解和热爱我的艺术。芭蕾舞才是皇室贵族永远的宠儿。

同一时期，我发现我们的积蓄花光了，我记得这次表演结束后的夜晚，我一夜未睡，天一亮我就独自去了卫城。我去狄奥尼索斯剧场跳舞，我感觉这是最后一次了。然后我登上了卫城山门，站在门前，忽然我感觉我们所有的梦想都像一个已经破碎的华丽的泡泡，而我们只能成为现代人。我们不可能和古希腊人的想法一样。我身处的这座雅典娜神庙在其他时代自有其特点。我毕竟只是一个苏格兰-爱尔兰血统的美国人。或许我的血统更接近的是红种印第安人，而不是希腊人。在希腊一年的美好幻境似乎忽然破灭了。拜占庭式的希腊音乐对我们的影响越来越小，《伊索尔德之死》的旋律在我耳际回荡。

三天后，我们从雅典乘火车前往维也纳，有一大群热心人和十位希腊男孩以及他们哭泣的父亲来送别。在车站，我把白蓝相间的希腊国旗裹在自己身上，和十个希腊男孩，以及所有在场的人一起唱起了美妙的希腊赞美诗①：

> 我从你的剑的
> 令人敬畏的边缘识别你
> 我从你的武力
> 在土的面貌识别你
> 希腊人的圣骨将复活
> 并且如以前一样勇敢，
> 万岁，万岁，自由！

回想在希腊度过的这一年，真是非常美妙。尝试去触摸两千年前的美丽，这种美丽或许不为我们所理解，其他人也未尝能理解，就像欧内斯特·勒南所写：

> 啊，多么高贵！啊，简单而真实的美！崇敬的女神意味着智慧

---

① 原文为拉丁语转写的希腊语《自由颂》，现为希腊国歌，译文为通行版。

和理智。你的圣殿是永恒的良心和真诚的教训，来到你奥秘的门口太晚，我肩负悔恨的重担来到你的祭坛。为寻你，我付出了无尽的努力。你在雅典人出生时赋予他的智慧，我只有通过冥想和无尽的努力来获得。

就这样，我们和我们的希腊男孩合唱团以及研究拜占庭的牧师，第二天早晨抵达维也纳。

第十四章　重返维也纳

我想让希腊合唱团与古老的悲剧舞蹈重新焕发生机，这是一件值得我努力的事情，但却不切实际。在布达佩斯和柏林取得经济上的成功之后，我就再也不想世界巡演了，用赚来的钱修建了一座希腊神庙，努力重振希腊合唱团。现在回想起来，我们年轻时的理想真是令人不解。

我们是在一个早晨来到维也纳的，并为好奇的奥地利大众表演了埃斯库罗斯的《祈援人》。我们的希腊男孩在舞台上唱歌，我是伴舞。因为"达那俄斯有五十个女儿"，我发现很难以我瘦削的身躯来表达五十个少女的情感，但我有一种多重合一的感觉，尽我所能去表达。

维也纳距离布达佩斯只有四个小时的车程，但我感觉非常遥远。也许因为在帕台农神庙前度过的那一年，让我觉得布达佩斯的距离更加遥远，以至于"罗密欧"从未坐四个小时的车来看我，我也不觉得奇怪。我也不认为他应该来看我，我的心思都在希腊合唱团上，我所有的精力和情感都给了合唱团。说实话，我没再想起他。相反，因为我与一个人——赫尔曼·巴尔的友谊，我当时思考的都是智性的问题。他是个很有智慧的人。

好几年前，在维也纳的艺术家之家，赫尔曼·巴尔就看过我的表演，当我和我的希腊男孩合唱团回到维也纳后，他对我们非常感兴趣，他在维也纳的《新报》写了很多很有洞见的批评文章。

他当时三十几岁，头型俊美，留着浓密的棕色头发和棕色胡须。虽然他经常在演出结束后来到布里斯托尔，和我聊天到天亮，虽然我经常用跳歌咏队的舞蹈来表达自己，但我们之间却没丝毫感伤或情感的暗示。也许持怀疑态度的人会觉得难以置信，但事实就是如此。有了布达佩斯的经历之后，我对情感的态度发生了巨大的变化，我真的相信我已经结束了那个阶段，今后将只献身于我的艺术。现在，考虑到我是按照《米洛斯的维纳斯》的线条塑造的，这当然有点令人吃惊，我今天也有同感。虽然看起来很奇怪，但在那次残酷的觉醒之后，我的感官沉睡了，我不渴望任何情感感受，我的艺术是我生活的中心。

我在维也纳卡尔剧院再次取得了成功。观众一开始对十名希腊男孩组成的"祈援人合唱团"反应很冷淡。演出结束时，我跳起了《蓝色多瑙河》，观众们的反应很热烈。演出结束后，我发表了一个演讲，解释说这个结果并不是我想要的，我想表现的是希腊悲剧的精神。我们必须复兴合唱团的美感。但观众们还是喊道："不，不要这样。跳吧，跳美丽的《蓝色多瑙河》，再跳一次。"他们一遍又一遍地鼓掌。

就这样，我们赚了一笔钱，离开维也纳，重返慕尼黑。我的希腊合唱团在慕尼黑的知识分子圈引起了巨大的轰动。伟大的富特文格勒教授（德国指挥家、作曲家）开了一次讲座，探讨了希腊教会的拜占庭研究者配乐的希腊赞歌。

　　大学的学生对此非常兴奋。事实上，我们美丽的希腊男孩们大获成功了。而我要独自一人表演五十个达那俄斯的女儿，我觉得自己难以胜任，经常在演出结束时发表演说，解释我表现的不是我自己，而是五十个少女。我独自一人，感到一种可怕的悲伤，但请耐心等待，我很快就会组建一所学校，让五十个少女来替代我。

　　我们的希腊合唱团在柏林的反响没那么好。尽管慕尼黑一位杰出的教授科尼利乌斯专程前来介绍他们。但柏林的观众和维也纳一样，喊道："哦，跳好看的《蓝色多瑙河》！别管什么复兴希腊合唱团了。"

　　在此期间，希腊小男孩们意识到他们因与当地环境格格不入发生了一些变化。我曾多次接到我们酒店老板的投诉，说他们举止不雅，脾气暴躁。他们似乎一直向酒店索要黑面包、黑橄榄和生洋葱。如果这些食物没有出现在日常菜单上时，他们就会对服务员大发雷霆。甚至把牛排扔到他们头上，用刀攻击他们。好几家高级酒店都拒绝让他们入住，我被迫在我柏林公寓的前厅房间里摆上十张小床，让他们和我们住在一起。

　　在我眼里，他们还是孩子。所以每天早上我们都会郑重地带着他们去蒂尔加滕公园散步，而且都要像古希腊人一样穿着凉鞋，服饰也要穿希腊风格的。一天早晨，伊丽莎白和我走在这支奇怪队伍的前面，我们遇到了骑马的德国皇后。她非常震惊，在下一个转弯处，她从马上摔了下来。因为这匹普鲁士骏马也从未见过这样的场面，所以它惊慌失蹄了。

这些迷人的希腊孩子只和我们在一起待了六个月，然后，我们不禁注意到，他们天籁般的声音开始走调了，甚至连崇拜他们的柏林市民也开始惊慌地一个看着一个。我继续勇敢地扮演在宙斯的祭坛前祈福的那五十个达那俄斯的女儿，但表演的难度越来越大，尤其当希腊男孩们唱得越来越差，而他们的拜占庭学者似乎越来越心不在焉。

这位学者对拜占庭音乐的认识似乎越来越模糊。他似乎把所有的热情都留在了雅典。他缺席排练的次数越来越多，时间也越来越长。有一天，警察当局通知我们，说希腊男孩们经常光顾廉价小餐馆，结交了一些这个城市最不三不四的同胞。

而且，自从他们到柏林后，他们就彻底失去了夜晚在狄奥尼索斯剧院表演拥有的那种天真和天堂般孩童的表情。他们都长高了半英尺，而且他们在《祈援人》里的合唱跑调越来越严重。再也不能用这是拜占庭音乐作为他们跑调的借口了——听上去简直太可怕了。于是，有一天，我提心吊胆地和他们协商后，把他们都带到沃特海默大百货商店。给矮男孩买了现成的漂亮灯笼裤，给高个子男孩买了长裤，然后打车把他们送到火车站，给了每人一张去雅典的二等座，和他们道别。他们离开后，我们推迟了复兴古希腊音乐的计划，重新开始研究克里斯托弗·格鲁克（德国歌剧作曲家）的《伊菲吉妮娅和奥菲厄斯》。

起初我认为舞蹈是一种合唱的形式，或者是一种团体的情感表达方式。就如我努力向观众表现达那俄斯的女儿们的悲伤一样，我也用舞蹈来表现《伊菲吉妮娅和奥菲厄斯》里少女们在柔软的沙滩上玩着金球的样子。在陶里斯，悲伤、恐惧的流亡者不情愿地跳舞，还有希腊同胞和受害者的血祭的场面。我特别希望能带出一支舞蹈交响乐团，他们早已存在在我的脑海中。在舞台的金色灯光下，我的伙伴们洁白柔美，她们有着有力的手臂、摇摆的脑袋、敏捷的四肢、充满活力的身体。她们环围绕着我。在《伊菲吉妮娅和奥菲厄斯》的结尾，陶里斯的女仆们为俄瑞斯忒斯的获救在酒神节欢欣鼓舞。当我跳起这些欢快的回旋曲时，我感觉到她们手自主地放在我的手中，她们的小身体在我的拉扯和摇晃下随着圆舞曲的节奏越来越快、越来越疯狂。最后，当我在狂喜中倒下时，我看到他们：

> 在长笛声中，沉醉于美酒
> 在林荫下独自狩猎

现在，每周我们家（维多利亚大街）举办的沙龙成了艺术和文学狂热爱好者的活动中心。在这里有很多关于舞蹈是一门艺术的有洞见的讨论。德国人对每一次艺术讨论都非常认真，并能给出最深刻的看法。我的舞蹈引起了激烈的讨论，所有的报纸都整个版面地报道我。有的称赞我是发现新艺术的天才，有的斥责我是真正经典舞蹈（即芭蕾舞）的破坏者。我表演的时候，观众总是异常兴奋和快乐。演出结束后，回到住处。夜深人静时，我会穿着我的白色外袍，放一杯牛奶在身旁，翻阅康德的《纯粹理性批判》。天知道我是怎样从中获得灵感，创作出我所追求的纯粹的美的动作的。

在经常光顾我们家的艺术家和作家中，有一位年轻人，他高额头，戴眼镜，目光很敏锐，他说他的使命就是为我介绍尼采的才华。他说："只有尼采能让你充分展现你所追求的舞蹈表现力。他每天下午都来给我读德文版的《查拉图斯特拉如是说》，会给我解释所有我不理解的词句。尼采哲学深深地俘获了我。卡尔·费德恩每天给我讲几个小时的尼采，让我如此着迷，以至于我的经理催促我去在汉堡、汉诺威、莱比锡等地进行的短期巡回演出时，我都十分不情愿。他说，在那些城市，有很多好奇激动的观众和马克在等我。虽然他经常要我世界巡回演出，但我不希望如此。我想要学习，继续我的研究，创造一种当时还不存在的舞蹈和动作，

而且萦绕着我整个童年的学校梦变得越来越强烈。想待着继续学习的愿望让我的经纪人非常绝望。他不断地恳求我去巡演，总是来找我，痛苦地哭喊，拿报纸给我看。报纸上说，在伦敦还有其他地方，大家争相模仿我的幕布设计、服装，还有舞蹈。这些模仿大受欢迎，还被誉为创新。对此，我内心毫无波澜。但快到夏天时，我宣布夏天的整个演出季都要待在拜罗伊特，从理查德·瓦尔纳音乐真正的源头①去欣赏他——他终于爆发了。一天，我收到了理查德·瓦格纳遗孀的邀请信，让我下定了去拜罗伊特的决心。

我从未见过像瓦格纳的夫人这样如此令人深刻印象的女人。她身材高挑、仪态端庄，她有一双美丽的眼睛、高鼻梁（对一个女性来说或许太高了）、散发着智慧的光芒的前额。她精通所有最深奥的哲学，她对大师的每一句话、每一个音符都了然于心。她以最具鼓励和最令人愉悦的方式向我谈起了我的艺术，然后又向我谈起了理查德·瓦格纳对芭蕾舞学派的舞蹈和服装的厌恶；他最神往的是酒神节和克林佐尔的六名女妖；这个演出季，柏林芭蕾舞团将要在拜罗伊特

① 1876年，理查德·瓦格纳创办了德国最重要的音乐节——拜罗伊特音乐节。

演出，这肯定不是瓦格纳想看到的。然后她问我是否愿意在《唐豪瑟》的演出中跳舞。但困难就在这里，以我的艺术追求，我不可能与芭蕾舞团有任何关系。芭蕾舞团的每一个动作都在挑战我对美的认知，在我看来，芭蕾舞的表现形式太过机械和庸俗。

我回复道："啊，为什么我梦寐以求的学校还没有建起来，要是建起来的话，就可以为您带来瓦格纳梦寐以求的仙女、精灵、森林之神和美惠三女神。可是我一个人又能做什么呢？尽管如此，我会来的，我会尽力表现出美惠三女神的美好、轻柔和性感。"

ISADORA DUNCAN

第十五章　再次坠入情网

在5月某个美好的一天，我抵达了拜罗伊特，住进了黑鹰酒店。其中一个房间足够大，于是我放了一架钢琴。瓦格纳夫人每天都会邀我共进午餐或晚餐，或是去瓦恩弗里德别墅①共度夜晚。瓦恩弗里德别墅招待客人的场面很豪华，每天至少有15人前来共进午餐。高贵的瓦格纳夫人坐在主位，处事得体。她的客人里有德国最伟大的思想家、艺术家和音乐家，还有公爵、公爵夫人和各国的皇室成员。

如今，理查德·瓦格纳的墓地就在瓦恩弗里德别墅的花园，从图书馆的窗户就能看到。午餐后，瓦格纳夫人挽着我的胳膊走到花园里，绕墓地一圈。我们散着步，瓦格纳夫人用甜美、忧郁、带有神秘希望的语气和我交谈。晚上经常有四重奏，每种乐器都是由著名演奏家来演奏。汉斯·里希特伟岸的身躯、卡尔·穆克瘦削的侧影，迷人的莫特尔、洪佩尔丁克和海因里希·托德，当时的每一位艺术家在瓦

---

① 瓦恩弗里德别墅：如今是瓦格纳故居所在地。

恩弗里德别墅都被同样地热情招待。

能被接纳，我感到非常自豪。我穿着我小小的白色短袍，与一群如此卓著和耀眼的人物相处。我开始研究《唐豪瑟》，它表现了一个"头脑"所有狂热的感官层面的渴求——因为这场酒神节之夜总是在唐豪瑟的脑海里进行。森林之神、仙女和维纳斯封闭的天然洞穴就是瓦格纳密闭的心灵空间。瓦格纳不断渴望感官上的释放，他发现这一切只能在他的想象中实现，对此，他感到愤怒。

关于这个酒神节①，我写过：我只有一些不模糊的想法，大多数舞者之后都被这疯狂的音乐所俘获，跟着节奏像旋风一样极速旋转，内心流淌着梦幻般的性感和狂喜。如果仅凭我的力量，如果我也用勇气创作类似的作品，那肯定是因为这一切都源于我纯粹的想象力。这些都只是唐豪瑟在维纳斯的怀中沉睡时的幻境。

为了实现这些梦，用一个手势引领千百只伸展的手臂，一个昂起的头就能表达狂热的骚动。而这骚动正是对《唐豪瑟》血液中燃烧的激情的表达。

在我看来，《唐豪瑟》的音乐要表现的是不满足的欲望、疯狂的欲求、热烈的柔情——总之，是世间欲望的全部呼喊。

这一切能被表达出来吗？这些幻象不是只存在于作曲家炽热的想象中吗？存在能清晰表达这种幻境的形式吗？

为什么要做这种无谓的努力？我不是要实现它，我只是要表现它。

当这些可怕的欲望无法被抑制之时，当它们冲破一切障碍，像不可抗拒的洪流一样向前奔涌时，我就会用迷雾笼罩全场，让每个人在

---

① 歌剧开始时，唐豪瑟正在参加维纳斯堡的酒神节。

看不见的情况下，都能以自己的方式，不经意地在想象中走向完美结局：这能超越一切实景。

在这爆发和毁灭之后，在完成的过程中摧毁成就，在这一切之后，便是平静。

美惠三女神表现了爱欲满足之后的平静、慵懒。在唐豪瑟的梦中，她们交错着各自出现，又集体现身合而为一，然后再次分离。她们歌唱对宙斯的爱。

她们讲述着宙斯的冒险经历，讲述着欧罗巴乘风破浪的故事。她们的头因为爱而靠在一起。她们被征服了，就像淹没在勒达与白天鹅的爱中，于是她们命令唐豪瑟在维纳斯雪白的怀抱中安息。

有必要把这些幻象都用象征物再现吗？难道你不愿意在朦胧的空间里看到欧罗巴？她一只纤细的手臂搂着大公牛的脖子（她把神按在自己身上），向她的同伴们挥手，同伴们从河岸上呼唤她，她们做最后的道别，你不想看到这一幕吗？

难道你不会更想看阴影中被天鹅的翅膀半遮半掩的莱达在要被吻时浑身发抖？

你或许会说："是的，那你为什么在这里呢？"答案很简单："我可以指路。"

在山上的红砖砌的寺庙里，我每天从早到晚，参加了所有的排练，为的是第一场演出。《唐豪瑟》《尼伯龙根的指环》《帕西法尔》——我一直沉醉在这些音乐里。为了更好地理解，我背下了所有歌剧的文本。就这样，我的脑海里装满了这些传奇故事，瓦格纳的旋律让我的灵魂震颤。我达到了一种境界——所有的外在世界都显得冰冷、虚幻，不真实，对我来说唯一的真实是剧院里发生的一切。有一天，我饰演金发的齐格琳德，躺在她哥哥西格蒙德的怀里，充满生机的春日之歌被唱响。

"春天，爱之舞，舞出爱。"

顺便说一句，美国丧尽天良的审查官为什么一直把它秃鹫的爪子伸向这么迷人、这么"不道德"的主题？

接下来，我饰演的布伦希尔特，因失去戈德海德而哭泣。我还扮演了在克林索尔的咒语下狂乱咒骂的昆德丽。但最难得的体验是我感觉到灵魂飞升，同时盛着圣血的圣杯让我颤抖。这样的魅力！啊，我真的忘记了蓝眼睛，智慧的雅典娜和她在雅典山上的完美神庙。拜罗伊特山上的另一座神庙，以其魔法的回响完全超越了雅典娜的神庙。

黑鹰旅馆拥挤不堪，很不舒适。有一天，我在路德维希二世修建的冬宫花园里闲逛时，发现了一座建筑精美的古老石屋。这是侯爵的狩猎小屋，很古老。小屋里有一个宽敞、布局精巧的客厅，古老的大理石台阶通向一个浪漫的花园。这座房子年久失修，里面住着一大家子农民，他们已经在这里住了二十年左右。我给了他们一大笔钱，让他们把房子租给我，至少让我租到夏天。

然后，我让油漆工和木工把内墙刷成淡绿色，飞到柏林订购了沙发、坐垫、藤椅，还有一些书。最后，我得到了"菲利普静室"，因为它作为狩猎小屋时，叫作"菲利普静室"，后来我一直觉得应该叫它"海因里希的天空"。

现在我独自一个人在拜罗伊特。母亲和伊丽莎白在瑞士避暑，雷蒙德回到了他心爱的雅典，继续建造柯帕诺斯，他经常给我发电报，上面写着："挖井进展顺利，下周肯定有水。请汇款。"这种情况一直持续到柯帕诺斯的支出累计数目庞大到让我瞠目结舌的地步。

布达佩斯之后的两年里，我一直过着贞洁的生活，但奇怪的是，我又回到了处女状态。我的细胞、大脑和身体都沉浸在对希腊和理查德·瓦格纳的热情中。我睡得很浅，醒来时唱着前一天晚上学习的主题。但是，爱情又一次让我苏醒了，虽然情形与上次完全不同了。也许，是同一个爱神戴上了另外一副面具。

我和我的朋友玛丽住在菲利普静室，因为没有仆人的房间，于是贴身男仆和厨师住在附近的一家小旅馆里。一天晚上，玛丽叫我："伊莎多拉，我不是想吓你，但是你来窗口看。每天午夜过后，对面那棵树下面，一直站着一个人，盯着你的窗口看，我担心是居心不良的小偷。"

果然，一个瘦小男人站在树下，正看着我的窗户。我吓得发抖，突然，月亮出来了，照亮了他的脸。玛丽抓住我，我们都看到了海因里希·托德仰起头，一脸的兴奋。我们从窗口退了回来。我承认，我们像中学女生一样咯咯笑起来了，这也许是一开始对恐惧的反应。

"他就这样每晚站在这里，都一周了。"玛丽悄悄说。

我让玛丽等着。我穿上大衣，套上睡衣，轻手轻脚地跑出家门，直奔海因里希·托德站立的地方。

"亲爱的、我忠诚的朋友，"我说，"你这样爱我吗？"

"是的，我……"他结结巴巴地说，"你是我的悲剧，你是我的圣克拉拉。"

当时我还不知道，但后来他告诉我，他当时正在写他的第二部巨著，内容是圣方济各的生平。托德和所有伟大的艺术家一样，生活在对自己作品的瞬间想象中。此时此刻，他是圣方济各，把我想象成了圣克拉拉。

我拉着他的手，轻轻地把他拉上楼，拉进了别墅，但他就像在梦中一样，用充满祈求、闪着光芒的眼睛看着我。回应他的目光时，我突然有种飞升的感觉，仿佛和他一起穿越天国，又像走在闪耀着光芒的路上。我从未感受过如此美妙的爱的狂喜。我的生命因此被改变，我的生活因此充满了光。目光对视了一段时间后，我感到虚弱和晕眩，我所有的感官都在失灵，带着一种很难形容的完美幸福感，我晕倒在他的怀里。我醒来时，他那双美妙的眼睛依然盯着我。他轻轻地说：

"在爱的光芒中，我低下了头。在爱的光芒中，我低下了头！"

我再次体验到飞向天际的那种超自然、虚无缥缈的感觉。托德向前倾身，亲吻我的眼睛和额头，但这亲吻不是任何尘世的源于激情的亲吻。尽管某些怀疑论者难以相信，但事实确实如此。无论是这一夜，直到黎明我们分手，还是之后他每次来找我，都没有对我有过任何世俗之举。他的眼睛总是闪着光，看着他的眼睛，我周围的一切就都消失了，我的灵魂插上翅膀，和他一起在星空中飞翔。我也不想从他那里得到任何世俗情感的表达。我沉睡了两年的感官终于感受到了飘飘欲仙的喜悦。

拜罗伊特的排练开始了。我和托德坐在昏暗的剧院里，聆听《帕西法尔》，前奏的第一个音符响起时，我的每一根神经都能感觉到强烈的愉悦，他的手臂轻轻碰我一下，就会让我恶心和晕眩，还带着甜美的、折磨人的、痛苦的快感。这种感觉就像光的无数个漩涡。我感觉自己的喉咙在抽动，高兴得快哭出来了。我经常感觉他手指轻轻地压在我的嘴唇上，抑制我无法控制的叹息和轻微的呻吟，让我安静下来。我身体里的每一根神经仿佛都达到了转瞬即逝的爱的高潮。嗡嗡声此起彼伏，我几乎不知道这是完全的喜悦还是可怕的痛苦。兼而有之吧，我渴望与安福塔斯一起呼喊，和昆德丽一起尖叫。

每天晚上，托德都会来菲利普静室。他从未像一个情人那样抚摸我，甚至从未试图脱掉我的外衣，从未以任何方式抚摸我的乳房或身体。尽管他知道我身体的每一寸都只属于他。我没有意识到在他的注视下，我的情感被唤醒了。这种感觉是如此令人狂喜和强烈，以至于我常常感到窒息、昏厥，然后在迷人的目光的注视下中再次醒来。他完全占据了我的灵魂，似乎只有凝视着他的眼睛，我才会渴望死亡，这种感觉不像在尘世的爱情那样寻求任何满足或是放松，而总是疯狂地渴求。

我完全不想吃饭，不想睡觉。只有《帕西法尔》的音乐让我泪流满面，让我能从爱得要死要活的状态中抽离出来。

海因里希·托德的精神意志如此强大，他可以随时从狂喜和极乐中抽离出来，只要他愿意，他就能投入纯粹理性的怀抱好几个小时，他和我谈论艺术时，有点像布里埃尔·邓南遮。托德在某种程度上长得有点像邓南遮，他身材矮小，大嘴巴，有一双奇怪的绿色眼睛。

他每天都给我带来他的《圣方济各》的部分手稿。他会给我朗读他写的章节内容。他还为我朗读了但丁的整部《神曲》。朗读花了很长时间，从白天到晚上，直到黎明。他经常在日出之时才离开菲利普静室。他像个醉汉一样摇晃着离开，尽管他在朗读时只是喝了水来润嘴唇，摇晃是因为他已沉醉于他那至高的智慧的神圣本质。一天早晨，他正要离开，忽然惊恐地抓住了我的胳膊：

"我看到瓦格纳夫人过来了！"

果然，在清晨的阳光下，瓦格纳夫人出现了。她面色苍白，我以为她在生气，但事实并非如此。前一天，我们关于我在《唐豪瑟》(狂欢部分)中的"美惠三女神"的舞蹈要表达什么产生了争论。

　　那天晚上，无法入睡的瓦格纳夫人就去翻看理查德·瓦格纳的遗物，在他的手稿中发现了一个小本子，上面有一段话，比迄今为止发表的任何文章都更准确地阐明了他对酒神节狂欢舞蹈的看法。

　　这位亲爱的女士等不及天一亮就来告诉我我是对的。不仅如此，她还激动地颤抖着说："我亲爱的孩子，你肯定是受到了大师本人的启发。看看他写了什么，简直和你的想法如出一辙。以后，我不会再干涉，你就自由地在拜罗伊特跳舞吧。"

　　我想，就是此刻，瓦格纳夫人有了一个想法，也许我应该嫁给西格弗里德·瓦格纳，和他一起继承大师的衣钵。事实上，虽然西格弗里德·瓦格纳和我之间有友爱，但他一直是我的朋友，从来没有任何暧昧的表露。至于我，我整个人都沉浸在对海因里希·托德的超凡之爱中，当时我还没有意识到，我并没有意识到这种结合对我来说有什么意义。

　　我的灵魂就像一个阿波罗、狄奥尼索斯、基督、尼采和理查德·瓦格纳争夺地盘的战场。在拜罗伊特，我游走在维纳斯山和圣杯之间，我被瓦格纳的音乐吸引、占据、席卷。有一天，在瓦恩弗里德别墅的午餐会上，我平静地宣布：

　　"大师犯了一个和他的天赋一样大的错误。"

　　瓦格纳夫人惊愕地看着我，全场陷入了冰冷的沉默。

　　"确实如此，"我继续说，带着属于年轻人的非凡自信说道，"这位伟大的大师有一个严重的错误。音乐剧才是真正的罪恶。"

又是越来越令人感到不安的沉默。我进一步解释说："戏剧就是言语。言语诞生于人类的大脑，音乐是吟唱狂喜。期待两者的结合，简直让人难以想象。"

我已经说出这样的亵渎之词，就只能如此了。我天真地环顾四周，大家的脸上写满了意味深长或惊慌失措的表情。我又继续说了站不住脚的话："人必须先说话，然后唱歌，再跳舞。但说话的是大脑，思考的是人。唱歌是情感，舞蹈是能带走一切的狄奥尼索斯的狂喜。无论如何，这些都混为一谈的话，音乐与戏剧不可兼得。"

我很庆幸自己年轻的时候，人们还不像现在这样自我意识很强烈，也不像现在这样憎恨生活和享乐。在《帕西法尔》的开场白中，人们安静地喝着啤酒，但这并不影响他们的智识和精神生活。我经常看到伟大的汉斯·李斯特安静地喝着啤酒、吃着香肠。

这并不影响他后来成为半神一样的指挥家，也不影响他和周围的人进行最具思想和精神意义的交谈。

在那个时代，瘦弱不等于精神的贫乏。人们意识到人的精神是向上的，是通过巨大的能量和活力展现出来的。大脑不过是身体过剩的能量。身体就像章鱼一样会吸收它所遇到的一切，并把自己认为不需要的部分交给大脑。

拜罗伊特的许多歌唱家身材高大，但当他们张开嘴时，他们的声音就会传到精神和美的世界里，那里住着永恒的神灵。这就是为什么我坚持认为这些人对自己的身体毫无知觉。对他们来说，身体可能只是巨大能量和力量的面具，用来表达他们神一样的音乐。

第十六章　灵魂之爱

在伦敦时，我在大英博物馆读过恩斯特·海克尔①作品的英译本。他能清晰明了地解释宇宙的各种现象，让我印象深刻。我给他写了一封信，对他的书令我印象深刻表示感谢。信中一定有什么内容让他感兴趣，因为后来我在柏林跳舞时，他给我回了信。

　　当时恩斯特·海克尔因为自由言论被德皇流放，不能来柏林，但我们一直保持通信。我在拜罗伊特时，我写信邀请他来参加音乐节。

　　在一个下雨的早晨，当时还没有汽车，于是我坐上一辆双马的敞篷马车去车站接他。这位伟人从火车上走下来，虽然年过六十，他身材魁梧，体格健壮，头发花白——胡须也是。他穿着古怪松垮的衣服，背着一个毛毡旅行包。我们之前从未见过面，但一眼就认出了对方。我立刻被他发现——我的脸埋在他的胡子里。他立刻抱住了我，胡子覆盖在我脸上。他整个人散发着健康、充满力量和智慧的味

_____

① 恩斯特·海克尔（1834—1919）：生物学家、博物学家，同时也是艺术家和哲学家。

道——如果智慧是一种味道的话。

他和我一起来到菲利普静室，我们给他的房间摆满了鲜花。然后，我匆匆赶往瓦恩弗里德别墅，向瓦格纳夫人报喜，告诉她伟大的恩斯特·海克尔来了，他是我的客人，他要来听《帕西法尔》。令我惊讶的是她对此非常冷淡。我没有意识到，瓦格纳夫人床头的十字架和挂在床头柜上的念珠并不仅仅是装饰品，她真的是一个经常去教堂的天主教徒。他写了《宇宙之谜》，自是坚持达尔文的理论，也是达尔文之后最伟大的反传统者。所以他在瓦恩弗里德别墅并没有受到热情的招待。我用天真而直接地方式表达了海克尔的伟大和我对他的崇敬。瓦格纳夫人很不情愿地给了他——我一直觊觎的瓦格纳包厢中的位置，因为她视我为她非常亲密的朋友，不愿意拒绝我。

那天下午幕间休息时，我穿着希腊长袍，裸着腿脚和恩斯特·海克尔手牵手出现观众面前，他满头白发，又加上身材高大，显得很突兀。观众们满脸惊讶。

在《帕西法尔》的演出中，海克尔很沉默。直到第三幕，我才明白，所有这些神秘的激情并不能吸引他。他的思维过于科学化，感受不到传说的魅力。

由于瓦恩弗里德别墅没有邀请他用餐，没有盛情款待他，我便萌生了为他举办恩斯特·海克尔节的想法。我邀请了一大批名流显贵，包括当时正在拜罗伊特访问的保加利亚国王费迪南德和萨克森·迈宁根公主，这位公主是德皇的妹妹，是一位心胸非常开阔的女性，还有罗伊斯的亨利公主、洪佩尔丁克、托德等。

我发表了赞美海克尔伟大的演讲，然后为他跳了一支舞。海克尔评价了我的舞蹈，把它比作自然界所有的普遍真理。他说这是一元论的表现，因为它的源头是唯一的、进化的方向是唯一的。

著名男高音歌唱家冯·巴里唱了一首歌。我们吃了晚饭，海克尔开心得像个孩子。我们吃着喝着，一直唱到天亮。

虽然如此，第二天早晨，像往常一样，他和太阳一同醒来，来到我的房间，邀请我同他一起散步到山顶。我承认，我并不像他那样热衷于此。但散步很美妙，因为他对路上的每一块石头、每一棵树和每一个地层发表见解。最后，到了山顶，他就像半神一样站在那里，用一种完全赞许的目光观察着大自然的杰作。他背着画架和颜料盒，画了许多林木和山石的草图。尽管一定程度上他是个优秀的画家，但他的作品自然缺乏艺术家的想象力，从这些作品中能看到的是科学家娴熟的观察力。我并不是说恩斯特·海克尔不懂得欣赏艺术，而是对他来说，艺术只是自然进化的另一种表现形式。当我向他谈起我们对帕台农神庙的热情时，他很想知道大理石的品质、来自哪个地层，及其在彭特利库斯山的位置，而不是听我赞美菲狄亚斯的杰作。

一天晚上，在瓦恩弗里德别墅，有人宣布保加利亚国王费迪南德到访。每个人都站起来，有人悄悄提醒我站起来，但我非常民主，仍然优雅地躺在雷卡米耶夫人坐的那种沙发上。很快，费迪南德问我是谁，并向我走来。在场的其他王室成员对此都很反感。他坐在了我旁边，最有趣的是，他立刻开始谈起他对希腊古物的热爱。我告诉他我的梦想是建立一所学校，复兴古代世界。他大声说："这个想法很好，你一定要来我在黑海的宫殿里办你的学校。"

我在晚餐时问他是否愿意演出结束后的某一晚，到菲利普静室和我共进晚餐，这样我就可以向他充分解释一下我的理想。他欣然接受了邀请。他信守诺言，与我们在菲利普静室度过了一个迷人的夜晚。

我也因此学会了欣赏这位非凡的男性，他是诗人、艺术家、梦想家和真正的皇家智者。

我有一位像德皇一样留着小胡子的管家。费迪南德的来访给他留下了深刻印象。他端来盛有香槟和三明治的托盘，费迪南德说："不，我从不喝香槟。"但当他看到标签时，"哦，酩悦香槟①是让人愉悦的法国香槟。我曾在这里因喝德国香槟中毒。"

费迪南德到菲利普静室做客时，我们只是一起坐了坐，谈论了一下艺术，但也在拜罗伊特引起了骚动。因为费迪南德一行是在午夜登门的，事实上，我没有做任何特别的事情，因此令人震惊。

菲利普静室有许多沙发、靠垫、玫瑰色的灯具，但没有椅子。有些人认为这是一座不道德的寺庙，尤其是因为伟大的男高音歌唱家冯·巴里经常受到启发，彻夜高歌，而我则起舞。在村里人的眼里，这里是名副其实的女巫之家，把我们正常的狂欢说成"可怕的纵欲"。

拜罗伊特有个叫"猫头鹰"的酒店，这些人整晚唱歌喝酒，但人们认为无伤大雅。因为他们的举止得到了大家的理解，还因为他们穿着普通的衣服。

在瓦恩弗里德别墅，我见到一些年轻的军官，他们邀请我早上和他们一起骑马。于是，我穿着希腊长袍和凉鞋上马，不戴帽子，让一头卷发随风飘扬，就像布伦希尔特。因为菲利普静室与剧院距离较远，于是我从一位军官那里买了一匹马。我参加了《布伦希尔特》所有的排练。因为是军官的马，这匹马习惯了马刺，很难驾驭。当它发现是它和我独处时，就会给我使各种绊子。它会停在路上的每个酒馆

_____

① 酩悦香槟：法国著名香槟产区。

门口（因为军官们习惯喝酒），四只蹄子倒在地上，一动不动，直到它的前主人的一些朋友从酒馆笑着走出来，陪我继续赶路。你可以想象，当我终于来到剧院出现在所有观众面前时，引起了多大的轰动。

《唐豪瑟》的首场演出上，在一群穿着粉红色袜子的芭蕾舞中间，我穿着透明外衣，观众可以看清我舞动身体的每一个部位，因此引起了一阵骚动。最后，连可怜的瓦格纳夫人也失去了勇气。她派她的一个女儿带来一件白色衬裙来我的包厢找我，恳求我在极薄的披肩（我的戏服）下穿上这件白色衬裙。但我拒绝了，我要按自己的方式穿衣和跳舞，否则就拒绝表演。

"你会看到，用不了多少年，所有的酒神女祭司和克林佐尔的六名女妖都会像我这样打扮。"这个预言后来应验了。

但当时，人们对我的美腿争论不休——我露出光滑的皮肤是否道德，是否应该穿上可怕的鲑鱼色丝绸紧身衣。我曾多次声嘶力竭地抨击这些鲑鱼色紧身衣是多么粗俗和下流，受美感激发的裸露的人体又是多么的美丽纯洁。

所以，我在这里，是一个十足的异教徒，和这些庸俗之人战斗。

然而，在这里，一个异教徒即将因圣方济各的崇拜之爱而狂喜，心也被捕获了。根据银号角的仪式，圣杯即将升起。

夏日在这个奇幻的传说世界里渐渐逝去，最后的日子来了。托德去巡回演讲了，我也为自己安排了一次德国巡回表演。

我离开了拜罗伊特，但我的血液里有剧毒。我听到了塞壬的呼唤。渴望的痛苦、萦绕心头的悔恨、悲壮的牺牲、以爱召唤死亡的主题——从此以后，陶立克圆柱和苏格拉底的理性智慧在我的脑海里越来越模糊。

我的第一站是海德堡。在那里，我听了海因里希的课。他用时而温柔时而激动地向学生讲述艺术，讲课的过程中，他突然说出我的名字，并开始对这些男孩讲述一个美国人给欧洲带来的新的审美形式。他的赞美让我感到幸福和自豪。那天晚上，我为学生们跳了舞，他们组成长长的队伍穿过街道。游行结束后，我发现自己站在托德酒店的台阶上，托德就站在我旁边，我和他一起分享我成功的喜悦。所有海德堡的年轻人都像我一样崇拜他，每家商店的橱窗里都挂着他的照片，每家商店都摆满了关于我的薄薄的书——《未来之舞》，我们的名字不断被联系在一起。

托德夫人接待了我。她是一个善良的女性，但在我看来，她不及海因里希的高度。她太过世俗，成为不了海因里希的灵魂伴侣。事实上，在他生命的最后时刻，他离开了她，与小提琴家彼达·皮佩一起住进了加尔德宫的一座别墅。托德夫人的眼睛，一只是棕色的，另外一只是灰色的，这让她常常看上去好像很不安的样子。后来，有一场著名的家庭诉讼，焦点在于她到底是理查德·瓦格纳还是冯·比洛的孩子。无论如何，她对我非常好，如果说她有什么嫉妒之心的话，也并没有表现出来。

任何一个嫉妒托德的女人，都会让自己的一生就像在经历中国酷刑。因为每个人都崇拜海因里希，不论性别，他是每个聚会的磁场中心。如果要问嫉妒都包括什么，那就有趣了。

虽然我和海因里希共度了无数个夜晚，但我们之间并没有发生性关系。尽管如此，他让我的整个身体都变得敏感起来，以至于仅仅碰触一下，或是一个眼神，就能让我感受到最强烈的愉悦和爱，就像人在梦中感受到的真切的愉快。我想，这种状态太不正常了，不可能持续下去，而且我后来开始厌食，还出现了一种奇怪的晕眩感，让我的舞蹈越来越飘忽。

这次旅行中，我独自一人，但有女仆陪同。终于，只要在夜里有海因里希呼唤我的感觉，第二天肯定能收到他的信。大家开始担心我怎么消瘦了，并对我令人费解的憔悴模样指指点点。我吃饭没有胃口，夜里失眠，经常整夜整夜地醒着。我那灵活的、发热的双手，在我的身体上游走，似乎有成千上万的魔鬼控制了我，我试图挣脱或是找到出口，但却徒劳无功。我不断地看到海因里希的眼睛，听到他的声音。在这样的夜晚，我常常在极度痛苦的绝望中起身，凌晨两点坐上火车，跨越半个德国，只为能在他身边待上一个小时，然后独自一人再次踏上回程，面对更大的折磨。他在拜罗伊特给我带来的精神上的狂喜逐渐变成一种令人恼怒的控制不了的欲望。

我的经纪人给我带来一份前往俄国的合同，这种危险的状态从而结束了。从柏林到圣彼得堡只有两天的路程，但跨过边境，就仿佛进入了一个完全不一样的世界。从那时起，我看到的是巨大的雪原和广袤的森林。冰冷的积雪——反射着光芒，绵延不绝——似乎能为我发热的头脑降温。

海因里希！海因里希！他又回到了海德堡，给漂亮的男孩讲解米开朗琪罗的《黑夜》及其杰作《圣母》。而我却离他越来越远，来到了一片广大的土地。这里冰天雪地，只有贫穷的村庄（伊斯巴斯），被冰霜覆盖的窗户闪着微弱的光芒。我还能听到他的声音，但越来越微弱。最后，维纳斯山撩人的音乐、昆德丽的哀号和安福塔斯痛苦的呼喊都凝结成一个透明的冰球。

那天晚上，在卧铺车厢里，我梦见自己赤身裸体地从窗户跳进雪地里，被冰冷的臂膀拥抱、滚动，直到冻成冰。弗洛伊德会怎么解读这个梦呢？

ISADORA DUNCAN

第十七章　前往俄国

当人们拿起晨报，读到20个人在铁路事故中丧生（这些人前一天肯定不会想到会发生这样的事情）或是整个城镇被海啸、洪水摧毁，那他就不可能会相信天意或是命运的指引。既然如此，为什么还要如此荒唐地自负，幻想有一个神灵在指引渺小的自己呢？

然而，在我的生活中，有些事情如此不寻常，让我时常不得不相信宿命。比如，那趟开往圣彼得堡的火车没有按计划在下午四点到达，而是被雪堆挡住了去路，于是晚点了20个小时，直到第二天早上四点才到。没人来车站接我，室外温度零下十度，我从未经历过这么冷的天气。俄国的车夫们走得很慢，用戴着手套的拳头拍打自己手臂，来维持血液通畅。

我把行李留给女仆，坐上了一辆单匹马车，让车夫把我送到欧罗巴酒店。就这样，在俄国漆黑的黎明，我独自一人前往酒店。

我突然看到了可以和爱伦坡（美国作家）笔下的恐怖相较的一幕。一支长长的队伍从远处走来，黑压压一片，气氛沉重。他们弯着腰，抬着一个又一个的棺材前行。马车夫放慢了马速，弯下腰，在胸前画十字。天蒙蒙亮，这幅景象让我太恐惧了，我问他这是怎么回事。虽然我不懂俄语，但他还是让我知道这些人就是前一天在冬宫前被枪杀的工人。前一天，也就是不幸的1905年1月5日，手无寸铁的他们向沙皇求救，只是想让妻儿能有面包吃。我让马车夫停车。这支悲伤的、没有尽头的队伍从我身边经过时，我的眼泪顺着我脸颊往下流，在脸上被冻住。但为什么要在黎明下葬呢？因为天亮后下葬，可能会引起更多流血，这种场面不可以在白天的城市里上演。我哽咽了，我义愤填膺地看着这些可怜的悲痛欲绝的工人们抬着殉难者的尸体。如果不是火车晚点12小时，我永远没有机会看到这一幕。

啊，令人感到哀痛的黑夜

没有一丝黎明的征兆

啊，蹒跚前行队伍里，都是悲伤

人们满脸痛苦，流着眼泪

一双手因劳作而干枯

裹着黑色披肩，强忍着

在死者身旁

他们呜咽着、呻吟着

监视者不自然地跟在两边前行

如果我从未见过它，我的生活将完全不同。在这次没有尽头的队伍和悲剧面前，我发誓我的力量要为这些大众——这些被压迫的大众服务。现在看来，我个人的爱欲和痛苦是多么渺小和无用！甚至我的艺术也是如此无用，无法帮助他们。终于，悲伤的送葬队伍从我们身边走过，远去。马车夫转过身来，看我在哭，他满脸惊讶。他又一次在胸画了十字，强忍着叹了口气，赶着马向酒店走去。

到了豪华的房间后，我倒在不作响的床上，哭着睡着了。但是，那个黎明的怜悯、令人绝望的愤怒在我的人生中生根发芽。

欧罗巴酒店的房间很大，天花板很高。窗户是密封的，从未打开过。空气通过墙上高高的通风口流通。我很晚才醒来。我的经理带着鲜花来找我。很快，我的房间里摆满了鲜花。

两天后的晚上，在圣彼得堡的贵宾礼堂，我出现在名流显贵面前。那些看惯了华丽的芭蕾舞剧和芭蕾舞剧奢华的装饰和布景的人，看着一个身着网状长袍的年轻女孩，在简单的蓝色幕布前，随着肖邦的音乐翩翩起舞，舞出她的灵魂，舞蹈出她理解的肖邦的灵魂！然而，刚跳完第一支舞，观众席就掌声雷动。我的灵魂渴望并承受着前奏的悲壮音符，我的灵魂向往并反抗着波洛奈兹舞曲的雷鸣。想到黎明送葬队伍中的殉难者，我因义愤填膺而哭泣。我的灵魂唤醒了那群富裕、娇生惯养的贵族听众，他们给了我热烈的掌声。多么奇特！

第二天，我接待了一位特别迷人的小姑娘，她裹着貂皮大衣，耳朵上戴着钻石，脖子上是珍珠项链。令我惊讶的是，她说她就是伟大的舞蹈家玛蒂尔德·克舍辛斯卡雅①。她代表俄国芭蕾舞团来向我问候并邀请我参加当晚在歌剧院举行的盛大演出。我已经习惯了拜罗伊特芭蕾舞团对我的冷淡和敌意，他们甚至在我的地毯上撒上大头针，

---

① 玛蒂尔德·克舍辛斯卡雅（1872—1971）：第一个能连续完成32个挥鞭转的俄国芭蕾舞女演员，曾是末代沙皇尼古拉二世和罗曼诺夫皇族两位大公的情人。

让我的脚都被扎破了。受到芭蕾舞团这种礼遇，让我既欣慰又震惊。

当晚，一辆豪华马车接我前往歌剧院，车厢里铺满了昂贵的皮草，非常暖和。我被带到歌剧院的一个一等包厢，里面满是鲜花、糖果，还有三个典型的圣彼得堡纨绔子弟。我还穿着那件白色的长袍和凉鞋，在这群圣彼得堡名流中间，我一定显得非常怪异。

我是芭蕾舞的敌人，我认为芭蕾舞是一种虚假而荒谬的艺术。事实上，它超出了所有艺术的范畴。但当克舍辛斯卡雅精灵般的身影在舞台上轻快地飞舞时，我无法不为她鼓掌。她就像一只可爱的小鸟或蝴蝶，而不是人类。

幕间休息时，我环顾四周，周围都是世界上最美丽的女人，身着华丽的低胸礼物，浑身都是珠宝，同样穿着华贵的男士护卫在旁。所有这些奢华与前一天黎明的送葬队伍形成鲜明的对比，让人难以理解。这些面带微笑的幸运者与普通人有什么关联吗？

演出结束后，我被邀请到克舍辛斯卡雅的宫殿里共进晚餐。在那里，我见到了迈克尔大公。听到我说我要为普通大众的孩子建一所舞蹈学校，他有些惊讶。我看起来一定是个完全无法理解的人，但他们都非常友好并慷慨地款待了我。

几天后，迷人的巴甫洛娃①登门拜访，我再次去了一个包厢，看她迷人的芭蕾舞剧《吉赛尔》。虽然舞蹈的动作违背了所有的艺术和人类情感，但我再次忍不住由衷地为她喝彩。这晚，她在舞台上起舞时，像一个飘忽而敏锐的幽灵。

---

① 巴甫洛娃（1881—1931）：出生于圣彼得堡，20世纪初芭蕾舞坛的一颗巨星，为芭蕾做出了无法估价的贡献，素有"芭蕾女皇"之称。

巴甫洛娃家没有克舍辛斯卡雅的宫殿那么奢华，但同样漂亮，我在这里享用了晚餐，坐在画家巴克斯特和贝努瓦中间，第一次见到了谢尔盖·佳吉列夫。我与他热烈地讨论了我对舞蹈艺术的看法，以及我对芭蕾舞的反对。

席间，画家巴克斯特为我画了一小幅素描，画中的我表情严肃，一头卷发垂在一侧，一副多愁善感的样子。这幅画现在在他的作品集中可以看到。古怪的是，巴克斯特能预知未来，那天晚上他看了我的手相。他看到我的手掌有两条横线，他说："你会名气很大，但会失去你在世上最爱的两个人。"当时这个预言对我来说是个谜语。

晚饭后，不知疲倦的巴甫洛娃又跳起舞来她的朋友们都非常开心。尽管我们离开时已经是凌晨五点了，她邀请我当天早上八点半来——如果我想看她的作品的话。三个小时后，我赶到了她家（我承认我当时很累），她穿着薄纱裙站在横梁前练习，正在进行最严格的体操训练。一位拉小提琴的老先生在一旁计时，并提醒她要更加努力。这位老先生这就是著名的大师佩蒂帕斯。

整整三个小时，我坐在那里，看着巴甫洛娃令人惊叹的表演，既紧张又困惑。她就像用钢铁和松紧带制成的，她美丽的脸庞有着殉道者般硬挺的线条，她一刻都未停止。这种训练似乎是要把身体动作与内心彻底分离，这种严格的肌肉训练根本不关注内心。

我认为身体应该变得透明，应该成为思想和精神的媒介，我要创办的舞蹈学校要遵循的是这一理论。和芭蕾舞完全背道而驰。

快12点了，大家都准备吃午餐了，但是巴甫洛娃脸色苍白地坐在餐桌旁，几乎不碰食物和酒。我承认我饿了，吃了不少波扎尔斯基肉饼。巴甫洛娃把我送回酒店，然后继续去参加皇家剧院无休止的排练。疲惫不堪的我躺在床上呼呼大睡，暗自庆幸命运眷顾我，没有让我成为一名芭蕾舞演员。

第二天，我也在八点钟起床（简直不可思议）去参观帝国芭蕾舞学校。我看到所有的小学生都站成一排，在做那些让人备受折磨的训练。他们用脚尖站立，一站就是好几个小时，就像那些残酷、多余的宗教裁判的受害者一样。空荡荡的大型舞蹈房，没有任何美感，也无法激发人的灵感。唯一的装饰物是墙上挂着沙皇的大幅人像浮雕，这里简直就像一间刑讯室。在我看来，帝国芭蕾舞学校更像自然和艺术的敌人。

在圣彼得堡待了一周后，我去了莫斯科。一开始，莫斯科的观众没有圣彼得堡的观众那样热情。但我要引用伟大的斯坦尼斯拉夫斯基说过的一段话：

大约是在1908年或1909年间，我记不清具体日期了。我认识了当时两位伟大的天才，他们都给我留下了非常深刻的印象。

一位是伊莎多拉·邓肯，另一位是戈登·克雷①。我是偶然去了伊莎多拉·邓肯的舞蹈表演会的，在此之前，我对她一无所知，也没有看到过她要来访莫斯科的宣传。因此，我非常惊讶地发现，在为数不多的观众中，很大一部分是以马蒙托夫为首的艺术家和雕塑家，还有许多芭蕾舞艺术家、许多首演爱好者和剧院奇趣爱好者。邓肯的首演并没有给人留下深刻的印象。我不习惯看到舞台上一个几乎裸体的

---

① 戈登·克雷（1872—1966）：英国著名演员、导演、舞台设计家和戏剧理论家。现代剧场艺术理论的先驱，邓肯生命中最重要的男人之一。

舞者，我很难关注和理解舞蹈艺术。第一个节目结束后，台下响起了零散的掌声，还有怯生生的口哨声。但继续看了几个表演后，其中一个特别惊艳，我再也无法对观众的抗议无动于衷，开始率先鼓起掌来。

中场休息时，我成了这位伟大艺术家新的追随者，跑到舞台前去鼓掌。我高兴的是，我发现旁边站的是马蒙托夫，他和我一样的动作。马蒙托夫旁边还站着著名的艺术家、雕塑家和作家。普通观众看到莫斯科著名的艺术家和演员在鼓掌，感到有点不解。嘘声停了，当观众看到有人在鼓掌，于是大家都开始鼓掌了，随后是谢幕，演出结束时，全场掌声雷动。

之后，邓肯的每场表演，我都去看。我经常去看她的表演，是因为我对艺术的觉知和她的艺术相通。后来，当我熟悉了她的舞蹈方式以及她伟大的朋友克雷的思想，我才意识到不同种族的人、不同领域的人在艺术中可能寻求一样的与生俱来的创作理念。他们一见面就会对他们理念的共同之处感到惊喜。我们这次见面正是如此，我们几乎在开口说话之前就理解对方。在邓肯第一次到访莫斯科时，我没有机会结识她。但第二次，她来我们剧院，是我们的贵宾。这次接待从私人活动变成了集体活动，因为剧院的人都知道这位艺术家，也喜欢她。

邓肯不太会有逻辑地、系统性地谈论她的艺术。她的想法都是灵光乍现，来自最意外的日常生活。例如，当她被问到是谁教她跳舞时，她回答：

"忒耳普西科瑞①。我从学会站立的那一刻起就开始跳舞了，我一生都在跳舞。人类，全人类，整个世界，都必须跳舞。过去如此，将来也是如此。但是人们对此干涉过多，不愿去理解大自然赋予我们的天生的需求，这无疑是揠苗助长。"最后，她用独特的美式法语说"就这样"。还有一次，在谈到她刚刚结束的一场演出时，在化妆室准备下一场表演时，有人进来打断她。她解释说：

"我无法那样跳舞。在登台之前，我必须给我的灵魂装上一个发动机。当它开始运转时，我的四肢和整个身体就会不受我的意志支配运作起来。但如果我没有时间安装发动机，我就无法跳舞。"

当时，我一直在寻找这种极具创造力的发动机。演员在登上舞台之前，必须学会将其放进自己的灵魂。显然，我的问题让邓肯感到厌烦了。我从她的演出和排练中观察她。情感变化前，她的表情会先发生变化，她闪着光的眼睛是她内心深处的窗户。回想起我们偶然间对艺术的讨论，对比我们的艺术，我清楚地意识到，我们在不同的艺术形式中寻找的却是相同的东西。我们谈论艺术的过程中，邓肯不断提到克雷，她认为克雷是一位天才，是当代戏剧界最伟大的人物之一。

"他不仅属于他的国家，而且属于整个世界，"她说，"他必须生活在最有机会施展他的天赋的地方，生活在工作条件和整体氛围最适合他的地方。你们的艺术剧院最适合他。"

我知道她给他的信里多次提到我和我们剧院，她还建议他来俄国。而我，也建议剧院的管理层邀请这位伟大的舞台导演前来访问。他会为我们的艺术注入新的活力，为我们的面团中加入更多的酵母。

---

① 忒耳普西科瑞：希腊神话中的九位缪斯之一，主司舞蹈。

在我们看来，我们的剧院好不容易终冲破横在面前的一堵隐蔽的墙。我必须公正地对待我的同事们。他们像真正的艺术家一样讨论了这个问题，最后决定，为了我们的艺术要不惜血本。

就像芭蕾舞让我充满恐惧一样，斯坦尼斯拉夫斯基剧院让我激动不已。我每天晚上都去剧院，剧院的所有人都对我很热情，我觉得我不是一个人在跳舞。斯坦尼斯拉夫斯基经常来看我，他认为只要他和我深度沟通，就能把我的舞蹈转化成一个新的舞蹈流派，在他的剧院演出。

但我告诉他，我的舞蹈是从儿童时期开始的。之后我再次去莫斯科，看到他的剧院里，一些跳舞的年轻漂亮的女孩跳得很差。

斯坦尼斯拉夫斯基整天都在剧院里忙于排练，所以他习惯在演出结束后来看我。在他的书中，他谈到了与我的谈话："我想我的问题一定让邓肯感到厌烦了。"不，他没有让我厌烦。我当时迫不及待地想兜售我的想法。

事实上，俄国多雪，寒冷的气候和食物，尤其是鱼子酱，完全治好了我因为对托德的精神之爱而引起的消瘦。现在，我整个身心都渴望接触强大的人。当斯坦尼斯拉夫斯基站在我面前时，我意识到他就是这样的人。

一天晚上，我看着他。他身材健硕，宽肩膀，一头黑发，鬓角有点发灰。我忽然有了一种想要反叛的欲望，已经不想再扮演埃格里亚这个角色了。当他准备离开时，我把双手放在他的肩膀上，然后勾住他有力的脖子，把他的头拽向我，亲吻他的嘴唇。

他温柔地回应我，但他看上去非常惊讶，似乎这是他最不愿意看到的。当我想更进一步时，他开始后退，惊恐地看着我喊道："可我们该拿孩子怎么办？""什么孩子？"我问道。"什么？当然是我们的孩子，我们该拿孩子怎么办？你看，"他继续用深沉的语气说，"我坚决不同意我的孩子在我的管辖范围之外成长，但我的现在的家庭不会接受他的。"

他对这个孩子异常严肃的态度简直让我难以忍受。我突然大笑起来，他面露苦色地看了看我，匆匆走下酒店的走廊，离开了。晚上，我忍不住每隔一段时间就笑一会儿。但是，尽管我在笑，我还是很恼怒，也很生气。有些有教养的男士在与很有见识的女性会面后，会戴上帽子，匆匆离去，跑去一些名声不好的场所，这是为什么呢，我想我这时已经明白了。身为女人，我不能做这样的事情，所以我辗转反侧地过了一夜。第二天早上，我洗了一个俄式浴，交替出现的热蒸汽和冷水治愈了我。

然而，我在克舍辛斯卡雅的包厢中里遇到的那些年轻人，他们为了能和我做爱不惜付出一切，但他们一说话就让我感到厌烦，甚至会让我欲望全无。我想这就是所谓的"智性恋"。当然，哈雷和托德都是可以给我启发，有文化的人，和他们交往之后，我再也无法忍受纨绔子弟了。

许多年后，我把斯坦尼斯拉夫斯基的这个故事讲给他的妻子听，她听后大笑着惊呼道："啊，他就是这样的，特别严肃！"

我可能是主动的一方，得到甜蜜的吻，但除此之外，我被无情而坚决地拒绝了，这是毫无争议的。斯坦尼斯拉夫斯基在剧院演出结束后没有再冒险来我的住处，但是有一天，他用敞篷雪橇带我去乡下的一家餐馆。我们在一个包厢里共进午餐，让我非常高兴。我们喝了伏特加和香槟，谈论了艺术，我终于认识到大概只有喀耳刻能攻下斯坦尼斯拉夫斯基的道德堡垒。

我经常听说年轻姑娘们开始从事戏剧行业时，会面临可怕的危险。但是我的读者可以从我迄今为止的职业生涯中看到，恰恰相反，我的崇拜者只会敬畏、尊敬和钦佩我。

在莫斯科之行结束后，我短暂地到访基辅。成群结队的学生站在剧院前的广场，不让我离开。他们请求安排一个只有我一个人的独舞演出，这样他们就可以看我的表演了，剧院的票价对他们来说太昂贵了。我离开的时候，他们还在那里表示对经理不满。我站在雪橇上和他们说话，说如果我的艺术能激励俄国的知识青年，我会感到非常自豪和开心，因为世界上没有任何一个地方的学生能像俄国的学生一样如此热爱理想和艺术。

由于之前的约定，我必须回柏林，第一次访问俄国的行程被迫中断。回柏林前，我签订了一个春天再回俄国的合约。第一次到访俄国的时间虽然很短，但还是给我留下了相当深刻的印象。有很多我的支持者和反对者之间的争论，一位芭蕾舞的原教旨主义者和一位邓肯的狂热爱好者之间还发生了一场决斗。正是从那时起，俄国芭蕾舞团开始选用肖邦和舒曼的音乐，并开始穿希腊服装，一些芭蕾舞演员甚至脱掉鞋子和长袜。

ISADORA DUNCAN

第十八章　创办学校

我回柏林是为了我长久以来办学校的梦想，此事刻不容缓。我把这些计划告诉了我的母亲和姐姐伊丽莎白，她们和我一样激动。我们立即着手为未来的学校找房子。我们一向雷厉风行，这次也不例外。不到一周，我们就找到位于格吕内瓦尔德特劳登大街的一栋别墅。我们像格林童话里的人物一样，去了韦特海默购物中心买了四十张小床，每张床都围着白色的薄纱窗帘，用蓝色的丝带系着。我们要把这里打造成一个真正的儿童乐园。在大厅中央，我们摆放了一个亚马逊女战士的复制品，尺寸是真人的两倍。在宽敞的舞蹈教室里，摆放着卢卡·德拉·罗比亚①的半浮雕和多纳泰罗雕刻的舞蹈儿童。他们的睡衣是蓝白色的，还有同样是蓝白色、戴着水果花环的圣母和圣婴——这是卢卡·德拉·罗比亚的作品。

---

① 卢卡·德拉·罗比亚（1400—1482）：意大利雕塑家，以其色彩斑斓、上了锡釉的兵马俑雕塑而闻名。

摆满了各种理想化的关于儿童的艺术作品，包括展现跳舞的儿童浮雕和雕塑，还有书籍和绘画，因为这些作品展现的是各个时代的画家和雕塑家梦想中的儿童形态。希腊花瓶上的儿童舞蹈画，塔纳格拉和维奥蒂亚的小人儿，道纳太罗的一组儿童舞蹈雕塑——这是一首洋溢着喜悦的儿童的旋律，还有托马斯·庚斯博罗的儿童舞蹈画。

所有这些形象的造型和动作天真优雅，表现出博爱，就像不同时代的孩子，超越时空，彼此手拉手。我学校里的孩子们在这些形象的环绕下移动和跳舞，一定会越来越像他们，他们的动作和表情也会不自觉地流露出几分欢乐，以及孩童般的优雅。

这将是他们变美的第一步，也是迈向新舞蹈的第一步。

我还在我的学校里放了年轻女孩跳舞、奔跑、跳跃的塑像——斯巴达年轻的姑娘们，在体育馆接受严格的训练，为的是有一天成为英勇战士的母亲；那些身姿矫健的跑步者，每年都会获奖；美丽的陶俑，面纱飞扬，衣裙飘飘；在雅典娜节上手拉手跳舞的少女。她们是我们学生的理想形象，学生从她们身上去学习、感受亲密和爱，越来越像她们。她们代表着未来的理想，学生们在学习中会对这些形式产生深厚的感情。每天都会变得与她们更相似，每天更加深刻地领悟到这种和谐的神秘，因为我热切地相信，只有唤醒美的意志，才能获得美。

此外，为了达到我所期望的和谐，他们每天都要做一些练习。但这些练习是基于他们的个人意愿的，因此他们都能愉快、主动地完成练习。人不是手段，而是目的（康德语）。目的就是每一天都可以幸福完满。

体操是所有体育教育的基础。要让身体吸收充足的空气和阳光，也要能掌控身体的发育；要激发和释放出身体所有的能量。这就是体操教师的职责。之后是舞蹈。舞蹈会流进身体，和谐地壮大，释放所有能量，直抵它的精神。对于体操运动员来说，运动和身体本身就是目的，但对舞蹈来说，这些只是手段。因此，身体本身必须被遗忘，它只是一种工具，经过协调并恰当地运用，舞蹈动作并不像体操那样只表现身体的动作，而是通过身体表达情感和思想。

这些日常练习的本质是使身体在成长的每一个阶段，都能尽可能地成为表达完美与和谐的工具。这种和谐经由万物的发展和变化，随时准备流向为其准备好的存在。

练习一开始是对肌肉进行简单的体操训练，为的是提高肌肉的柔韧性，也让肌肉有力。在这些体操练习之后，才是舞蹈的第一步：学习简单、有节奏的走步或行进，随着简单的节奏慢慢移动，之后是随着更复杂的音乐走步；然后是跑，一开始慢慢地跑，再在节奏的某一时刻慢慢地跳。通过这样的练习，学生学会了声音音阶的音符，从而也就学会了运动音阶的音符。因此，这些音符可以在最多样、最微妙的和声中充当中间人的角色。此外，这些练习只是他们学习的一部分。孩子们总是自由着装，穿着好看的服装，在树林里、在散步途中蹦蹦跳跳、跑来跑去，直到他们学会用动作来表达自己，就像其他用语言或歌声表达自己的人一样。

他们的学习和观察的对象并不仅限于艺术形式，而是首先要观察大自然的活动。云的随风飘动、树木的摇曳、鸟的飞翔、树叶的翻动，对他们来说都具有特殊的意义。他们要学会观察每种运动的特质。他们要在灵魂深处感受到一种神秘的依恋，让他们可以窥见大自然的秘密，不为他人所知，因为他们柔韧的身体的各个部位，在经过训练后，都可以应和大自然的旋律，与大自然一起歌唱。

为了招生，我们在各大报纸上声称伊莎多拉·邓肯学校欢迎有舞蹈天赋的孩子入校。我们要把学生培养成这种艺术的门徒。这种艺术是我希望成千上万的普通民众的孩子能学习的艺术。当然，没有充分的筹谋、资金和组织的情况下，贸然开办这所学校，可以想象，是多么轻率的举动。这让我的经理心烦意乱。他不断为我策划世界巡演，而我一直在坚持自己：先是在希腊待了一年，他说那是浪费时间；现在，为了收养和训练他认为不会成功的孩子，我全面停止了我的职业生涯。我们热衷的其他事业也都是最不切实际、不合时宜的冲动之举。

雷蒙德从柯罗诺斯发来的消息越来越令人震惊。水井花的钱越来越多。每周找到水的可能越来越小。阿伽门农宫本身需要投入的钱增长到如此可怕的地步，最后，我不得不放弃了。柯罗诺斯一直是山上一座美丽的废墟。自那以后，希腊革命者的各个派系都把它当作堡垒。如今，它仍然屹立在那里，也许是未来的某个希望。

我决定集中所有资源，为世界青年创办一所学校，我选择了德国，我当时认为德国就是哲学和文化的中心。

成群结队的孩子们响应了这一号召。我记得有一天，我看完日场电影回来，发现街上挤满了家长和他们的孩子。德国马车夫转身对我说："住在那里的一个疯女人在报纸上登了一则公告，说她非常想要孩子。"

我就是那个"疯女人"。我还不知道我们如何挑选这些孩子，我急于招满40名学生，所以我没有严格筛选，仅仅可能因为他们笑容甜美或是有双漂亮的眼睛，就可能被我选中。我没有问自己他们是否有成为未来舞蹈家的能力。

比如，有一天在汉堡，一个戴着高帽子、穿着礼服的男人，抱着一个用披肩裹着的包袱走进我酒店的客厅，他把包袱放在桌子上，我打开包袱，一双警惕的大眼睛盯着我。她是一个四岁左右的孩子，也是我见过的最安静的孩子。她没有出声，也没有说话。这位先生本人似乎非常着急，他问我愿不愿意带走这个孩子，几乎等不到我回应就要走。我感觉他和孩子长得很像，这也许就是他想要保密和匆忙离开的原因。由于我一向不太会深谋远虑，于是我同意留下孩子，然后他就消失了，之后再未曾露面。

把一个孩子留在我的手上，好像她是一个玩偶一样，真的太奇怪了。在从汉堡到柏林的火车上，我发现她发高烧了，扁桃体严重发炎。到达格吕内瓦尔德后的三个星期里，在两名护士和出色的医生霍法的帮助下，她与死神展开了殊死搏斗。霍法医生对我的学校充满热情，甚至愿意无偿服务。

霍法医生经常对我说："你办的不是学校，而是一所医院，这些孩子都有遗传病，你会发现要让他们活下去都必须非常小心，更不用说教他们跳舞了。"他是一位著名的外科医生，收费很高，但他是最伟大的慈善家，他花光了所有财产，自费在柏林郊外开办了一家医院，专门收治贫困儿童。从我们学校开办之日起，他就自愿担任我们的校医和外科医生，负责与孩子们的健康和学校的卫生有关的一切事务。事实上，如果没有他不懈的帮助，我永远也不可能让这些孩子们健康、融洽地成长。他高大健壮、面色红润，笑容和蔼可亲，是一位好医生，所有的孩子都和我都喜欢他。

选拔学生、组建学校、开发课程，安排他们的起居占据了我们所有的时间。尽管我的经理提醒，说我的舞蹈作品的抄袭版在伦敦和其他地方大受欢迎，但没有什么能让我离开柏林。每天从五点直到七点，我都在教这些孩子们跳舞。

孩子们取得了惊人的进步，我觉得他们能健康成长得益于霍法医生提出的理性的素食建议。他认为，无论如何，若要有利于教育，那么饮食中就要有新鲜蔬菜和大量水果，但不能有肉。

当时，我在柏林的受欢迎程度几乎令人难以置信，他们称我为圣母伊莎多拉。甚至有人传言，生病的人被带进我的剧院，病就好了。每个日场，人们都能看到奇怪的一幕：病人被用担架抬进来。我一直穿一件小小的白色短袍，光脚穿着凉鞋。我的观众怀着绝对虔诚的狂喜的心情来看我的表演。

一天晚上，我演出结束，在回家的路上，一群学生把我的马从马车上卸下来，拉着我穿过著名的西格大道。在路中央，他们让我演讲。我从双人四轮折篷马车里站起来——当时还没有汽车，对这些学生说：

"没有比雕塑更伟大的艺术了。但你们这些热爱艺术的学生，为什么允许这样残酷的暴行发生在这个城市里？看看这些雕像！如果你们真的是艺术系的学生，你们今晚就会拿起石头毁了它们！艺术？这些是艺术？它们是德皇的美梦。"

学生们赞同我的观点，大声支持我。要不是警察来了，我的愿望可能已经实现了——摧毁柏林那些可怕的雕像。

ISADORA DUNCAN

第十九章　未婚生子

1905年的一个晚上，我在柏林跳舞。跳舞时，我通常不会去注意观众——在我看来，他们总是像一些代表仁慈的伟大神灵——但这天晚上，我注意到了前排的人。我并没有去看，也没有看到是谁，但我意识到他的存在了。演出结束后，一个英俊的男人走进我的包厢。但他非常生气。

　　"你真了不起！"他惊呼道，"你真是太棒了！但你为什么偷了我的创意？你从哪里弄来我的布景的？"

　　"你在说什么？这是我自己的蓝色布景。我五岁起就自己设计了这个蓝色布景，而且从那时起，我就一直用它作为我跳舞的布景。"

　　"不！这是我的布景和创意！但在我的想象里，站在这个布景前面的就是你。你实现了我所有的梦想。"

　　"可是你是谁？"

　　然后他说出了这些美妙的词句：

"我是埃伦·特里的儿子克雷^①。"

埃伦·特里，我心目中最完美的女人，埃伦·特里！

"你一定要去我家共进晚餐，"我那毫无戒心的母亲说，"既然你对伊莎多拉的艺术这么感兴趣，你一定去我家和我们共进晚餐。"

于是克雷去了。

他非常兴奋，想给我们分享他关于艺术和梦想的所有想法。

对此，我非常感兴趣。

但是，我母亲和其他人一个接一个的都困了，找了各种借口去睡觉了，于是就剩我们两个了。克雷开始讲他对剧院艺术的看法。他还会用手势来表达他的艺术。

忽然，他换了个话题说：

"你在这里做什么？你，一个伟大的艺术家，为什么在这样的家庭里生活？这太荒谬了！是我看见了你、创造了你，你属于我的布景。"

克雷身材高大修长，他那张脸会让人想起他美丽的母亲，但他的五官更加精致。虽然他很高，但是有些女性特质，尤其是他的嘴巴，薄而敏感。和他童年照片上的金色鬈发相比，如今他头发的颜色更深了。伦敦观众太熟悉埃伦·特里的金发小男孩了。他的眼睛近视得很严重，眼镜后面闪烁着钢铁的火焰。他有一种近乎女性般柔弱的气息，只有他的手，手指粗而尖，大拇指像猿猴的一样很方正，天生很有力量。他总是笑着说他的拇指可以行凶——"可以噎死你，亲爱的！"

---

① 克雷：戈登·克雷。

我像被催眠了一样，任由他把我的斗篷披在我白色的短袍外面，他拉着我的手，我们飞快地下了楼梯，来到大街上，然后他叫了一辆出租车，用最标准的德语说："我和我的妻子，我们要去波茨坦。"

　　好几辆出租车拒载我们，但是最后，我们还是找到一辆车去波茨坦。到了黎明时分，我们到达目的地，车停在一家刚开门的小旅馆中。我们喝了点咖啡，太阳高升的时候，我们返回了柏林。

　　我们大概在9点，到了柏林，然后我们就在思考接下来干什么。我们不能去见我的母亲，所以我们去见了一个叫埃尔西·德·布鲁尔的朋友，她是个波希米亚人。她非常贴心地招待了我们，给我准备了炒鸡蛋和咖啡。同时她也很理解我们，让我在她卧室睡觉，之后我一直睡到了傍晚。

　　克雷带我去了他位于柏林一栋高楼顶层的公寓，这里的地板是黑色打蜡的，上面散落着玫瑰叶——人造玫瑰叶。

　　一个英俊、有才华、成功的年轻人站在我面前，我突然被爱情点燃，带着蛰伏了两年、等待迸发的气质的全部吸引力，扑进了他的怀里。我感觉到了舒适，让我觉得值了。我遇到了我的肉中肉、我的血中血。他常常哭着对我说："啊，你是我妹妹。"

　　我不知道其他女性是怎样记住自己的情人的。可以靠着他的头、肩膀、手等，然后描述他的着装。但对我来说，我总是去见他，就像去他公寓的第一晚，当他那白皙、柔软、发光的身体就像蜕去衣服的蛹，他所有的光芒照耀着我，让我晕眩。

　　恩底弥翁也是如此，当他第一次被戴安娜闪闪发光的眼睛发现时，他高大、纤细、白皙。雅辛托斯、纳西索斯，和聪慧勇敢的珀尔修斯也是如此。他看不起来不像凡间青年，更像布莱克笔下的天使。

我的眼睛还没被他的美貌迷住前就被他吸引、缠绕、融化。就像火焰相遇，我们在一团明亮的火焰中燃烧。这里，终于有了我的伴侣、我的挚爱、我自己——因为我们不是两个人，而是一个，就如柏拉图在《会饮篇》中所描述的同一个灵魂被分成两半了。

这不是一个年轻男性和一个女孩做爱，这是孪生灵魂的相遇。覆盖在肉体上的光芒因狂喜而变化，那世俗的激情变成白色天堂充满炽热激情的拥抱。

有些快乐是如此纯粹和完美，让人无法承受。啊，为什么我燃烧的灵魂没有在那个夜晚找到出口飞出去，就像英国艺术家布莱克笔下的天使，穿过我们地球的云层，飞向另一个世界？

他的爱年轻、新鲜而强烈，但是他绝非纵欲之人，但他宁愿在欲望满足之前就停止，把炽热的激情转化成艺术的魔力。

他的公寓没有沙发、没有安乐椅，也没有食物。那天晚上，我们睡在地板上。他身无分文，我也不敢回家要钱。我在这里待了两周。我们想吃东西时，他会用信用卡点外送，而我会躲在阳台上，等送餐的人走后，再出去吃东西。

我可怜的母亲跑遍了所有的警察局和大使馆，说有个无耻的人把她女儿拐跑了，而我的经纪人则因为我的突然失踪而焦急万分。我失去了大批观众，没有人知道发生了什么事。然而，有报纸自作聪明地刊登了一则公告，大意是伊莎多拉·邓肯小姐因扁桃体发炎而病重。

两周后，我们回到了我母亲家。说实话，尽管我有疯狂的激情，但我还是有点厌倦睡在硬邦邦的地板上，整天只能吃熟食店里东西，要吃其他的只能天黑后出门。

克雷出现在母亲面前时，她喊道："卑鄙的引诱者，滚出去！"

她发疯似的嫉妒他。

克雷是我们这个时代最杰出的天才之一，他就像雪莱一样，是火焰和闪电。他是整个现代戏剧潮流的启蒙者，他确实未曾积极参与实际的舞台生活，他置身事外地去做梦，而他的梦启发了现代戏剧中的一切美好。没有他，就不会有莱恩哈特、雅克·科波、斯坦尼斯拉夫斯基。如果没有他，我们还停留在古老的现实主义布景中——树上的每一片叶子都闪闪发光，所有房屋的门都在开开关关。

克雷是一个出色的伴侣。他是我见过的少数几个一整天都亢奋的人之一。从喝第一杯咖啡，他的想象力就会燃烧起来，焕发光芒。和他一起在街上散步，就像在古埃及底比斯的长廊里与一位高高在上的大祭司漫步。

不知道是不是因为他高度近视，他总会突然停下脚步，拿出铅笔和纸板，盯着一座令人生畏的德国现代建筑的范本——新艺术实践的房子，他解释，说它是多么漂亮，然后就开始狂热地绘制草图，完成品就像埃及丹德拉的神庙。

他总是饶有兴致地画他在路上看到的一棵树、一只鸟或一个孩子。和他在一起，没有一刻是沉闷的。他总是沉浸在极度喜悦中或是陷入另一种极端——当他沉浸在这种极端情绪中时，整片天空似乎都暗下来了，空气中弥漫着一种突如其来的忧虑，人快要不能呼吸，被黑暗的愤怒包围。

不幸的是，随着时间的推移，这种黑暗的情绪出现得越来越频繁。为什么呢？主要是因为每当他说："我的工作，我的工作！"时，我都会温和地回答："哦，是的，你的工作。多好呀，你是个天才——但是，你知道，我也有自己的学校。"听到着，他的拳头会砸在桌子上："是的，但是我的工作。"我会回答："当然，你的工作很重要，你的工作是布景，但鲜活的人是最重要的，因为一切都是从人的心灵放射出来的。所以最重要的是我的学校，它培养活生生的人，其次才是你的工作，为人绘制完美的布景。"

这些讨论经常以雷鸣般令人沮丧的沉默结束。然后，我内心中的"女人"会醒来，感到担心："哦，亲爱的，我冒犯到你了吗？"他说："冒犯？哦，没有！所有女人都很讨厌，你就这样打扰了我的工作。我的工作！我的工作！"

他会砰的一声摔门离开，只有关门的声音才能让我从这可怕的灾难醒来。我会等待他回来，如果他没有回来，我会整个夜晚泪如雨下。这样的悲剧不断重复上演，最后，生活变得充满矛盾，让我束手无策。

我的命运是激发这位天才心中的伟大爱情，我的命运是努力平衡自己的事业与他的爱——两者不可能平衡！经过最初几个星期疯狂、充满激情的做爱之后，爆发了我们之间最严重的一次矛盾。在戈登·克雷的才华和我的艺术灵感之间有着深刻矛盾。

"你为什么还要去跳舞？"他常常问我，"你为什么要上台，在那里挥舞你的手臂？为什么不待在家里给我削铅笔？"

然而没人像克雷一样欣赏我的艺术，但是他的自尊心，他作为艺术家的嫉妒心不允许他承认任何女人真的可以成为艺术家。

我的姐姐伊丽莎白为格吕内瓦尔德学校成立了一个由非常杰出的柏林贵族妇女组成的委员会。当她们得知我和克雷的事情后，给我写了一封长信，措辞严厉地谴责我，声称她们是资产阶级社会的好市民，要停止对我们学校的赞助，因为这所学校的领导者道德感太低。

大银行家的妻子门德尔松夫人被选中作为代表来给我送这封信。当她拿着巨大的羊皮纸来到我面前时，她先是有点犹疑地看着我，之后突然哭了，把信扔在地上，抱住我哭着说："不要认为我也在这封可恶的信上签名了。可我也拿其他人没有办法，她们不再继续赞助学校了，她们现在只相信你的姐姐伊丽莎白。"

　　伊丽莎白有她自己的想法，但她没有公之于众，所以我知道这些女士的信条是只要没人知道就都是对的。这些人让我感到愤慨，我在爱乐交响乐团的大厅举办了一场关于舞蹈是解放艺术的特别讲座，以妇女有自由恋爱和生育的权利结束。

　　当然，有人会问："那孩子们怎么办？"那么，我可以说出许多非婚生的名人的名字，这并不妨碍他们名利双收。但是我问自己，一个女人怎么能和一个她认为太过卑鄙的男人结婚呢？要是发生争吵，他甚至不会抚养自己的孩子。如果在她眼里他是这样一个人，为什么要嫁给他？我想，真诚和相互信任是爱情的首要原则。无论如何，一个有自己工作的女性，付出巨大的精力，以牺牲健康作为代价，甚至冒着生命危险生下一个孩子，我肯定不会冒这样的风险——有一天，男人突然出现说孩子是他的，把孩子从我身边夺走，而我一年只能见孩子三次。

　　有一位非常睿智的美国作家，他的情妇问他："如果我们不结婚，孩子会怎么看我们？"他回答："如果你的孩子和我的孩子能问出这种问题，那我们也不必在乎他们对我们的看法。"

　　任何读过结婚协议的聪明女性，还愿意走入婚姻，就应该承担一切后果。我认为女性运动还不能被称为女性独立运动，除非号召废除婚姻制度。

这个讲座引起了很大的争议。一半的听众同意我的观点，另一半人嘘我，把手里的东西往台上扔。最后，不同意我的听众离开了现场，我和剩下的听众就女性的是非曲直进行了一场有趣的辩论。我们的辩论比今天的女性运动激进多了。

我还住在维多利亚大街的公寓里，伊丽莎白住到学校去了，母亲徘徊于两地之间。我的母亲，这位以非凡勇气承受所有贫困、不幸生活的人，觉得现在的生活非常乏味。也许因为她爱尔兰人的性格，享受不了奢华，也承受不了逆境，她的情绪变得极不稳定。事实上，她经常处于没有什么能让她高兴的状态。自从我们出国旅居以来，她第一次表达对美国的想念，说那里的一切——食物，还有其他——都更好。

我们想让她高兴，带她去了柏林最好的餐厅，问她："妈妈，您想吃什么？"她会回答："我要吃虾。"如果不是吃虾的季节，她就会开始喋喋不休地说连虾都没有的国家有多悲惨，拒绝吃其他食物。如果碰巧有虾，她又会抱怨说旧金山的虾有多好吃。

母亲性格的转变可能是由于她多年来一直生活在一心只为儿女的习惯性自我牺牲中。现在，我们沉浸在自己的兴趣里，和母亲疏远了。她意识到，她实际上把一生中最美好的时光都浪费在了我们身上，而自己却一无所有。我想很多母亲都是这样，尤其是美国的母亲。她这种犹疑的情绪越来越强烈，不断地表示希望回家，直到不久之后，她终于回去了。

格吕内瓦尔德那幢别墅里的四十张小床，总是出现在我的脑海里。命运充满神秘色彩，如果我早几个月遇到克雷，就不会有别墅，也不会有学校。在他身上，我感受到圆满，就不会再想创办学校了。

但现在，我童年时期这个梦想真的开始实现了，并且也是我的一个执念。

不久之后，我发现我怀孕了（百分之百肯定）。我梦见埃伦·特里出现在我面前，她穿着一件闪亮的礼服，就像她在《伊莫金》里的穿着一样。和她长得一模一样的金发小女孩，牵着她的手，用和她一样美妙的嗓音呼喊我："伊莎多拉，爱，爱……爱……"

那一刻，我知道，在孩子出生前，我将从幽暗的虚无世界中迎来什么。这样一个孩子来到人世，会给我带来欢乐和悲伤。

生与死！生命之舞的节奏！

神圣的信条在我的生命中歌唱。我继续在公众面前舞蹈，在我的学校上课，爱我的"恩底弥翁"（希腊神话中的美男子，此处指戈登·克雷）。但我把怀孕的消息告诉他之后，他不知所措地看着我："什么？又一个？"

我忘记他已经结婚，有四个孩子了。可怜的克雷自言自语道："人类就这样一直生育？"可怜的克雷坐立不安，不耐烦，不快乐，把指甲都咬破了，经常呼喊："我的工作。我的工作。我的工作。"

野蛮的天性总是干扰艺术，但我做了甜美的梦，因此备感安慰。后来又做了两次这样的梦。

春天到了。我拿到了去丹麦、瑞典和在德国的演出合同。在哥本哈根，年轻的女性们一脸聪慧、快乐的样子，她们长着黑色卷发，像男孩子一样，戴着学生帽，独自自由地走在街上。我感到非常惊讶。我从未见过如此美好的女孩。有人向我解释，说丹麦是第一个女性获得选举权的国家。

这次巡回演出完全是被迫之举，因为学校的开支越来越大。我花光了所有积蓄，已经身无分文。

斯德哥尔摩的观众对我非常热情。演出结束后，体操学校的姑娘们送我回酒店，在我的马车旁欢呼雀跃，表达她们见到我的喜悦之情。我参观了她们的体操学校，但并没有十分喜欢。在我看来，瑞典体操建立在静止不动的身体上，却没有考虑身体是鲜活的、流动的。此外，瑞典体操将肌肉本身视为目的，而不是将其仅仅视为机械框架、永无止境的成长的源泉。瑞典体操馆是身体文化的一个错误系统，因为它没有考虑到想象力，将身体视为物体，而不是至关重要的动能。

我参观了学校，并尽我所能向学生们解释了这一点。但是，正如我所预料的那样，他们并没有很理解。

在斯德哥尔摩时，我邀请了我非常敬重的斯特林堡（瑞典作家）来看我的演出，他回答，说他从来不去任何地方，因为他讨厌人类。我请他坐在舞台上，但他还是没有来。

在斯德哥尔摩的演出季很成功，之后我们乘船返回德国。在船上，我生了一场大病，我意识到最好暂时停止巡演。总之，我非常渴望独处，渴望远离人类的目光。

6月，在我的学校短暂地停留后，我强烈地渴望去海边。我先去了海牙，又从那里去了北海之滨一个叫诺德维克的小村庄。我在这里租了一栋白色的小别墅，名叫玛丽亚别墅。

我当时没有经验，以为生孩子是一个非常自然的过程。这栋别墅离最近的城镇也一百英里，于是我预约了一位乡村医生，无知的我当时对这位医生很满意，现在我觉得这位医生可能仅仅习惯服务于乡村女性。

从诺德维克到最近的村庄卡德维克大约有三公里。我独自一人住在这里,每天会往返于两地一次。我总是渴望大海,渴望一个人待在诺德维克,待在那幢白色的小别墅里,它矗立在绵延数英里的沙丘中,与世隔绝。6月到8月间,我一直住在玛丽亚别墅。

在此期间,我和伊丽莎白经常互相写信。我不在时,她负责管理学校。7月,我在日记中写下了学校的教学要求,制订了学校的教学计划,还编写了一个含五百个动作的普通舞蹈动作概略,这些训练会让学生从最简单的动作开始,直到掌握最复杂的动作。

我的小外甥女坦普尔在格吕内瓦尔德学校学习。她来和我一起度过了三个星期,她经常去海边跳舞。

克雷很烦躁。他总是来了又走。但我不再孤单。肚子里的孩子越来越能维护自己了。看着我美丽的大理石板的身体变得软塌、被损坏、被拉伸变形,太让我觉得陌生了。这是大自然不可思议的报复,我神经越来越紧张,大脑越来越敏感,一切慢慢变得痛苦。失眠的夜晚让人痛苦,但也有欢乐。

当我每天漫步在诺德维克和卡德维克之间的沙滩上时,一面是波涛汹涌的大海,另一面是高耸的沙丘伫立在荒芜的海滩上。我就感到一种无边无际的快乐。那片海岸上几乎总是有海风,有时是轻柔的微风,有时是快把我吹倒的强风。有时,风特别大,甚至吹得玛丽亚别墅整晚都在摇晃,就像一艘在海上航行的船。

我越来越恐惧社交。大家说的都是一些不痛不痒的话,怀孕的母亲几乎得不到尊重。有一次,我看到一个怀孕的女人独自走在街上,路人并不是敬重她,他们相视而笑,好像这个背负着即将到来的生命重担的女人是一个极好的笑话。

我闭门谢客，只见了一位可靠的好友，他骑着自行车从海牙赶来，给我带来了书籍和杂志，和我聊天，用最新的艺术、音乐和文学来鼓舞我。当时，他娶了一位伟大的女诗人，他经常怀着崇拜的爱意谈起她。他是一个有条理的人。他会在特定的日子里到访，哪怕是暴雨天也不能阻挡他。除了他会偶尔拜访，我大部分时间都是一个人和大海、沙丘还有孩子在一起。孩子似乎已经迫不及待地想来到这个世界了。

在海边散步时，我有时会感到自己的力量和才华无用武之地。

我也会想到这个孩子将属于我——只属于我一个人。但在其他日子里，天灰蒙蒙的，北海波涛汹涌。寒风袭来，我的心情会突然低落，我觉得自己就像一只可怜的野兽，掉进一个巨大的陷阱里，我挣扎着想要逃离。但是逃去哪里呢？也许甚至只是逃进愠怒的波涛之中。我挣扎着，勇敢地战胜了这种情绪，也从未让任何人怀疑过我的感受。但尽管如此，这种情绪还是不时会不可避免地袭来。我还感到大家都远离我。母亲似乎远在千里之外，克雷也离我异常遥远，他总是沉浸在他的艺术中。而我却越来越不关心我的艺术，全神贯注于这个落在我身上的可怕的、荒谬的任务，只能徒然接受命运的安排，变得喜忧参半了。

时间是多么漫长和煎熬。一天、一星期、一月，时间如此缓慢地流逝！我常常满怀希望和绝望地想起我童年时期、青年时代的朝圣之旅，我在遥远国度的漫游，我在艺术领域的发现，这些就像我人生缥缈而遥远的序曲，带我走向一个孩子的出生。这是随便一个农妇都能做到的事情，这就是我所有远大抱负的最终指向！

为什么我亲爱的母亲没有陪着我？因为她有一些可笑的偏见，她认为我应该先结婚。但她结过婚，发现婚姻难以维系，于是离婚了。既然如此，她为什么要让我陷入她曾被残忍伤害的陷阱呢？基于我所有的智慧，我反对婚姻制度。我当时认为婚姻制度是一种荒谬的、奴役人的制度，特别是对艺术家来说，婚姻不可避免地会导致对簿公堂，还有荒谬粗俗的诉讼。如果有人怀疑我的观点，可以做点小调查，统计一下离婚艺术家的数量，以及美国过去十年报纸上刊登的所有艺术界的丑闻。同时我想，公众热爱他们的艺术家，没有他们就活不下去。

8月，玛丽·基斯特女士作为护士来到我这里，她后来成了我非常亲密的朋友。我从未见过像她这样耐心、可爱、善良的人。她让我非常安心。从现在起，我承认我开始感到各种恐惧。我告诉自己每个女人都要生孩子，但我的恐惧没有因此减弱。我祖母生了八个孩子，母亲生了四个，这都是生命的法则，诸如此类。但是，我依然害怕。害怕什么呢？当然不是死亡，甚至也不是痛苦——而是一种未知的恐惧，一种我所不知的恐惧。

到了9月，我身体的负担变得非常沉重。玛丽亚别墅坐落在沙丘上，要登上将近百级台阶才能到。每当我想起我的舞蹈和艺术，一股强烈的悔恨会袭上心头。但当我感到我的肚子被有力地踢了三下，一个小生命在我的体内翻身，我会微笑着想，毕竟艺术不过是生命的喜悦和奇迹的一面模糊的镜子，又算得了什么呢？

我惊讶地发现我曾经美丽的身体越发臃肿。我原本结实的小乳房变得又大又软，还下垂。我的步伐越来越慢，脚踝肿胀，臀部疼痛。我年轻可爱的水中仙女的模样哪里去了？我的雄心壮志呢？我的名气呢？我经常不由自主地感到非常痛苦和失败。这场与强大的生命的游戏太过沉重，但我一想到即将出生的孩子，这些痛苦都烟消云散了。

晚上睡不着，只能无助地等着天亮，太难熬了。向左侧躺会感觉胸闷，换个方向，依然不舒服，最后只能仰卧。孩子精力旺盛，我可倒霉了，只能把手放在肿胀的身体上，试图给孩子传递信息。在残酷的夜晚温柔地等待，似乎无数个夜晚就这样过去了。为了母亲的荣光，我们付出了怎样的代价！

一天，我惊喜地得知：我在巴黎认识的迷人的朋友凯瑟琳要从巴黎来找我，还说她想和我一起住。她很有魅力、健康、充满勇气和活力，后来嫁给了探险家斯科特船长。

一天下午，我们一起喝下午茶，我忽然有种像是被重重地敲击后背的感觉，然后就是难以忍受的疼痛，就像有人拿着一把尖刀插进我的脊柱，要把它切开。从那时起，折磨就开始了，仿佛某个强大而无情的刽子手掌控着我这个可怜的受害者。我刚从一阵疼痛中缓过来，下一次疼痛就又开始了。说到西班牙宗教裁判所，生过孩子的女人都不会害怕那里。和生孩子的痛苦相比，宗教裁判所简直是小巫见大巫。生孩子的痛苦残酷无情，逃避不了，也不被同情，这个可怕的、看不见的魔鬼牢牢地抓住了我，在一阵又一阵痉挛中，撕裂着我的身体。人们都说这种痛苦很快就会被遗忘。我要回答的是，只要闭上眼睛，就能听到我的尖叫和呻吟，就像有什么东西包围着我、割裂着我。

任何女人都应该承受如此可怕的折磨，持这一观点的人简直是未开化的暴行主义者。这一想法骇人听闻，应该予以纠正。荒谬的是，在我们的现代科学条件下，无痛分娩并不是理所当然的事——这就像医生在没有麻醉剂的情况下为阑尾炎做手术一样不可原谅！究竟是因为广大妇女忍耐力太强还是缺乏智慧，竟要忍受这种对自己的残暴恶行？

这种无法形容的恐怖持续了两天两夜。第三天早上，荒唐的医生拿出一把巨大的手术钳，在没有任何麻醉剂的情况下，对我下手了。我想，也许除了被火车压在铁轨上外，没有什么比得上我所遭受的痛苦了。在妇女拒绝忍受这种完全不必承受的痛苦之前，在妇女坚持分娩手术应像其他手术一样必须进行无痛措施之前，不要让我听到任何妇女运动或妇女参政运动。

是怎样疯狂的迷信横在这样的措施面前？这是怎样的漠不关心和罪恶？当然，人们可以回答，说并非所有妇女都遭受这种程度的痛苦。不，印第安人、农民或非洲黑人也会遭受如此强烈的痛苦。但是，女性的文化程度越高，她对那些没有意义的痛苦就越敏感。应该为她们寻找减轻痛苦的程度。

我确实没有因为生孩子丧命，我没死——被及时从刑架上救下的可怜的受害者也没死。你可能会说，当我看到孩子时，我的痛苦就得到了补偿。是的，我当然感到无比快乐，但即使到了今天，当我想到我曾忍受的痛苦，想到许多受害妇女由于医学界人士难以形容的自负和轻率而忍受的痛苦时，我仍感到愤愤不平。

啊，可是孩子！孩子令人惊喜，长得像丘比特，有一双蓝色的眼睛，棕色的长发掉光后，新长出了金色鬈发。奇迹中的奇迹是孩子会用嘴去搜寻我的乳房，用没牙的牙床咬我的乳房，从我的乳房汲取涌出的乳汁。有哪位母亲描述过当婴儿的嘴咬住她的乳头，乳汁从她的乳房中涌出时的感觉吗？孩子那张残忍的嘴就像情人的嘴，而情人的嘴唇又会让我们想起孩子。

哦，女人，当这个奇迹存在时，我们学习成为律师、画家或是雕塑家又有什么用呢？现在我知道了这种巨大的爱，超越了某个男人的爱。我被撕扯，流着血，感到无助，而那个小生命在吮吸和大哭。生命，生命，生命！给我生命！哦，我的艺术在哪里？其他的艺术又在哪里？去他的艺术！我觉得我就是一个超越了所有艺术家的神。

我和好朋友玛丽·基斯特带着孩子回到了格吕内瓦尔德，大家看到孩子很高兴。我对伊丽莎白说："她是我们年龄最小的学生。"大家都问："她叫什么呢？"克雷想到了一个美妙的爱尔兰名字黛特，黛特——爱尔兰的挚爱，于是我们就叫她黛特。

我的体力慢慢恢复了。我常常怀着同情和理解之心站在我们的还愿雕像——神奇的亚马逊女战士①面前，怀着同情和理解之心，因为她再也不能如此光荣地参加战斗了。

---

① 亚马逊女战士：古希腊传说中的女战士族。

第二十章　重返俄国

朱丽叶·门德尔松和她富有的银行家丈夫是我们的近邻，他们住在豪华的别墅里。有一天，她邀请我们所有人在我崇拜的偶像埃莉诺拉·杜丝面前跳舞。

　　我把戈登·克雷介绍给了杜丝，她一下子非常兴奋，对他很感兴趣，尤其是对他的戏剧理论。经过几次相谈甚欢的见面后，她邀请我们去佛罗伦萨，并希望克雷安排一次演出。于是，我们决定去佛罗伦萨，埃莉诺拉·杜丝表演易卜生的《罗斯莫庄》，克雷为其布景。埃莉诺拉·杜丝、克雷、玛丽·基斯特，孩子和我一起乘坐豪华专列去了意大利。

　　我在路上给孩子喂奶，我的奶水有些起泡，所以我不得不给孩子喂食准备好的瓶装食物。尽管如此，我还是非常高兴，世界上我最崇拜的两个人碰面了——克雷将拥有他的作品，而杜丝则得到一个配得上她才华的布景。

　　到达佛罗伦萨后，我们住进了豪华酒店附近的一家小旅店，而埃莉诺拉被安排住进了豪华酒店的皇家套房。

第一次讨论开始了——讨论的过程中，我为既不懂法语也不懂意大利语的克雷和一句英语也不会的杜丝担任翻译。我发现自己夹在这两位伟大的天才之间，奇怪的是，这两股力量从一开始似乎就是对立的。我只希望能让双方都高兴，都满意。为此，我只能适当地错误翻译。我希望大家能原谅我翻译时的谎言，因为这是为了神圣的事业。我希望这部伟大的作品能够成功，如果我真的把克雷对埃莉诺拉·杜丝说的话翻译给她，如果我完全按照杜丝的意思重复她对克雷的要求，就不会有这部作品。

在《罗斯莫庄》的第一个场景中，易卜生对起居室的描述应该是：陈设舒适，风格老式。但克雷却欣喜地看到了埃及宏伟的神庙的内部装饰，天花板极高，一直延伸到天际，墙越远越模糊。但与埃及神庙不同的是，最里面有一个巨大的方形窗户。在易卜生的描述中，窗外是一条通向庭院的古树的林荫道。克雷希望是十米乘十二米的庭院，窗外是一片黄红绿组成的鲜亮的景观，就像摩洛哥的风格。一点都不符合易卜生说的老式。

埃莉诺拉看上去相当不安，她说："这是个小窗户，不可能是个大窗户。"

克雷用英语咆哮道："告诉她，我不会让任何该死的女人打扰我的工作！"

我小心翼翼地翻译给埃莉诺拉："他很欣赏你的观点，会尽量让你满意。"

然后，我转向克雷，再次把杜丝的反对意见翻译成："因为你是个伟大的天才，她对你的设计没有任何意见，不会给你提建议，就按你说的来。"

这样的对话有时会长达几个小时，有时还会出现在我应该喂奶的时间。然而，我一直在一旁扮演着安抚和翻译的重要角色。每次没按时喂奶时，我就会很难受，但我还要给这些艺术家解释彼此根本没说过的话。我当时处于某种疲惫状态，身体也每况愈下。这些令人厌倦的会面让我的康复期变得充满痛苦，但想到即将到来的艺术盛事，由克雷为杜丝设计布景的《罗斯莫庄》即将完成，我就觉得我所做的任何牺牲都是值得的。

然后，克雷整日待在剧院里，用摆在他面前的几十个大颜料罐和大画笔亲自绘制场景，因为他找不到能理解他的意大利工人。他找不到合适的画布，只好用缝起来的麻袋做画布。一连几天，一群意大利老妇人坐在舞台上缝制麻袋。年轻的意大利画家在舞台上跑来跑去，尽力执行克雷的指示，而克雷则甩动着长发，向他们大喊大叫，用画笔蘸取颜料，在危险的位置爬上梯子。他在剧院一待就是一天一夜，从来没有离开剧院去吃饭，如果不是我在午餐时间用野餐篮装些吃的给他送去，他就会一整天什么都不吃。

他命令："让杜丝远离剧院，不要让她来这里。如果她来，我就坐火车离开。"

杜丝却特别期待去看看布景的进展情况。我要做的就是在不冒犯她的前提下，阻止她去。我经常带她到花园里散步，我们会走很长时间，花园里那些迷人的雕像和美丽的花能让她平静下来。

我永远忘不了杜丝在花园中漫步的画面。她看起来不像尘世的女人，倒像是彼得拉克或但丁笔下的某个神性形象，是因某种不幸，她来到了尘世。所有的人都为她让路，用尊敬又好奇的目光盯着我们。

杜丝不喜欢被大家看到，被公众盯着看。她走的都是小路和小巷子，为的是避开众人的目光。她也不像我那样，对穷人充满关爱，她认为他们大多数都是"暴民"，而且经常用这样的词形容他们。

这主要是因为她过于敏感的天性，而不是其他原因。她认为他们对她很挑剔，但和杜丝私下往来会发现，没有人比她更富有同情心、更有爱了。

我永远记得那些在花园里一起散步的日子，那些白杨树，还有杜丝充满智慧的头脑。只要我们发现周围没人，她就会摘下帽子，让慢慢变灰的黑发随风飘动。她那充满智慧的前额和奇迹般的眼睛，我永远不会忘记。那双充满悲伤的眼睛，高兴起来时，脸上的喜悦我从未在任何人脸上或是艺术品中见过！

《罗斯莫庄》的布景一直在进行。每次我去剧院给他送午饭或是晚餐的时候，我发现他都处于一种愤怒和疯狂的喜悦之间的状态中。上一秒，他相信他的布景将是艺术界最伟大的作品。下一秒，他哭着说他在这个国家的工作得不到任何支持——没有颜料，没有好的工人，凡事都需要他亲力亲为。

到了埃莉诺拉需要看全部布景的时刻了——我之前想了各种花招阻止她去剧院。终于到这一天了，在约定的时间我接她去剧院。她当时极度紧张和兴奋，我担心她会像暴风雨的日子一样，随时会有急风骤雨来临。我们在她酒店的大厅里碰面。她穿着一件棕色的宽松的毛皮大衣，头戴棕色的毛皮帽，很像哥萨克人的帽子。帽子有点挡住她的眼睛了。虽然杜丝一生中有时会在好心朋友的建议下光顾有品味的裁缝，但她永远都不会穿时髦的裙子，或是任何程度上的穿着别致。她的裙子歪歪斜斜，帽子也是如此。无论她身上的衣服有多昂贵，她似乎都不是穿着这些衣服，而是屈尊带着它们。

去剧院的路上，我激动得几乎说不出话来。我又一次机智地阻止她冲向舞台的大门。但我特意开了剧院的前门，把她领进了一个包厢。在漫长的等待中，我忍受着难以形容的痛苦，她不停地问我："我的窗户会和我在书中看到的一样吗？这个场景在哪里？"

我紧紧地握着她的手，轻轻地拍了拍她的手说："过一会儿，你就会看到的。要有耐心。"但一想到那扇小窗现在已经变得无比巨大，我就无比害怕。

我不时地听到克雷气急败坏的声音，有时会试图说意大利语，现在在喊："该死！该死！你为什么不把这个放在这里？为什么不按我说的做？"然后又是沉默。

最后，感觉过了好几个小时，当我感觉埃莉诺拉随时会发火的时候，幕布缓缓升起。

哦，我该如何描述出现在我们面前，令我们惊讶和激动的布景呢？我说的是埃及神庙吗？没有一座埃及神庙能这么美。也没有任何哥特式大教堂，雅典宫殿能这么美。我从未见过如此美丽的画面。穿过广阔的蓝色空间，和谐的天空、巍峨的山峰，我的灵魂被这扇巨大窗户外的光芒所吸引。窗外不是一条小路，而是无垠的宇宙。人类所有的思考、冥想和尘世的悲哀在发生在这个蓝色的空间里，窗外是他所有的狂喜、欢乐和奇异的想象。这是罗斯莫的起居室吗？我不知道易卜生会怎么想。也许他会像我们一样——说不出来，忘乎所以。

埃莉诺拉抓住了我的手，我感觉到她在抱我，她用力地抱着我。我看到眼泪从她美丽的脸上流下来。有一阵子，我们相拥而坐，沉默不语。沉默是因为她对艺术的赞赏和喜悦，而我看到她这么高兴，我感到了极大的欣慰，毕竟之前非常担心。我们就这样待在这里，之后，她拉着我的手，把我从包厢里拖出来，走得很快，穿过黑暗的走廊，上了舞台，喊道："戈登·克雷！快过来！"

克雷从舞台侧面走了过来，像孩子一样害羞。杜丝抱住他，然后用意大利语说了一连串赞美他的话，以至于我都来不及翻译。那些词语从她的嘴里流淌出来，就像喷泉里喷出的水。

克雷并没有像我们一样激动地哭泣，而是沉默了很久。这是他深情流露的方式。

随后，杜丝把所有的人都叫过来，他们之前一直漫不经心地在后台等着。她激动地这样说：

"找到戈登·克雷这位伟大的天才是我的命运。我现在打算，余下的职业生涯（自始至终，自始至终）要投身于向世人展示他的伟大作品的事业中。"

然后，她再次谴责了整个现代戏剧潮流、所有现代布景以及对演员生活和职业的现代观念，很有说服力。

她说话的时候一直握着克雷的手，一次又一次地转头看他，她还讲述了他的才华和剧院新的复兴。她一遍又一遍地说："只有戈登·克雷能把我们这些可怜的演员从这个巨大丑陋的建筑、这个停尸所——也就是今天的剧院中解放出来！"

想象一下我当时的喜悦。那时我还年轻，没有经验。唉，我相信，人在情绪激动时说的每一句话都是真心话。我想象着埃莉诺拉·杜丝用她的才华为我伟大的克雷的艺术服务。我想象着未来克雷将会获得无数的成功，会创造戏剧艺术的辉煌。唉，我没有想到，人类的热情是如此脆弱，尤其是女人的热情更是如此。埃莉诺拉只是一个女人，尽管她才华横溢——后来的事实证明了这一点。

《罗斯莫庄》上演的第一个晚上，佛罗伦萨剧院里挤满了翘首以盼的观众。当幕布拉开时，全场响起一片赞叹声。结果可想而知，佛罗伦萨的艺术鉴赏家对那场《罗斯莫庄》的演出至今仍念念不忘。

"杜丝凭借她敏锐的直觉，穿了一件白色晚礼服，宽大的袖子垂在两侧。当她出现在舞台上时，不像丽贝卡·韦斯特，更像德尔菲·西比尔。凭借她一贯的天赋，她选的服装每一个线条都很贴合她，包围着她的光线也恰如其分。她改了自己所有的动作和姿势。她在舞台上移动着，像宣布重大消息的女预言家。

但当其他演员上场时——比如罗斯默，他双手插在口袋里——他们就像走错场的舞台工作人员，这实在是太痛苦了。只有扮演布伦德尔的演员在说出他的台词："当我沉浸在金色梦幻的朦胧之中；当新的、令人陶醉的、重大的思想在我脑海中诞生，当我被带着飞向高空，它们震颤的翅膀扇动着我。在这样的时刻，我把它们变成诗，变成幻象，变成画面。"

演出结束后，我们激动地回家了。克雷脸上洋溢着喜悦，他看到了自己的未来，他将会为埃莉诺拉·杜丝创造很多伟大的作品，现在他对她的赞美程度不亚于之前对她的愤怒程度。唉，因为人类的弱点，这是杜丝的才华在克雷的布景下展示的唯一一次。她演的是保留剧目，每晚都会演出不同的剧目。

兴奋过后，一天早上我打电话到银行，我发现自己的账户已经彻底没钱了。孩子的出生，格吕内瓦尔德学校的开销，我们去佛罗伦萨的花销，这一切花光了我的积蓄。我必须想办法赚钱。

这时，圣彼得堡的一位剧院经理刚好邀请我去俄国。他询问我是否准备好再次跳舞，并给了我一份在俄国巡演的合同。于是我离开了佛罗伦萨，把孩子和克雷托付给玛丽·基斯特照顾，而我则乘坐快车途经瑞士和柏林，到达圣彼得堡。你可以想象对我来说这是一次多么悲伤的旅程。第一次和孩子分开，和克雷还有杜丝的分离也令我非常痛苦。我的身体也时好时坏，由于孩子断奶断到一半，所以必须用一个小机器把我乳房里的奶吸出来。这对我来说很恐怖，让我流了不少眼泪。

火车一路向北驶去，我再次来到那些雪原和森林，这里似乎比以往任何时候都更加荒凉。此外，由于我一心扑在杜丝和克雷身上，对这次旅行的考验没做丝毫准备。然而俄国观众一如既往地、热情地迎接我，他们忽略了我在表演中可能存在的任何不足。只是我记得，我跳舞时，奶水常常溢出来，流到我的短袍上，让我非常尴尬。一个女人要想工作有多艰难啊！

关于这次俄国巡演，我已经记不太清了。不用说，我心里肯定想尽快回到佛罗伦萨。因此，我尽可能缩短了巡回演出的时间，并接受了一个荷兰巡回演出的合同。这样，我就能离我的学校和我想见到的人近一些。

我在阿姆斯特丹登台的第一个晚上，我感受到一种奇怪的病痛。我想这可能与奶水有关，他们称之为产褥热。演出结束后，我倒在了舞台上，不得不被抬回酒店。在一个昏暗的房间里，放了很多冰袋，我躺了好几天甚至是几周。他们称我患了神经炎，没有医生能治愈这种病。几个星期里，我什么也不能吃，经常神智不清，然后就进入了无意识的睡眠。

克雷从佛罗伦萨飞奔而来，尽心尽力地照顾我。他陪了我三四个星期，帮我喂奶，直到有一天，他收到了埃莉诺拉的一封电报：

我在尼斯表演《罗斯莫庄》。布景糟糕。请速来。

当时我正在半休养状态，所以他去了尼斯，但我看到这封电报时，就有一种可怕的预感：我不给他们翻译，不在那里调和他们的矛盾，他们会发生什么？

一天早上，克雷出现在老旧的尼斯赌场，那里很糟。他发现，在埃莉诺拉不知情的情况下，他们把他的布景分成了两半，当他看到他的艺术作品、他的杰作、他在佛罗伦萨呕心沥血的成果，被肢解，被破坏，他自然勃然大怒——他时常是自己愤怒的受害者。更糟糕的是，他对当时站在舞台上的埃莉诺拉这样说：

"你做了什么？"他对她怒吼道，"你毁了我的作品，你毁了我的艺术！我那么信任你。"

他毫不留情地说个不停，埃莉诺拉当然不习惯别人这样跟她说话，她勃然大怒。她后来告诉我："从没见过这样的人，从来没人像他这样跟我说话。他身高超过六英尺（183cm），双臂交叉，说着让人恐惧的话，像愤怒的英国人。从来没有人这样对我。我自然无法忍受，我指着门说：'你走吧，我再也不想见到你。'"

就这样，她放弃了把自己整个职业生涯都献给戈登·克雷的想法。

抵达尼斯时，我非常虚弱，不得不被人从火车上抬下来。这天晚上是狂欢节的第一晚，在去酒店的路上，一群戴着各式各样的皮埃罗面具的人攻击了我的敞篷马车。在我看来，他们的着装行为，就像临死前跳的死神之舞。

埃莉诺拉·杜丝住在我附近的一家酒店，她也病倒了。她给我捎来很多关心我的口信。她还把她的医生埃米洛·博索内介绍给我。他不仅尽心尽力地照顾我，而且从那时起就成了我一生中最重要一位的朋友。我的疗养期很长，一直缠绵在苦痛中。

我的母亲和我忠实的朋友玛丽·基斯特一起照顾孩子。孩子很健康，也很强健，一天比一天漂亮。我们搬到了硼山，在这里，我可以从山的一侧眺望大海，另一侧是查拉图斯特拉曾与他的蛇和鹰一起冥想的山顶。我们住的地方充满阳光，我的身体慢慢恢复了。但生活的重担、经济的压力，比以往任何时候都更加沉重，于是只要一有机会，我就开始在荷兰的巡回演出，但我仍然感到非常虚弱和绝望。

我崇拜克雷——用我艺术家灵魂的全部热情去爱他，但我意识到我们总有一天会分开。然而，我已经到了一种疯狂的状态——我无法再和他一起生活，也离不开他。和他一起生活就意味着放弃我的艺术、我的个性，也许放弃的还有我的生活、我的理性本身。没有他的生活，我就一直处于情绪低落的状态，还要被嫉妒折磨。唉！现在看来，我的嫉妒是有充分的理由的。我总是不停地想象俊美的他躺在其他女人怀里，所以夜里会失眠。他对那些用崇拜的目光注视着他的女人解释他的艺术，他对其他女人很满意，用他那迷人的微笑看着她们（埃伦·特里式的微笑），对她们感兴趣，爱抚她们，他对自己说："这个女人真让我高兴，伊莎多拉就做不到。"

这一切让我感到愤怒和绝望。我无法工作，无法跳舞，我根本不在乎公众是否喜欢我的舞蹈。

我意识到这种状况必须停止。克雷的艺术或是我的艺术——我知道我不可能放弃我的艺术，如果放弃，我会枯萎，我会因失望而死。我必须找到改变的办法，我想到了顺势疗法的智慧——如果我们足够想要，想要的东西就会出现。

一天下午，他走了进来：帅气、潇洒、年轻、金发、穿着完美。他说："我的朋友都叫我皮姆。"

我说："皮姆这个名字太迷人了。你是艺术家吗？"

"哦，不是！"他否认，好像我指控他犯了罪似的。

"那你有什么？一个伟大的创意？"

"哦，亲爱的，没有。我根本没有什么想法。"他说。

"那你有人生目标吗？"

"没有。"

"那你是做什么的？"

"什么也不做。"

"但你必须做点什么。"

"好吧，"他想了想，回答，"我收藏了一些迷人的十八世纪鼻烟盒。"

我的办法来了。我签订了一份在俄国巡演的合同，这是一次次漫长而艰苦的巡演。不仅要途经俄国北部，还要经过俄国南部和高加索地区。我害怕一个人长途跋涉。

"你愿意和我一起去俄国吗，皮姆？"

"哦，我很愿意，"他爽快地回答，"可是我担心我的母亲。我可以说服她，但还有一个人，"——他脸红了——"有一个非常爱我的人，她也许不同意让我走。"

"但我们可以偷偷地去。"于是，我计划在阿姆斯特丹的最后一场演出结束后，会有一辆汽车在剧场后门等我们，然后载我们去乡下。我们安排了我的女仆带上行李乘坐快车，在阿姆斯特丹外的下一站会合，拿走行李。

那天晚上雾很大，天很冷，田野上笼罩着一层厚厚的雾。因为要路过一条运河，司机不愿意开快。

"这条路很危险。"他提醒道，慢慢地往前开。

但这种危险与被跟踪的危险相比，根本不值一提。突然，皮姆朝后面看了一眼，惊呼道：

"上帝呀，她在追我们！"

我无须解释。

皮姆说："她可能有枪。"

"开快点，开快点！"我对司机说，但他只是指了指透过浓雾的运河的指示灯的光。这个过程很浪漫，他最终还是骗过了追踪者的汽车，我们到了车站，去了酒店。

此时已是凌晨两点，夜班老门房把手里提的灯伸到我们面前。

"一个房间。"我们一起说。

"一个房间——不，不。你们结婚了吗？"

"我们结了，结了。"

"哦，不，不，"他咕哝着，"你们没结婚，我知道，因为你们看起来很幸福。"他不顾我们的抗议，让我们分别住进了走廊（走廊很长）尽头的一个房间里，并且得意地整夜坐在两个房间之间，把灯放在膝盖上。每当我或皮姆伸出头来，他就举起灯说：

"不，不！没结婚——不可以——不，不。"

捉迷藏游戏后，第二天早晨，我们都有点累了，坐上了去彼得堡的快车，我从未有过如此愉快的旅程。

我们到达彼得堡时，行李搬运工从火车上拿下来十八个箱子，上面都写着皮姆的缩写，我有点蒙。

"这都是什么？"我倒抽一口凉气。

"哦，这些是我的行李，"皮姆说，"这个装的是我的领带，这两个是我的内衣，这两个是我的套装，这两个装的是我的靴子。这一箱是我皮草绣边的背心，非常适合在俄国穿。"

欧洲酒店里的楼梯很宽大，皮姆每隔一小时就会换一套颜色不一样的西装、换条领带，从这个楼梯飞奔下去，让所有看见的人都赞叹不已。因为他总是衣着考究，事实上，他就是海牙的时尚标准。伟大的荷兰画家范·弗雷正在为他画肖像，背景是金色的、紫色的和玫瑰色的郁金香。事实上，他长得就像春天里的郁金香，清新迷人。他金色的头发就像金色的郁金香，嘴唇像玫瑰色的郁金香。他拥抱我时，我感觉自己就像飘浮在荷兰春天成千上万朵郁金香的花田上。

皮姆很好看，金发碧眼，没有知性情结。他的爱情给我诠释了奥斯卡·王尔德的名言："短暂的快乐胜过永恒的悲伤。"皮姆给我带来了我片刻的快乐。在此之前，爱情带给我的是浪漫、理想和痛苦。皮姆带给我的是快乐——纯粹的愉悦，而且是在我最需要的时候，因为如果没有他的照顾，我可能会陷入绝望的神经衰弱之中。皮姆的出现给我带来了新的生命、新的活力。

也许这是我第一次体会到单纯、轻浮的快乐。他无时无刻都在笑，跳来跳去，手舞足蹈。我忘记了我的恼怒，专注在当下的随性和快乐。因此，我的表演充满了新的活力和欢乐。

正是在这个时候，我创作了《音乐时刻》，它在俄国反响很好，让我不得不每天晚上跳五六遍。可以说，《音乐时刻》完全得益于皮姆的快乐启发。

第二十一章　回到美国

如果我只跳独舞，我之后的舞蹈之路就会非常容易。我已成名，在各个国家都受到追捧，我只需追求成功的事业就行。但是，唉！大型演奏团演奏贝多芬的《第九交响曲》，我的学生跟着交响曲起舞，这个想法简直让我着迷。晚上，我只需闭上眼睛，这些身影就会站成一排在我脑海里起舞，让我越来越想把这一切付诸现实。

　　"我们在这里。你就是我们的救命恩人！"（第九交响曲：拥抱吧！万民！）

　　我沉浸在普罗米修斯式的创造之梦中。仿佛只要我一声令下，这些诗人从未见过的舞动的身影就会从地底冒出，从天而降。啊，令人感到骄傲、充满诱惑的梦想把我的生活从一场灾难引向另一场灾难。你为什么要占有我？就像坦塔罗斯之光一样，只会带我走向黑暗和绝望。但是不！黑暗中的那道光芒仍在闪耀，它终将引领我走向荣耀。梦想终究会实现。我依然相信，在我跌跌撞撞的前方，就有微弱的光，我依然会追随着它——去寻找那些处在和谐之爱中的天外生物，将会舞出世界所期待的美丽。

我怀着这样的梦想，回到了格吕内瓦尔德，去教那群小家伙跳舞。他们之前已经在学习舞蹈了，跳得很好了，让我更加坚信，由舞者组成的交响乐团最终会很完美——一个舞者的管弦乐队在视觉上的效果就像伟大的交响乐在听觉上的效果一样。

现在你是庞培壁画中的情人，是多纳泰罗雕刻的美惠三女神，或像泰坦尼娅的随从一样在空中飞翔，我教他们不断地练习在队伍里穿行和盘绕，分开和结合。

他们每一天变都得更有力量、舞姿更加轻盈，年轻的身影和脸庞闪耀着灵感和神圣音乐的光芒。这些起舞的孩子是如此美丽，唤起了我对所有艺术家和诗人的钦佩之情。

然而，学校的资金问题越来越严重。于是，我萌生了一个想法——带着孩子们去不同的国家，以便寻找认可这种儿童教育的优越性的政府，并在更大范围内支持我的教育实验计划。

每次表演结束，我都会请求观众帮我想想办法，如何把我在生活中的发现，以及能让成千上万的人解放和觉悟的东西，传达给别人。

我越来越清楚地知道，在德国得不到我的学校所需的支持。德国皇后支持清教徒式的生活方式，她要去参观一个雕塑家的工作室前，会派她的少校多莫提前去盖住所有的裸体雕像。我知道，我的梦想在普鲁士强硬统治的德国实现不了。于是，我想到了俄国观众，我非常热情，我也因此赚了一笔钱。怀着在圣彼得堡开办学校的希望，1907年1月，我和伊丽莎白，还有20名小学生再次前往圣彼得堡。这次试验并不成功，虽然公众对我真正舞蹈复兴的想法很热情，但帝国芭蕾舞团在俄国根深蒂固，不可能做出任何改变。

我带着我的学生观摩了芭蕾舞的训练。学习芭蕾舞的孩子看着他们，就像笼子里的金丝雀看着天空盘旋的燕子。但是，在俄国还没有允许自由跳舞的学校。芭蕾舞是沙皇礼节固有的表现形式，可惜它今天依然存在！我的学校——一所更伟大、更自由表达人类情绪的学校——在俄国的唯一希望就是斯坦尼斯拉夫斯基。但是，尽管他竭尽全力帮我，却没有办法把我们安置在他所在的大艺术剧院，而这正是我所希望的。

因此，在德国和俄国都以失败告终，我决定去英国试试。1908年夏天，我带着我的学生们来到了伦敦。在著名表演演出主办人约瑟夫·舒曼和查尔斯·弗罗曼的安排下，我们在约克公爵剧院跳了几个星期的舞。在伦敦观众眼里，我和我的学校是一种有趣的消遣，没人真的愿意帮助我办学校。

距我第一次在新画廊跳舞已经过去七年。我很高兴能与查尔斯·哈雷和诗人道格拉斯·安斯利重修旧好。伟大而美丽的埃伦·特里经常来剧院。她很喜欢孩子们，有一次她带孩子们去动物园，大家都非常高兴。亲切的亚历山德拉王后曾两次亲临现场，坐在包厢里观看我们的演出。还有许多英国贵夫人，其中包括著名的格雷夫人，她后来成了里彭夫人，她一点儿也不张扬，会非常亲切地来后台和我打招呼。

曼彻斯特公爵夫人说她觉得我的理想可能会在伦敦实现，或许在伦敦可以找到支持我的学校的赞助。为此，她邀请我们所有人去她位于泰晤士河畔的乡间别墅。在那里，我们再次为亚历山德拉王后和爱德华国王献舞。我一度对在英国办学校充满希望，但最终我再次陷入幻灭之中。哪里有房子、土地或是金钱来实现我的梦想!

和往常一样,我的学生开支巨大,我又一次没钱了。最后,我的学生被迫返回格吕内瓦尔德。我与查尔斯·弗罗曼签订了一份美国巡演合同。

离开我的学校,离开伊丽莎白、克雷让我非常痛苦,但最重要的是,我放弃了和孩子之间那种亲密的纽带。黛特已经快一岁了,长成一个有着金色头发、红扑扑的脸蛋、蓝眼睛的孩子了。

就这样,7月的一天,我自己独自一人上了一艘开往纽约的大船上——距离我乘满载牛的船只离开纽约仅仅八年。我在欧洲已经小有名气,我创造了一门艺术,创办了学校,生了孩子。还算不错。但是,就经济而言,我并没有比以前富裕多少。

查尔斯·弗罗曼是一位伟大的经理人,但他没有意识到,我的艺术不是惊心动魄的戏剧,只能吸引到特定范围的公众。炎热的8月,他把我当作百老汇的一个卖点,请了一个经验不足的小乐队,打算演奏格鲁克的《伊菲吉尼亚》和贝多芬的《第七交响曲》。结果不出所料,一败涂地。在那些超过32°的炎热夜晚,观众很少,他们对表演感到困惑,而且大多数人不满意,来看的评论家还很少,而且评价很差。

一天傍晚,我坐在更衣室里,心情很沮丧时,我听到有人用很好听的声音向我打招呼,只见门口站着一个男人,个子不高,但身材很好,他一头棕色鬈发,脸上带着迷人的微笑。他就是美国伟大的雕塑家乔治·格雷·伯纳德。此后,他每天晚上都来观看演出,还经常带他的艺术家、诗人朋友来看我的表演,其中有和蔼可亲的戏剧制作人大卫·贝拉斯科、画家罗伯特·亨利,以及乔治·贝洛斯、珀西·麦凯、马克斯·伊斯特曼——事实上，格林威治村的所有先锋青年都来过。我还记得三个形影不离的诗人，他们——埃德温·阿林顿·罗宾逊、瑞吉利·托伦斯和里奇蒙·沃恩·穆迪。他们住在华盛顿广场下面的一座塔楼里。

诗人和艺术家们友好的关切和热情让我无比振奋，让我可以暂时忽略纽约观众的贫乏和冷漠。

当时，乔治·格雷·伯纳德就想为我制作一座跳舞姿势的雕塑，就叫《舞动的美国》。沃尔特·惠特曼曾说："我听到美国在歌唱。"10月晴朗的一天，只有纽约的秋天才有这样的天气。他在华盛顿高地有个工作室，我们一起站在工作室外的一座小山上俯瞰城市，我张开双臂，说："我看到美国在跳舞。"因此构思出雕塑的样子来了。我过去常常每天早晨带一个午餐篮子去他的工作室，我们一起讨论美国艺术的新方向，度过了很多美好的时光。

我还记得，他的工作室里有一个少女躯干的雕塑，很迷人。他告诉我伊芙琳·内斯比特①在遇到亨利之前，还是一个普通的女孩，曾当过他的雕塑模特。她的美丽让所有的艺术家为之着迷。

当然，这些工作室里的谈话，这些彼此对美的狂喜自然会带来变化。我愿意为《舞动的美国》的伟大雕像献出自己的身心，但乔治·格雷·伯纳德是那种追求极致的人。我对他浅薄的温柔的爱意也影响不了他对宗教的忠诚，他手里的大理石不比这更冰冷、更危险。我是短暂的，他是永恒的。那么，我渴望成为他的模特，让他的才华

---

① 伊芙琳·内斯比特(1884—1967)：美国知名艺术模特，曾是美国无数艺术家的缪斯女神。

创造出不朽不是天经地义的事情吗？我的每一个细胞都渴望成为他手里流动的黏土。

啊，乔治·格雷·伯纳德，我们会老去、会死去，但我们一起度过的那些神奇的时刻是永恒的。我是舞者，你是魔术师，可以抓住舞蹈的变化；你是主宰者，可以将瞬间的灵动化为永恒。啊，关于我的杰作——雕塑家的作品《舞动的美国》在哪里呢？我抬起头，与人类怜悯的目光——他那献给林肯的巨大雕像——相遇，那宽阔的额头、布满皱纹的脸颊、对人类的怜悯和伟大的殉道而哭泣的泪痕。而我，则是一个渺小而徒劳的身影，在超人的信念和美德面前起舞。

但是至少我不是莎乐美，我不想要任何人的头颅——我从来不是吸血鬼，我是缪斯。可是伯纳德则是那种把美德看得至高无上的人。任我激情澎湃也丝毫不能改变他那执着的宗教虔诚。因此，他的大理石雕像既不冷漠，也不严峻。我只是瞬间的过客，而他才是永恒的，所以我渴望通过他的天才塑像而不朽。我和我身上的每一个细胞，都渴望成为这位雕塑家手中任其摆布的黏土。我是一名舞蹈家，而伯纳德却堪称是一位魔术师，能通过流畅舒展的节奏捕捉到舞蹈本质，把稍纵即逝的闪电变成永恒的瞬间。

《舞动的美国》开端很好，可是，唉，没有继续。不久之后，因为他的妻子忽然生病，雕塑的事情就被搁置了。我曾希望成为他的杰作，但激发他为美国创作杰作的不是我，而是亚伯拉罕·林肯。这个雕像现在矗立在威斯敏斯特大教堂前阴郁的花园里。

查尔斯·弗罗曼发现在百老汇的演出很失败，于是尝试去小城镇巡演，但这次巡演也没安排好，结果甚至比纽约的演出还要失败。最后我失去了耐心，去找他，我发现他想着金钱上的损失，非常沮丧。"美国人不懂你的艺术，"他说，"你的艺术远远超出美国人的想象。他们永远也不会理解，你还是回欧洲吧。"

我和弗罗曼签订过一份六个月的巡演合同，合同里规定不管演出成功与否。尽管如此，我感觉自尊心受到了伤害，看不起他斤斤计较，我在他面前撕了这份合同，说："无论如何，你不用承担任何责任了。"

乔治·格雷·伯纳德一再告诉我，他以我为荣，因为我成长于美国，如果美国人不欣赏我的艺术，他会觉得很悲哀。于是，我决定留在纽约，在美艺大楼里租了一间工作室，装上我的蓝色窗帘，铺了地毯，开始创作一些新作品，每天晚上为诗人和艺术家们跳舞。

1908年11月15日的《星期日太阳报》对其中一个夜晚进行了描述：

她（伊莎多拉·邓肯）腰部以下裹着一件精美的中国刺绣。她乌黑的短发卷成一个松散的发结，盘在颈后，头发随意地散着，像圣母玛利亚，她的脸……鼻子很挺，眼睛是灰蓝色的。很多新闻报道都说她身材高挑，宛如雕像——这是艺术的胜利，因为实际上她只有五英尺六英寸（167cm），体重一百二十五磅。

琥珀色的顶灯亮起，天花板中央的黄色圆盘发出柔和的光线，色彩效果更加完美。邓肯小姐为钢琴声音的不协调表示歉意。

"像这样的舞蹈不应该有音乐，"她说，"除非是潘神用从河岸上割下的芦苇吹出的音乐，或是用笛子和牧羊人的烟斗演奏的音乐。

其他艺术形式——绘画、雕塑、音乐、诗歌——都远远超出了舞蹈。舞蹈几乎是一种失落的艺术了，要想把它与音乐这样遥遥领先的艺术结合起来真的是困难重重。我毕生都在努力复兴舞蹈这门失落的艺术。"

她开始说话时，一直站在观众席她的诗人朋友旁边，而她说完时，她已经站在了剧院的另一边。你不知道她是怎么走到那里，她会让你想起她的朋友埃伦·特里，目空一切。

她不再是身心交瘁、愁眉苦脸的女主人。她有异教徒的精神、从一块破碎的大理石上自然地走下来，仿佛那是世界上最显而易见的事情。她也许是海神伽拉忒亚，因为伽拉忒亚刚被释放时，肯定会翩翩起舞。也许是在德尔斐丛林中逃离阿波罗的怀抱的达芙妮。

当你想到这些画面的时候，她的头发正好飘落下来。

这些年来，她一直站在那块埃尔金大理石上，供英国人戴上长柄眼镜观赏，还要忍受那些略显鄙夷的目光，她厌倦这些了。

一长串的塔纳格拉雕像，帕台农神庙前的游行队伍，瓮和石板上的悲伤图案，酒神的放纵，都在你眼前掠过。你似乎注视着她，但实际上，你的眼睛却在注视着这一切，注视着在这一切发生之前的人类本性。

邓肯小姐说，她的一生都在努力追寻过去，去发现那些在时间的迷宫中遗失的质朴。

"在那些我们乐于称之为异教徒的遥远岁月里，每一种情绪都有相应的动作来表达。"她说，"灵魂、身体、思想完美和谐地合一。看看被雕塑的诱惑捕获和囚禁那些希腊男人和少女，一点儿也不像是从大理石上被砍下和凿出的——如果他们嘴巴微张，你会知道他们要对你说什么。如果他们不开口，那又有什么关系呢，你同样也会有答案。"

然后她短暂地沉默后，又变成一个起舞的精灵，一个琥珀色的小雕像用高高举起的酒杯为你献上美酒，向雅典娜的神龛抛洒玫瑰，迎着爱琴海紫色的浪游泳。诗人在旁观看，先知将着他的胡子，轻轻地吟出济慈《古瓮颂》的诗句：

> 这些人是谁呵，都去赶祭祀？
> 美即是真，真即是美——这就是
> 你们在世上所知道、该知道的一切"①

一本艺术杂志的编辑（玛丽·方顿·罗伯茨）欣喜若狂地说道邓肯小姐承认她最喜欢的对她作品的解读是：

"伊莎多拉·邓肯跳舞时，观众会跟随她的舞蹈穿越好几个世纪，回到遥远的过去，回到世界的早晨。当伟大的灵魂经由肢体之美自由表达，运动的节奏与声音的节奏相呼应；当人体的舞动与风和大海融为一体，当女人手臂像玫瑰花瓣一样展开，她的脚踝在草地上就像一片树叶飘落到大地上。当所有的宗教、爱情、爱国主义、牺牲和激情的狂热由锡西拉、竖琴和手鼓表达出来；当男人和女人在炉石和神灵前跳舞，沉浸在宗教的狂喜中，或在森林里、在海边因为生命而喜悦，人类灵魂中每一个强烈的、伟大的或美好的冲动，都必须完全按照宇宙的节奏从精神涌向身体。"

---

① 引自《济慈诗选》穆旦译，人民文学出版社1959年版。

乔治·格雷·伯纳德曾建议我留在美国，我很高兴我听了他的话。因为有一天，工作室来了一个人，是他帮我赢得了美国公众的掌声。他就是瓦尔特·达姆罗施，他看到我在标准剧院和一个很差劲的小乐队一起演绎贝多芬的《第七交响曲》时，他能想象如果是他来指挥他优秀的管弦乐队，我的舞蹈会跳成什么样子。

我小时候学习的钢琴和管弦乐创作理论肯定还在潜意识中。每当我安静地躺下，闭上眼睛，我就能清楚地听到整个管弦乐队的演奏，就像他们在我面前一样。在我眼里，每件乐器都有一个神一样的形象，都能在演奏的过程中充分地表达情感。这个交响乐团的影子一直在我的内心世界中演奏。

达姆罗施提议，12月份在大都会歌剧院举办一系列演出，我欣然同意。

结果不出所料，在第一场演出中，查尔斯·弗罗曼想要一个包厢，他惊讶地发现剧院里座无虚席。所以说无论多么伟大的艺术家，如果没有合适的机会，也只能无人问津。埃莉诺拉·杜丝第一次在美国巡演时就碰到了类似的情况。当时，由于没有安排好，她的演出几乎都是空场，她觉得美国人永远不会欣赏她。可是1924年再次访美时，从纽约到旧金山，观众都对她报以热烈的掌声，仅仅是因为那一次，莫里斯·格斯特能理解她的艺术。

能与一支由八十人组成的管弦乐队共同演出，并由伟大的沃瓦尔特·达姆罗施指挥，我感到非常荣幸。这次巡演特别成功，因为整个乐团对团长和我本人都充满了善意。当我站在舞台中央起舞时，我感觉似乎全身的每一根神经都与乐队，还有伟大的指挥共振了。

我该怎么描述和乐团共同表演的喜悦呢？乐团就在我面前——瓦尔特·达姆罗施举起了指挥棒，我看着他们，第一声敲击音响起时，我的内心涌动着所有乐器的和弦声。演奏声的巨大的回响冲击着我，我成了一个媒介，去表达布伦希尔德被西格弗里德唤醒的喜悦，或是依索尔德在死亡中寻求的灵魂。我的舞蹈浩瀚无垠，像迎着风的帆。我舞蹈的动作带着我向前、向上，我感到体内有一股强大的力量，它聆听着音乐，然后通过我的全身向外释放，试图为听到的音乐寻找一个出口。这股力量时而激烈，时而汹涌，震撼着我，直到我的心几乎要因此而迸裂。我想，我在人世的最后时刻肯定要来了。有时感到很沉重，让我突然无比痛苦，我会把双臂伸向天际，恳求帮助，但无人能帮助我。常常想，称我为舞者简直是个错误——我只是传递乐团所表达的情感的磁场中心。从我的灵魂中迸发出炽热的光，将我与颤抖、振动的乐团连接在一起。

有一位长笛演奏家，他的《俄耳甫斯》中快乐精灵的独奏太美妙了，我经常发现自己在舞台上一动不动，眼泪往下流。在这位出色的指挥家的鼓舞下，小提琴的歌声和整个管弦乐队都在向上飞扬，这些声音都令我沉醉。

路德维希二世经常独自去拜罗伊特听管弦乐团的演奏，但如果他能在这个管弦乐团的伴奏下跳舞，他一定会更快乐。

我和达姆罗施之间有一种奇妙的共振，他的每一个动作我都能立即感受到并回应。每次，当他指挥的声音渐强时，我体内的活力也被激发，并通过肢体表现出来——因为每一个音符都要转化为一个音乐动作，我的全身都与他的指挥和谐共振。

有时，达姆罗施正在弯腰看乐谱，我从舞台上看过去会看到他的大额头。我觉得我的舞蹈真的就像雅典娜的诞生，有一种全副武装从宙斯头上跃出的感觉。

在美国的这次巡演可能是我一生中最快乐的时光，当然，我也因为想家而痛苦。我跳《第七交响曲》时，脑海中浮现的是我的学生们长大成人，和我一起跳这曲舞的样子。因此，这种快乐并不纯粹，饱含对未来更大快乐的期盼，这才是更伟大的快乐。也许生命中没有完全的快乐，只有希望。依索尔德情歌的最后一个音符看似意味着完整，但其实是死亡。

我在华盛顿遇到了一场大风暴。几位部长言辞激烈地抗议我的舞蹈。

但是突然，富兰克林·罗斯福总统在演出下午场现身，让所有人都感到十分震惊。他坐在贵宾包厢里，似乎很享受这场演出，在每个节目结束后都带头鼓掌。后来，他给一位朋友写信说：

"这些部长们从伊莎多拉的舞蹈中发现了什么危害呢？在我看来，她就像孩子一样天真无邪。在花园里，清晨的阳光照在她身上，她跳着舞，采摘她幻想中的美丽花朵。"

有报纸引用了罗斯福的这番话，大大打击了传教士们的气焰，也为我们的巡回演出助了一臂之力。事实上，巡回演出全程都非常顺利，令人愉快。瓦尔特·达姆罗施是最亲切的导演、最迷人的朋友，是一位真正伟大的艺术家。他休息时，会吃一顿丰盛的晚餐，一连几个小时地弹钢琴，从来不会感到厌倦，总是很和善、放松、令人愉快。

当我们回到伦敦后，我银行账户里的钱终于让我感到满意了。

如果不是因为太想见我的孩子和我的学生，我永远都不会再离开美国了。但有一天早晨，我在码头上和我的朋友们——玛丽、比伊·罗伯茨，诗人和艺术家朋友们告别，然后回到欧洲。

第二十二章　百万富翁

伊丽莎白带着二十位学生和我的孩子来巴黎和我团聚。想想我有多高兴——我已经有六个月没见过孩子了！她看到我后，用一种非常奇怪的眼神看着我，然后就哭起来了。我自然也跟着哭起来了，再次把她抱在怀里的感觉太神奇太美妙了。还有我另一个孩子和我的学校，学生们都长得很高了。这次团聚太美好了，我们整个下午都在跳舞和唱歌。

伟大的艺术家吕涅·波负责我在巴黎的演出事宜。他曾把埃莉诺拉·杜丝、苏珊·德普雷斯和易卜生介绍到法国。他注意到我的作品需要一个特定的环境，于是在巴黎抒情艺术中心为我找了科洛纳管弦乐团，并由科洛纳担任指挥。结果，我们在巴黎掀起了一场风暴，像诗人亨利·拉维丹、皮埃尔·米勒和亨利·德·雷格尼耶都曾热情地为我写诗。

巴黎公众对我很满意。

我的每场演讲都挤满了艺术界和知识界的精英。我的梦想似乎就要实现了，我想要的学校似乎唾手可得。

我租下了丹东街5号的两层大公寓。我住一楼，二楼供学校的孩子和他们的家庭教师居住。

有一天，在日场演出之前，我被吓坏了，孩子突然毫无征兆地开始咳嗽并窒息。我以为是严重的哮喘，打了辆出租车，在巴黎找来找去，想找一位可以出诊的医生。最后，找到了一位著名的儿童专科医生，他很友善，愿意和我一起去看看孩子的情况，并很快安慰我说没什么大碍，只是咳嗽而已。

我的演出迟到了半小时。科洛纳用音乐填补了休息时间。整个下午，我跳舞的时候，心里很担心、很不安。我自然很爱我的孩子，我觉得如果她出了什么事，我真的活不下去了。

母爱多么强大、自负和凶残，我并不认为这值得钦佩，能够爱所有的孩子才更令人钦佩。

黛特现在蹦蹦跳跳，手舞足蹈。她特别可爱，简直是一个小埃伦·特里，我这么想这当然是因为思念和钦佩埃伦·特里。当人类社会进步到某种程度，所有怀孕的母亲在孩子出生前都可以被保护在某个地方，在那里，她们被各种雕塑、名画和音乐环绕。

这一季的盛事是布里松舞会，巴黎所有的艺术家和文学家都应邀出席。每个到场的人都会扮演成某个作品里的人物形象，我扮成欧里庇得斯笔下酒神女祭司。我看到穆内·絮利穿着希腊长袍，他可能扮演的就是狄奥尼索斯本人。我整个晚上都在和他跳舞——或者说至少我是围着他跳的，因为伟大的穆内不屑于现代舞步，结果被传得沸沸扬扬。但我真的很无辜，我和这位伟大艺术家只是一起娱乐。我一个天真的美国人，那天晚上竟让巴黎如此震惊。真是奇怪。

最近对心灵感应的研究表明，一部分脑电波可以通过空气通道传送给接收者，甚至是在发送者意识不到的情况下。

我快破产了。学校一直在发展，需要的钱越来越多，我找到的赞助不足以支撑所有开支。我用自己赚来的钱收养了40个孩子，养育他们，教育他们，其中20个在德国、20个在巴黎。

我还在帮助其他人。有一天，我开玩笑地对姐姐伊丽莎白说：

"不能再这样下去了！我的银行账户已经透支了。如果学校要继续办下去，我们必然找一个百万富翁的赞助商。"

愿望说出来后，我就着迷了。

"我必须找一个百万富翁！"我每天都要重复上百遍，先是开玩笑，最后是按照库埃①的方法认真地重复。

一天早上，在巴黎抒情艺术中心一次成功的演出之后，我穿着睡衣坐在镜子前。我记得当时为了下午的日场演出，我烫成了鬈发，还戴着一顶蕾丝小帽。我的女仆拿着一张名片进来，我一看，是一个名人！我忽然想到："我的百万富翁来了！"

"快让他进来！"

他进来了。身材高大，金发碧眼，头发和胡须都是卷曲的。我的第一个念头是：洛亨格林。"谁想成为我的骑士？"他说话的声音很迷人，但一副很害羞的样子。我想："他就是一个用胡子伪装的大男孩。"

"你不认识我，但我非常喜欢你精彩的舞蹈。"他说。

---

① 库埃：埃米尔·库埃（1857—1926），法国心理学家和药剂师，库埃方法指的是基于乐观自我暗示的自我提升方法。

这时，一种好奇的感觉涌上心头：我见过他。在哪里呢？如梦初醒，我想起了波利尼亚克亲王的葬礼。我当时还是一个年轻女孩，在难过地哭泣，一开始不习惯法国的葬礼，亲属在教堂的过道站成长长的一列，有人推我，他们低声说："我们应该握手。"而我正在为我死去的挚友感到由衷的悲痛，不得不和一个又一个死者的亲戚握手。我记得我突然和一个人对视了，那个人就是我面前这个高个子男人。

我们第一次见面是在教堂的棺材前，没有幸福的预言。然而，从那一刻起，我意识到他就是我的百万富翁，我的脑电波一直在寻找他。无论命运如何，这都是命运。

"我热爱你的艺术，你建学校的勇气令我钦佩，让我来帮助你。我能做些什么呢？比如说，您愿意和这些跳舞的孩子一起去里维埃拉海边的小别墅，在那里创作新的舞蹈吗？费用您不用担心，我全部承担。您已经创作了那么多作品了，一定感到疲惫了，现在就让我来承担吧！"

一周后，我们的小队伍坐上了头等车厢，向着大海和阳光飞驰而去。洛亨格林来车站迎接我们。他穿着一身白衣，看上去很高兴。他把我们带到海边一座温馨的别墅里，从别墅的露台上，他指给我们看他的白翼游艇。

"这艘游艇叫艾丽西亚夫人号，"他说，"但也许现在我们可以改名为爱丽丝号。"

孩子们穿着浅蓝色外衣在橘子树下起舞，手里满是花朵和果实。洛亨格林对孩子们非常友善，对每个人都很体贴，孩子们很喜欢他。我原本就很感激他，现在他对他们的关爱让我更信任他了。因为每天都能感受到他的魅力，我对他的感激之情很快又加深了许多。不过，当时我只是把他当作我的骑士，远远地崇拜着他。

我和孩子们住在博略的一栋别墅里，洛亨格林住在尼斯的一家时髦酒店里。他时不时地邀请我和他共进晚餐。我记得有一次我穿着简单的希腊外衣赴宴，共进晚餐的还有一个女人，她穿着镶满钻石和珍珠的非常华丽的晚礼裙。我立刻意识到她是我的敌人，她让我充满恐惧，后来这一点被证实了。

一天晚上，洛亨格林以他特有的慷慨邀请了一大群人参加在赌场举行的狂欢舞会。他为每个人都准备了皮埃罗服装，材质都是自由缎。这是我第一次穿皮埃罗服装，也是我第一次参加的公开的假面舞会。真是欢乐，像节日一样。对我来说，现场只有一片阴云。钻石女士也来参加舞会了——她也穿着皮埃罗服装，我看着她的时候，我感觉备受折磨。但我记得我后面我还和她一起热舞——又爱又恨——直到管家碰了碰我们的肩膀，告诉我们这是不被允许的。

就在我胡闹的时候，突然有人打电话来找我。电话是从博略别墅打来的，说学校有个学生叫埃里卡，她忽然发作哮喘——非常严重，也许快死了。我赶紧跑到餐桌前去找洛亨格林，他正在那里招待他的客人。我让他快过来，打电话找医生，就在电话旁，我们俩都因为最亲爱的学生感到恐慌，在这样的压力下，我们的防线崩溃了，我们的嘴唇第一次碰在了一起，但我们没有浪费时间。洛亨格林的汽车就在门口，我们两个"皮埃罗"去接了医生，然后飞奔到了博略，我们发现埃里卡窒息了，她的脸很黑。医生尽力了，我们在床边等着——两个惊慌失措的皮埃罗，等待着判决。两个小时后，黎明的曙光悄悄地从窗外照进来，医生宣布，孩子得救了。泪水顺着我们的脸颊流下，脸上的妆都花了，但洛亨格林抱着我，说："鼓足勇气，亲爱的，让我们回到宾客身边去。"回去的路上，在车里，他一直紧紧地抱着我，低声说："亲爱的，哪怕我们只有这一晚、这一段记忆，我也会永远爱你。"

聚会现场的时间过得太快，大多数客人几乎没有注意到我们的缺席。

然而，有一个人却一直在掐着时间。那位钻石小姐嫉妒地注视着我们离去，我们回来后，她从桌子上抢过一把刀，飞快地冲向洛亨格林。幸运的是，洛亨格林及时发现了她的意图，一把抓住她的手腕，把她高高地举过头顶，然后把她抱到了女厕所，整个事件就像是事先安排好的一个狂欢节玩笑。洛亨格林把她交给了服务人员，并简单交代他们，说她看起来有点歇斯底里，显然需要喝点水。之后他回到舞厅，若无其事、看起来心情很好。事实上，从那时起，整个聚会的气氛越来越好，当晚所有大胆和矛盾的情绪都在我和马克斯·迪尔雷跳起探戈舞《阿帕奇》开始，凌晨五点，聚会的气氛因为我们达到了高潮。

宴会在日出时结束了，钻石女士独自回到了她的酒店。洛亨格林则留在我身边。他对孩子们的慷慨，对小埃里卡生病的担心，真正为她感到痛苦，都赢得了我的爱。

第二天一早，他提议乘坐现在重新命名的游艇。我们把学校交给家庭教师照顾，带着我的女儿，驶向了意大利。

金钱背后就是诅咒，有钱之后快乐的时间超不过24小时。

如果我意识到和我同行的男人内心是个被宠坏的小孩，那我说的每句话、我的每个动作都会去取悦他、一切可能就好多了。但是当时太年轻、太天真了，根本不懂这些。我还喋喋不休地给他讲我的理想生活——柏拉图的《理想国》、马克思、社会的广泛变革，根本没有意识到我带来的破坏。这个声称爱上我的勇气和慷慨的男人，发现他带上游艇的女人竟然是某种赤色分子，他越来越感到害怕。他慢慢发现他平静的内心接受不了我的理想。有一天，矛盾爆发了。他问我最喜欢哪首诗，我非常高兴地拿出自己的枕边书，给他朗读了我最喜欢的惠特曼的《大路之歌》，我当时非常起劲地读诗，没有注意到他的反应，我抬起头之后，看到他那张帅气的脸上写满愤怒，我很不理解。

"真是荒唐！"他抗议道，"这个人肯定养活不了自己！"

"你没看到吗，"我喊道，"他有自由美国的向往。"

"该死的向往！"

我突然意识到，他向往的美国就是那几十家为他创造财富的工厂。但女人就是如此反常，在这次争吵和类似的争吵之后，我都会再次投入他的怀抱，在他粗暴的爱抚下忘记一切。我还安慰自己，说他很快就会睁开眼睛，就会理解，会帮我为普通人的孩子们建立一所伟大的学校。

与此同时，豪华的游艇驶过蔚蓝的地中海。

一切仿佛发生在昨天一样：游艇宽大的甲板，摆放着银器和水晶制品的餐桌，穿着白色长袍的黛特在跳舞。当然，我沉浸在爱和快乐里。然而，一直以来，当我注意到游艇上的司炉工，他们一直在机舱里工作，还有五十名水手，以及船长和大副，为了两个人的快乐而花了这么多钱，我就感到心情沉重，我下意识地对这些过去的日子感到不安——每一天都在虚度光阴。有时我会把奢侈的生活、没完没了的宴会、对他们的快乐毫不关心的轻松和安逸，与我早年的痛苦挣扎相比，身体和内心都迅速受到影响，感觉就像黎明的光辉消逝在正午的酷热中。我的洛亨格林，我的圣杯骑士本应和我一起分享伟大的思想。

我们在庞贝待了一天。洛亨格林有个浪漫的想法——他想看我在月光下的帕埃斯图姆神庙跳舞。他立即请来了一个小型的那不勒斯管弦乐队，并安排他们先去神庙等我们。但那天狂风暴雨，所以当天和第二天游艇都无法驶离港口，我们到帕埃斯图姆了，看到乐手们全身湿透地坐在神庙的台阶上，他们已经在那里等待了二十四个小时，太可怜了。

洛亨格林点了几十瓶葡萄酒，我们像阿拉伯人那样吃起了手抓羊肉。饥肠辘辘的管弦乐队狼吞虎咽，他们在神庙等得太久了，体力都消耗完了，根本无法演奏。又下起了小雨，于是我们都上了游艇，驶向那不勒斯。乐手们想壮着胆子在甲板上为我们演奏，但船开始摇晃时，他们一个个脸色发青，退回了船舱里。

月光下在帕埃斯图姆神庙跳舞的浪漫想法就这样破灭了！

他想继续在地中海航行，但我记得我和我的俄国经纪人签了表演合同，他无视我所有的恳求，所以即使对我来说非常困难，但我还是决定履行合同。洛亨格林带我回了巴黎，他本想和我一起去俄国，但担心护照有问题。他在我的隔间里装满了鲜花，我们含情脉脉地道了别。

一个奇怪的事实是，在与所爱的人分别时，尽管我们会被强烈的悲伤吞噬，但又会感到解放了。

在俄国的巡演像在其他地方巡演一样成功，但差点发生了一个悲剧性事件——尽管结果相当滑稽。一天下午，克雷来找我。有那么一瞬间，我几乎要认为一切都不重要了。学校、洛亨格林，所有的一切都不重要了，我只想见到他，见到他实在太幸福了。但我是很忠贞的人。

克雷正兴致勃勃地为斯坦尼斯拉夫斯基艺术剧院的《哈姆雷特》布景，剧团的所有女演员都爱上了他，他的帅气、友善和异乎寻常的活力让男演员也很喜欢他。他经常向大家兜售他对艺术的看法，他们都尽量认真倾听他所有的幻想和想象。

我见到他时，我再次感受到了他昔日的魅力和吸引力。要不是我身边有一个非常漂亮的秘书，事情的结局可能就不一样了。最后一天晚上，当我们正要动身前往基辅时，我邀请了斯坦尼斯拉夫斯基、克雷和那位秘书共进晚餐。晚饭吃到一半时，克雷问我是否想和他在一起。我无法回答，于是他就像以前一样很生气，把秘书从椅子上拎起来，抱进另一个房间，然后把门锁上。斯坦尼斯拉夫斯基非常震惊，他竭力劝说克雷开门，但没有用，我们只能去车站。到了车站，火车已经在十分钟前开走了。

我和斯坦尼斯拉夫斯基回到了他的住处，我们满脸愁容，谈了谈现代艺术，避开谈论克雷。但我看得出，斯坦尼斯拉夫斯基对克雷的行为感到痛心和震惊。

第二天，我乘火车前往基辅几天后，脸色苍白、有些颤抖的秘书来找我，我问她是不是不想和克雷一起留在俄国，她说一点儿也不想。于是我们回到了巴黎，洛亨格林来见我们。

他在孚日广场有一间奇怪、阴暗的公寓。我们躺在路易十四时期的床上，他用爱抚让我窒息。我第一次知道了神经和感觉的变化。我似乎以一种全新的、令人兴奋的方式活了过来了，我之前从未有这样的体验。

就像宙斯会千变万化一样，他一会儿是公牛，一会儿是天鹅，一会儿又是黄金雨。而我被带到这种爱的波涛中，被白色的翅膀轻抚，不可思议地被金色的云朵诱惑和圣化。

我还知晓巴黎所有真正的好餐馆。在这些餐馆，洛亨格林都被奉为座上宾，受到国王般的礼遇。所有的餐厅经理和厨师都抢着讨好他。这也难怪，因为他给钱的方式真的很有皇家风范。我第一次知道了炖鸡（poulet cocotte）和简单鸡胸肉（poulet simple）的区别，以及奥托兰（ortolans）、松露和蘑菇的不同价值。事实上，我舌头和味觉沉睡的神经都被唤醒了，我开始了解有年份的葡萄酒，以及哪一年、哪个产区的口感和味道最佳。此外，我还学到了很多之前被我忽略的东西。

现在，我第一次拜访时髦的裁缝，被面料、颜色、款式甚至帽子诱惑。我本来总是穿着一件白色的小短袍，冬天是羊毛的，夏天是亚麻的。订购漂亮礼服、穿上漂亮礼服的诱惑实在太大了，我只得屈服。当然我有一个个人理由，那就是这位裁缝师不是普通人，而是天才保罗·波瓦雷，他能把一个女人打扮得像一件艺术品一样。然而，对我来说，这是亵渎艺术的神圣。

这些满足感都有适得其反的一面，当时我们谈论过那种奇怪的病——神经衰弱。

我记得在布洛涅森林，那是一个美好的早晨，我和洛亨格林一起散步时，他的脸上浮现出一种让我觉得遥远而又悲痛的表情（后来我害怕这种表情）。当我问及原因时，他回答：

"我看到母亲躺在棺材里的脸，无论我在哪里，都能看到她死去时的脸。既然一切都以死亡告终，那活着还有什么意义呢？"

我意识到，财富和奢侈品并不能给人带来满足感！富有的人更难在生活中取得成就。停在港口里的游艇总是在邀请人们驶向蔚蓝的大海。

ISADORA DUNCAN

第二十三章　儿子降生

那年夏天，我们一直在布列塔尼的游艇上，风浪很大的时候，我就下船，开着汽车跟着游艇沿着海岸航行！洛亨格林一直坚守在船上，但他不是一个好水手，经常摆出一副臭脸。富人以此为乐！

9月份，我和孩子还有护士去了威尼斯。我独自一人和他们待了好几周。一天，我走进圣马可大教堂，一个人坐在教堂，凝视着金碧辉煌的穹顶，突然，我似乎看到了一个小男孩的脸，但那也是一个天使的脸，他有一双大大的蓝眼睛和一头金发。

我去了海滨浴场，小黛特在沙滩上玩耍，我就坐在那里，沉思了好几天。我在圣马可大教堂梦见的一切让我既高兴又不安。我曾经深深地爱过，但我现在清楚所谓的爱充满无常且自私任性。为此牺牲，对我的艺术、我的工作或许有好处，但又或许会带来致命打击。我突然开始强烈地怀念我的艺术、工作和学校。

我认为，每个人都有一条精神曲线，它是一条向上的曲线，所有依附在这条线上的和让这条线越来越有力的才是我们真正的生命，其他的不过是随着我们灵魂的攀升而掉落的糠秕。我的那条线是艺术，我生命中两个精神支柱是艺术和爱。爱经常摧毁艺术，而艺术的强烈呼唤也常常导致爱情以悲剧结束。爱和艺术不能共存，只会不断引发战争。

因为精神的痛苦和内心的犹疑，我去米兰咨询了一位医生朋友。

"为什么，这太荒谬了！"他惊呼道，"你可是独一无二的艺术家，却要再次冒让全世界永远失去你的艺术的风险，这不可以。请接受我的建议，不要犯下这种反人类的罪行。"

听了他的话之后，我陷入了痛苦的犹像之中——有一刻，想到自己的身体再出现这种扭曲，我心中充满了反叛精神。我的身体是我艺术的工具，再次受到这样的摧残，再次被呼唤、希望、天使的面孔、我儿子的面孔所折磨。

我请我的朋友让我独自待一个小时来做出决定。我还记得酒店的卧室很阴暗，卧室正对着我，我突然看到了一幅画——一个穿着十八世纪长袍的陌生女人，她用可爱而残忍的眼神直视着我。四目相对，她似乎在嘲笑我，似乎在说，无论你如何决定，结果都一样，看看我的光芒，多年前的我闪闪发光，死亡吞噬了一切——你为什么再次把生命带到这个世界，要因此受苦，却最终被死亡吞噬？

她的眼神变得更加残忍、更加邪恶，我也更痛苦。我用手遮住眼睛，避免和她对视，我试着思考，试着做出决定。我盯着貌似嘲弄的双眼，但其中似乎毫无怜悯的情绪，只是无情地嘲笑着我。是生是死，可怜的人，你陷入了无情的陷阱。

最后，我站起身来，对着那双眼睛说："不，你并不能让我痛苦，我相信生命，相信爱，相信自然法则是神圣的。"

或许是因为我的想象，那双坚毅的眼睛里似乎突然闪过一丝可怕的嘲弄的笑意。

我的朋友回来后，我告诉了他我的决定，从那以后，再也没有什么能改变我的决定了。

回到威尼斯，我抱着黛特，轻声对她说："你要有个弟弟了。"

"哇，"黛特笑了，高兴得拍起手来，"太好了，太好了。"

"是的，是的，会很甜蜜的。"

我给洛亨格林发了一封电报，他就匆匆赶到了威尼斯。他似乎很高兴，充满了喜悦、爱和温柔。恶魔般的神经衰弱一时之间完全离我而去。我与瓦尔特·达姆罗施签了第二份合同。10月，我乘船前往美国。

洛亨格林从未去过美国，想起自己有美国血统，他兴奋不已。当然，他住进了船上最大的套房，我们每晚都会收到一份印制的特别菜单，像贵族一样旅行。与百万富翁一起旅行确实轻松了许多，我们住在广场最豪华的套房里，每个人都会对我们鞠躬致意。

我认为美国肯定有某种法律和习俗禁止情侣一起旅行。可怜的高尔基和他相恋十七年的情妇被追得东奔西走，生活备受煎熬。当然，当一个人非常富有时，就不会有这些不愉快。

在美国的巡演是最快乐、最成功、最热闹的，因为金钱吸引金钱，直到一月的一天，一位非常紧张的女士来到我的包厢，惊呼道："但是，我亲爱的邓肯小姐，你们的服装太透了，从前排看得很清楚，你们应该换掉服装。"

我回答："哦，但是，亲爱的X夫人，这正是我的舞蹈所要表达的——爱——女人——形成——春天。你知道波提切利的画里就是丰饶的大地、跳舞的美惠三女神、圣母、西风。一切都沙沙作响，预示着新的生命。这就是我的舞蹈要表达的——"

X夫人一脸疑惑，但我们认为最好还是不要在美国巡演了，要重返欧洲，因为我的幸福状态真的越来越明显了。

奥古斯丁和他的小女儿和我们一起回了欧洲，这让我非常高兴，他和妻子分居了，我想这次旅行会分散他的注意力。

"你想不想整个冬天都乘舫式渡船游尼罗河，从灰暗阴沉的天空飞到阳光灿烂的地方，游览底比斯、登德拉赫——所有你向往已久的地方？游艇已经准备好带我们去亚历山大港，大帆船上有30名当地水手，还有一流的厨师，有豪华的船舱——带浴室的卧室。"

"啊，但是我的学校、我的工作怎么办呢？"

"你姐姐伊丽莎白把学校打理得很好，而你还这么年轻，可以工作的时间长着呢。"

所以我们整个冬天都在尼罗河上航行，几乎像做梦一样开心，只不过时不时的，神经衰弱就会出现，就像一只遮住了太阳的黑手。

当大帆船沿着尼罗河缓缓前行时，灵魂也回到了一千年前、两千年前、五千年前。穿越历史的迷雾，回到永恒之门。

对当时的我来说，这次航行是多么安静和美丽，内心也充满了对新生活的憧憬。那些传说中的古埃及国王的庙宇在沙漠深处，藏着法老王陵墓不为人知的奥秘。我体内的小生命似乎隐约感觉到这次旅程是前往黑暗与死亡之地。一个有月光的夜晚，在丹德拉神庙，埃及的阿佛洛狄忒——哈托尔女神雕像面部斑驳，看着我未出世的孩子，不断地在整个神庙里实施催眠。

尤其震撼我的是在帝王谷。有一个小王子的坟墓，他没有长大成为伟大的法老或国王，而是小小年纪就夭折，几千年来，在人们眼里他一直是个夭折的孩子，他在那里躺了六千年。但是，如果他还活着，他已经六千多岁了！

我对埃及的记忆都有什么？紫色的日出、金黄的晚霞、沙漠的金沙和神庙。艳阳高照，身处神庙的庭院，想象着法老的生活——梦见我的孩子就要出生了。沿着尼罗河畔行走的农妇，她们戴着华丽的头饰，头上顶着花瓶，丰满的身躯在黑色、飘逸的衣物下摇曳。黛特在甲板上轻盈地起舞。我们在底比斯的古老街道漫步，仰望残破的古代神像。

看到狮身人面像时，她说："哦，妈妈，这个娃娃不美，可是真威风呀！"

她刚刚开始学有三个音节的单词。

永恒的神庙前的那个小宝宝，法老墓中的那个小王子，国王山谷，沙漠驼队，搅动沙漠的大风暴，这一切都到哪里去了？

埃及的凌晨四点，太阳已经高照了，从尼罗河汲水的水车开始不断地发出哀鸣声，让人再也无法入睡。接着，岸上的劳动也开始了，汲水、耕田、赶骆驼，直到日落时分。简直就像一幅幅活动起来的壁画。

水手们唱着歌，他们古铜色的身躯随着船桨起伏，舫式渡船缓缓前行。我们静静地看着，以旁观者的身份享受着这一切。

夜色很美。我们有一架施坦威钢琴，还有一位才华横溢的年轻英国艺术家与我们同行，他每晚都为我们演奏巴赫和贝多芬的作品，他们庄严的乐章与埃及的环境和神庙如此和谐。

过了几周，我们到达瓦迪哈勒法（苏丹北部边境城市），进入努比亚地区，这里的尼罗河非常狭窄，几乎可以碰到两岸。在这里，同行的男性继续前往喀土穆，而我和黛特独自留在大帆船上，度过了我一生中最平静的两周。在这个美好的国家里，烦恼和忧思似乎都是庸人自扰。我们的船似乎在被岁月的节奏摇晃着。对于那些经济宽裕的人来说，乘坐一辆设施完备的舫式渡船，沿着尼罗河航行，是世界上最好的放松方式。

埃及是我们的神往之地，但对埃及贫穷的农夫来说，却是劳作之地。但无论如何，这里是我所知的唯一劳动如画的地方。这里的农夫靠扁豆汤和未经发酵的面包为生，他们的身体美丽、柔韧性好，无论是在田间弯腰劳作，还是在尼罗河汲水，他总能展现出青铜器模特一样美好的体态，足以让雕塑家眼前一亮。

回到法国，在维勒弗朗什上岸后，洛亨格林在博略租了一栋豪华的别墅，台阶一直延伸到海边。他冲动地买下了卡普费拉的一块地，打算建造一座巨大的意大利城堡。我们乘车参观了阿维尼翁的塔楼和卡尔卡松的城墙，打算以这两处为原型建造我们的城堡。但遗憾的是，就像他的许多其他奇思妙想一样，这座城堡从未完工。

此时，他的内心异常不安。他不是急着去卡普费拉买地，就是在周一乘坐特快列车回巴黎，然后在周三返回。我静静地待在海边的花园里，思考着生活与艺术之间的奇特差异。我时常在想：一个女人是否真的能成为艺术家？因为艺术是一项艰巨的任务，它要求一个人投入一切，而一个陷入爱恋的女人则会放弃一切。无论如何，在这里，我第二次与我的艺术完全分离，动弹不得。

5月1日的早晨，蓝色的大海上，阳光刺眼，大自然的鲜花和喜悦都在绽放，我的儿子出生了。

与诺德维克愚蠢的乡村医生不同，博松医生知道明智地使用适量的吗啡来帮我减轻痛苦。第二次分娩的经历与第一次截然不同。

黛特走进我的房间，她那迷人的小脸上充满了早熟的母性。

"哇，一个可爱的小男孩。妈妈，您不用担心，我会一直把他抱在怀里照顾他的。"

她出意外后，我又想起了她说过的话，她那僵硬、白皙的胳膊抱着他。人们为什么呼喊上帝？如果上帝真的存在，那一定不知道这一切。

于是，我发现自己又一次躺在海边，怀里抱着一个婴儿。只不过这一次不是在被风浪击打的白色小房子里，而是在豪华的别墅里；不是在沉闷、让人不安的北海边，而是蔚蓝的地中海岸。

第二十四章　邓南遮

回到巴黎后，洛亨格林问我是否愿意举办一场聚会，邀请所有的朋友来参加，还问我是否愿意起草一个节目单。我们很乐意全权负责此事。在我看来，有钱人从来不知道如何自娱，他们举办的晚宴和一个穷门房举办的晚宴没什么两样。我一直在想，如果资金充足，一个人可以举办多么精彩的聚会呀。于是，我开始着手宴会的事了。

　　下午四点，宾客应邀到达凡尔赛宫，在公园里支着帐篷，里面摆满了各种点心，从鱼子酱、香槟，到茶和蛋糕，应有尽有。之后，在支着帐篷的空地上，在皮埃内的指挥下，科隆管弦乐团为我们演奏了理查德·瓦格纳的作品。我还记得，在那个美丽的夏天，在大树荫下演奏的《西格弗里德牧歌》是多么美妙——夕阳西下时，《西格弗里德的葬礼进行曲》是多么庄严。

　　音乐会结束后，宾客们可以享受盛宴。宴会直到午夜时分才结束。公园里的灯光亮起，每个人都在维也纳管弦乐队的乐曲声中跳舞，直到深夜。

如果一个有钱人要花钱招待他的朋友就应该这样做。巴黎所有社会名流和艺术家都参加了这次宴会，而且非常喜欢。但奇怪的是，虽然这一切都是我安排的，但是花了五万法郎（战前法郎）的洛亨格林，却没有出现。

宴会开始一小时前，我收到一封电报，说他中风了，病得很重，来不了了，但我要在他缺席的情况下接待客人。难怪我有成为共产党员的倾向，因为我经常看到一个富人要想找到幸福就像西西弗斯从地狱把石头滚到山顶一样。

同年夏天，洛亨格林说我们应该结婚，我向他抗议说我反对结婚。

"结婚对于艺术家来说是一件多么愚蠢的事，"我说，"我这辈子都要在世界各地巡回演出，你怎么可能一辈子都坐在包厢欣赏我呢？"

"我们要是结婚了，你就不用巡回演出了。"他回答。

"那我们做什么？"

"我们可以住在我在伦敦的房子，或是乡下的房子里。"

"那我们该做什么呢？"

"我们可以坐着游艇出海。"

"但是我们做什么呢？"

洛亨格林提议我们先试着一起生活三个月。

"我不愿意相信你会不喜欢和我一起生活。"

那个夏天，我们去了德文郡，他在那里有一座很美的城堡。这座城堡是他照着凡尔赛宫和小特里亚农宫建造的，有好多间卧室、浴室和套房。一切都由我做主，车库里有十四辆汽车，港口停着一艘游艇。但我没想过会下雨。英国的夏天每天都在下雨，英国人似乎一点儿也不介意。他们起床后，吃过早饭（鸡蛋、熏肉、火腿、动物肾脏和粥）就穿上雨衣，走进潮湿的乡村，直到午饭。午饭会吃很多道菜，最后一道是酸奶油。

午餐到五点钟之间，按理来说是他们处理信件的时间。但我觉得他们其实是在睡觉。五点，他们会下楼喝下午茶，还有各种蛋糕、面包、黄油和果酱。之后，他们会假装打打桥牌，准备迎来一天中真正重要的事情——盛装参加晚宴，大家都穿着全套礼服，女士们穿低领晚礼服，男士们则穿浆过的衬衫，一同享用有二十道菜的晚餐。晚餐结束后，他们会谈论一些轻松的话题，比如政治、哲学，然后就离席休息了。

你可以想我是否会满足于这种生活。过来几个星期，我就绝望了。

现在，城堡里有一个很豪华的宴会厅，里面挂着戈贝兰挂毯和大卫的拿破仑加冕图。大卫好像画了两幅这样的画，其中一幅在卢浮宫，另一幅就在这里。

洛亨格林注意到我越来越绝望，问我："你为什么不在这里跳舞呢？

我想起了戈贝兰挂毯和大卫的作品。

"我怎么能被这些包围着，在打了蜡的油腻腻的地板上，跳我动作简单的舞蹈呢？"

"不用为此烦心，"他说，"你可以拿来你的幕布和地毯呀。"

于是，我把挂在挂毯上的布拿下来作为我的幕布，把地毯铺在打了蜡的地板上。

"我必须请一位钢琴师。"

他表示同意，于是我给科洛纳发了电报：

我夏天在英国，必须工作，派钢琴家来。

在科隆的管弦乐队里有一位很优秀的小提琴手，他长得很奇怪，硕大的头部在奇形怪状的身体上摇摆。他也会弹钢琴，是科洛纳带着他一起来的。但这个人对我很冷漠，每当我看他或碰到他的手时，我都会感到生理不适。我恳求科洛纳不要再让我看到他。科洛纳说他很爱我，但我告诉他，我对这种排斥感无能为力，我根本无法忍受他。有一天晚上，科洛纳病了，不能在巴黎抒情艺术中心为我指挥，他派了这个人来代替他。我非常生气："如果是他指挥，我跳不了。"

他来后台找我，含泪看着我说："伊莎多拉，我真的很崇拜你，让我指挥一次吧。"

我冷冷地看着他：

"不，我必须解释一下，你让我感到生理不适。"

说罢，他泪流满面。

观众们都在等着，于是吕涅·波说服皮埃内来指挥。

一个特别的雨天，我收到了科洛纳的一封电报：

派了钢琴家，在某时某日到达。

我来到车站，惊讶地看到这个人从火车上下来。

"科洛纳怎么派你来了，他知道我讨厌你？"

"请原谅，夫人，是我师父派我来的。"他结结巴巴地说。

当洛亨格林知道来的钢琴家是谁时，他说："至少我没有妒忌的理由了。"

洛亨格林一直身体不适，他认为这是因为自己中风了。有一位医生和一位训练有素的护士照顾他。他们对我管得很严，我被安排在城堡另一端一个角落的房间里，他每天都要独自在房间里待几个小时，吃的是米饭、通心粉，喝的是水，我不能随意去打扰他。

医生每隔一个小时就要来给他量一次血压。有时，洛亨格林被放入一个从巴黎带来的类似笼子一样的容器里。他坐在里面，笼子里有几千伏的电流对着他。他看上去非常可怜，嘴里念叨着：

"希望我能好起来。"

这一切都让我越来越烦躁不安，再加上阴雨绵绵，后来的一切似乎都是有迹可循的。

为了排遣无聊和烦恼，我开始和那位钢琴师一起工作，尽管我很不喜欢他。每当他为我演奏时，我就在他身边放上一块屏风。

"你太让我讨厌了，我不能看着你。"

一同住在这所别墅里的，还有洛亨格林的老朋友伯爵夫人。

"你怎么能这样对待可怜的钢琴家？"她说。有一天，她坚持要我邀请钢琴家和我们一起乘坐她那辆封闭的汽车。我们每天午饭后都会坐这辆车出去兜风。

于是，我很不情愿地邀请了他。车上没有多余的座位，所以我们得坐在一排，我坐在中间，伯爵夫人坐在我右边，那位钢琴师坐在我左边。和往常一样，大雨倾盆。我们往乡间走了一段路后，我看着那位钢琴师就心生厌烦，于是我敲了敲玻璃，让司机掉头回家。他点了点头，为了讨好我，迅速掉头回去，乡间小路上到处都是很深的车辙，车转弯时太急了，我一下子扑进了那位钢琴师的怀里。他双臂搂着我，我坐好后，看着他，突然觉得我整个人像一堆被点燃的稻草一样燃烧起来了。我从未有过如此强烈的感觉。而且当我看着他时，我突然大吃一惊。我之前怎么没有注意到呢？他的脸非常漂亮，他的眼睛里有一团抑制不住的天才的火焰。从那一刻起，我就知道他是一个伟大的人。

当时唯一可以给洛亨格林使用的兴奋剂是一种著名的新发现，现在已经卖了成千上万瓶，据说可以刺激吞噬细胞。管家奉命每天向客人赠送这种兴奋剂，并并附上洛亨格林的问候。虽然事后我发现每次应该只喝一茶匙，但洛亨格林坚持要我们喝一杯。后来有一个药剂师告诉我说这种刺激吞噬细胞的混合药物有很强的催欲效用。

从那天开车外出起，我们就特别想独处。我们去了温室、花园，甚至去泥泞的乡间小路上散步。但是这些一发不可收拾的激情以一种激烈的方式结束。有一天，钢琴师不得不离开城堡，再也不能回来。我们做出这样的牺牲，是为了挽救一个濒死的人。

很久之后，当我听到美妙的《耶稣的镜子》时，我意识到我的感觉是对的，钢琴师是个天才。天才对我总是有致命的吸引力。

但这段经历向我证明，我肯定不适合家庭生活。秋天的时候，某种程度上我变得更加睿智且忧伤，于是乘船前往美国，去实现我的第三个梦想。我第一百次坚定地决定，今后我将把我的整个生命献给艺术。艺术虽然是艰巨的任务，但比人类更懂得感恩。

这次在美国，我到处奔走，呼吁美国人帮我办学校。三年富裕的生活经历让我明白，这种生活没有希望，它贫瘠且自私，也向我证明了只有普遍的方式来表达的快乐才是真正的快乐。那年冬天，我在大都会剧院对着包厢里的观众慷慨激昂地演讲。报纸头条是"伊莎多拉辱骂富人"。我这样说过：

"有人说我诋毁美国。也许我说过美国不好的地方，但这并不意味着我不爱美国。也许只是因为我太爱美国了。我曾经认识一个男人，他爱的死去活来的女人对他无话可说，而且对他很不好。他每天用不友好的语言给她写信。她问他你为什么给我写这么粗鲁的信，他说因为我爱你爱得发狂。"

心理学家可以解释其中缘由，而我和美国的关系可能也是这样。我当然爱美国。这所学校，这些孩子，我们不都是沃尔特·惠特曼的精神后代吗？而这种舞蹈，曾被称为"希腊式的"。它发源于美国，是美国未来的舞蹈。这些动作从何而来？它们源自美国的大自然，来自内华达山脉，来自冲刷着加利福尼亚海岸的太平洋。广阔的落基山脉、优胜美地山谷、尼亚加拉瀑布都是我灵感的源泉。

贝多芬和舒伯特一生都是民众的孩子。他们是穷人，而他们伟大的作品的灵感来自人类，作品也属于人类。民众需要伟大的戏剧、音乐和舞蹈。

我们免费去东区演出，有人对我说："东区不会有人对舒伯特的交响乐感兴趣。"

我们进行了一场免费演出（没有售票处的剧院让人觉得新奇），观众们目不转睛地看着演出，眼泪顺着脸颊滚落下来。

他们就是如此热爱演出。东区的人们的生活中蕴含着活力、诗歌和艺术。为他们建造一个巨大的圆形剧场吧，这是唯一民主的剧场。每个观众的视野都一样，没有包厢和楼座。看看那顶层楼座，观众像苍蝇一样贴着天花板，能欣赏艺术和音乐吗？这样做对吗？

建一座简单、漂亮的剧院，不需要建得金碧辉煌，不需要装饰。高雅的艺术来自人的内在精神，不需要外在装饰。在我们学校，没有戏服，没有装饰物，有的只是从人类灵魂深处流淌出来的美，以及象征灵魂的躯体。如果我的艺术能教会你什么的话，我希望就是这一点。在孩子身上可以寻找和发现美，他们眼睛里有光，他们伸出小手，比画着。太美了！他们手拉手，穿过舞台，比包厢里那些女人的任何一串珍珠都漂亮。他们就是我的珍珠和钻石：我别无所求。请赐予孩子们美丽、自由和力量吧。为需要艺术的人送去艺术。伟大的音乐不应该成为少数人的特权，应该让大众可以免费欣赏——音乐就像空气和面包一样是大众的必需品，因为它是人类的精神之酒。

这次美国之行让我从和天才艺术家大卫·比斯法姆（美国第一位男中音歌唱家）的交往中获得了很多快乐。我的每场演出他都会来看，他的所有独奏会我也都会到场。之后，在广场酒店的套房里，我们一起吃晚饭，他会给我唱《去曼德勒的路上》和《丹尼·第维尔》，我们一起大笑、拥抱，彼此都很开心。

这一章可以被称为《对异教徒之爱的歉意》，因为现在我已经发现，爱情可以是一种消遣，也可以是悲剧，我带着异教徒的纯真坠入爱情。男人们似乎如此渴望美，渴望那种让人有新鲜感、能鼓舞人心、不会让人感到害怕、不用负责任的爱。

演出结束后，我穿着演出的短袍，头发上戴着玫瑰花冠，我是如此可爱，为什么不享受这种可爱呢？喝杯热牛奶，读读康德的《纯粹理性批判》，这样的日子一去不复返了。现在，对我来说，喝着香槟，听一个英俊的人赞美我有多美，似乎更让我感到自在。异教徒神圣的躯体、热情的嘴唇、紧紧相拥的双臂、在爱人肩头甜美地睡去——真是既纯真又令人愉悦。有些人可能会反感这些，但我不理解。如果你有一个身体，你生来就要承受一定的痛苦，比如长牙、拔牙、补牙，而且每个人，无论道德多么高尚，都会生病、感冒等等——为什么你不在健康时，从这个身体里获取最大的快乐呢？

一个整天费尽心思工作的人，有时会被沉重的问题和焦虑所困扰——为什么不去投入一个温暖的怀抱，舒缓痛苦，忘却烦恼，享受几个小时的美好呢？我希望我这样对待过的人能和我一样铭记其中的快乐。我无法在回忆录中一一写出，就像无法在一本书中把我森林和田野中经历的所有美好全部写出来一样。我从莫扎特或贝多芬的交响乐中获得的所有奇妙的快乐，伊赛亚、沃尔特·拉摩尔、汉纳·斯基恩等艺术家给我的美好时光，我都无法一一穷尽。

"是的，"我不断呐喊着，"让我成为异教徒，成为异教徒！"但我可能从未比异教式清教徒或清教式异教徒更进一步。

我永远不会忘记我回到巴黎时的情景：我走之前把孩子们留在凡尔赛的家庭教师那里。当一打开门，我的小儿子向我跑来，他金色的鬈发像他可爱的小脸上的一个光环。

1908年，我买下了热尔韦在讷伊的公寓，这里有一间像小教堂一样的音乐室，我和孩子们住在那里。在这里，我和我忠实的伙伴汉纳·斯基恩经常一起工作一整天，有时甚至是一整晚，他是一位极具天赋、不知疲倦、工作精力旺盛的钢琴家。我们经常从早晨开始工作，开着弧形灯，房间里蓝色窗帘从不拉开，日光不会照进来，所以我们根本不知道几点了。有时我会问："你不饿吗？现在几点了？"然后我们看一下钟表，第二天凌晨四点了！我们如此热衷于工作，都进入了印度教徒所说的"静态狂喜状态"。

我的孩子、家庭教师和护士住在花园的一座房子里，这样音乐就打扰不到他们。花园很美，春夏时节，我们会敞开工作室的大门跳舞。

这个公寓不仅是我们工作的地方，也是我们娱乐的地方。洛亨格林喜欢举办晚宴、派对和庆典活动，经常把把宽敞的公寓装饰成热带花园或西班牙宫殿的样子，巴黎的艺术家和名人都会到场。

我记得有一个晚上，塞西尔·索雷尔、邓南遮和我即兴表演了一出哑剧，邓南遮在剧中表现出极高的表演天赋。

之前很多年，因为我欣赏杜丝，而我觉得他对杜丝不好，所以一直对他心存偏见，不愿意见他。有位朋友曾问我："要不要我带邓南遮来见你？"我回答："不，不要。如果我见到他，我可能会冒犯到他。"尽管我不想见邓南遮，但有一天，这位朋友带他出现在我面前了。我之前未曾见过他，当这个充满魅力、焕发着活力的男人出现在我面前，我只能惊呼："您好，您真有魅力！"

1912年，当邓南遮在巴黎见到我时，他决定征服我。这可不是恭维话，因为他想和世界上所有知名的女人做爱，把她们像印第安人串头皮一样串在他的腰上。但我因为仰慕杜丝拒绝了他，我想我是世界上唯一一个拒绝他的女人——这是一种英雄主义式的冲动。

当邓南遮想和一个女人做爱时，他会每天早上给她寄去一首小诗和一朵表达诗意的小花。每天早晨八点，我会收到小花，但我依然保持我的英雄主义。

一天晚上，（当时我在拜伦酒店附近的街上有一间工作室）邓南遮用一种奇怪的口音对我说：

"我午夜会去找你。"

我和一个朋友整天都在装饰工作室。我们在工作室摆上了白色的花朵，比如白色的百合花，或其他人们参加葬礼会带的所有花的品种。

我们点燃了无数蜡烛，邓南遮属于现场令人瞩目的对象。工作室像一座哥特式小教堂，摇曳的烛光照在簇拥的白色花朵上。他进来后，我们接待了他，让他坐在堆满软垫的沙发上。我先为他跳了一曲舞。然后，我给他盖上鲜花，在他周围摆满蜡烛，我跟着肖邦《葬礼进行曲》的旋律，轻柔而有节奏地踏步。渐渐地，我一支接一支地熄灭了所有蜡烛，只留下他头顶和脚下的蜡烛。

他就像被催眠了一样躺着。然后，我仍然随着音乐轻轻地移动，熄灭了他脚边的蜡烛。但当我庄严地走向他头顶那支蜡烛时，他凭借强大的意志力猛地站了起来，惊恐地大叫，跑出了工作室，我和钢琴师，无助地笑着，倒在了彼此的怀里。

我第二次拒绝邓南遮是在凡尔赛，那是大约两年之后。我邀请他在特里亚农酒店共进晚餐，我们开着我的汽车去目的地。

"你不想在用餐前去森林里散散步吗？"

"哦，当然，那太好了。"

我们把汽车开到马利森林，然后下了车，往森林里走去，邓南遮一副欣喜若狂的样子。

我们走了走，然后我提议：

"我们应该回去吃饭了。"

可是我们找不到汽车，于是我们想走回特里亚农酒店酒店去吃饭。我们走啊走啊，但还是看不到大门，最后邓南遮像个孩子一样哭了起来："我要我的午餐，我要吃午餐。我有大脑，现在它想吃饱饭。我累了，我走不动了！"

我尽力安慰他，最后我们终于看到了大门，回到了酒店。他吃了一顿丰盛的午餐。

我第三次拒绝邓南遮又是在多年后的战争期间。我去了罗马，住在雷吉那酒店。机缘巧合，他住在我隔壁的房间。每天晚上，他都会和侯爵夫人马克萨·卡萨蒂共进晚餐，一天晚上，卡萨蒂邀请我共进晚餐。我走进宫殿的前厅，这里被装饰成了希腊式的风格。

我坐在那里等待卡萨蒂的到来。突然，我听到有人用你能想象得到的最粗俗的语言激烈地抨击我。我转头看了一下周围，看到了一只绿色的鹦鹉，它没有被锁起来。我一下子跳起来，去了另外一个客厅。我坐在那里等卡萨蒂，突然听到一阵狗叫声，然后就看到一只白色的斗牛犬。它没有被拴住，所以我又去了另外一个客厅，这个客厅铺着白色的熊皮毯子，连墙上都挂着熊皮。我坐在那里等侯爵夫人。突然，我听到一阵咝咝声，低头一看，看一条眼镜蛇在笼子里竖起来对着我咝叫。我跳起来，去了另外一个客厅，里面全是虎皮，那里有一只大猩猩，正在龇牙咧嘴。我冲进下一间餐厅，卡萨蒂的秘书在这里。后来，她下楼来这里用餐，穿着透明的金色睡衣。我说：

"看来你很喜欢动物。"

"是的，我喜欢动物，尤其是猴子。"她看着她的秘书说。

说来也怪，开胃酒这么令人兴奋，晚宴却乏善可陈。

晚饭后，我们回到了有猩猩的那间客厅，卡萨蒂让她的算命师来了。算命师戴着尖尖的高帽子，披着女巫的斗篷，开始用扑克牌给我们算命。

然后邓南遮进来了。（上帝呀，这个魔鬼怎么穿得这么奇怪？）

邓南遮非常迷信，他相信所有算命的。这位算命女士给他讲了一个非常特别的故事，她说：

"你会在空中飞翔，做出惊天动地的大事。会坠落到死亡之门的门口。但你会经历死亡，并从死亡中走出来，你将活得无比荣耀。"

她对我说：

"你将唤醒各国人民对新宗教的信仰，并在世界各地建立气派的神庙。你会被保护得很好，每当你发生意外时，伟大的天使都会保护你。你会活到一个伟大的时代的到来，你将永生。"

之后，我们回到了酒店，邓南遮对我说：

"我每晚12点都会去你房间。我已经征服了世界上所有的女人，唯独还有你。"

他每晚12点都会来我房间。

我对自己说：

"我要成为独一无二的那一个，我要成为是世界上唯一一个能抵挡邓南遮的女人。"

他给我讲了很多他辉煌的事迹：他的生活，他年轻时候的经历，还有他的艺术。

"伊莎多拉，我再也不能控制自己了！给我，给我！"

他的才华让我心乱如麻，当时我不知道如何是好。于是我就轻轻地把他从我的房间领到他自己的房间。这种情况持续了大约三周，后来我简直疯了，于是冲到车站，坐上当天第一班火车离开了。

他常问：

"为什么你不能爱？"

"因为埃莉诺拉·杜丝。"

在特里亚农酒店，邓南遮有一条很喜欢的金鱼。他把它放在一个很漂亮的水晶碗里，经常喂它，和它说话。金鱼会摆动鱼鳍，嘴巴一张一合，好像在回应他。

我住进特里亚农酒店时，有一天，我问酒店老板：

"邓南遮的金鱼现在在哪儿？"

"啊，夫人，真是不幸！邓南遮去了意大利，要我们照顾好它。他说：'这条金鱼和我心有灵犀。它象征着我所有的幸福。'他不断地发来电报：我心爱的阿道夫还好吗？一天，阿道夫游速度慢了下来，它离开邓南遮了。我捞起它，把它扔到了窗外。接着，邓南遮发来了一封电报：感觉阿道夫出现不测了。我回了他：阿道夫死了。昨晚死的。邓南遮回我：把它埋在花园里，给它安排好墓地。于是我拿了一条沙丁鱼，用银纸把它包好后，埋在了花园里，还竖了个十字架：阿道夫长眠于此。

"邓南遮回来后问：'我的阿道夫的坟墓在哪里？'

"我带他去了花园里的坟墓那儿，他带了很多花放在墓前，久久不愿意离去，还流下了眼泪。"

有一次庆典，我以悲剧收场。我把工作室布置成一个热带花园，双人桌放在茂密的树叶和稀有植物中间。此时，我已经了解了巴黎人的各种小伎俩，所以我把那些我知道想坐在一起的情侣安排同坐一桌，有些妻子因此哭了。客人们都穿着波斯服装，我们在吉卜赛管弦乐队的伴奏下跳起舞来。宾客中有亨利·巴塔耶和他著名的翻译贝尔特·巴迪，他们是我多年的朋友。

正如我之前所说，我的工作室就像一座小教堂，窗户上挂着大约有15米高的蓝色窗帘。但在高高的阳台上有一个小居室，波烈把它改造成真正的喀耳刻的领地。墙壁上的金色镜子映出了黑貂皮的天鹅绒窗帘，铺着黑色地毯，沙发床上放有东方特色的靠垫，让这间房子简直完美了。窗户封死了，门是伊特鲁里亚古墓式的奇怪孔洞。正如波烈本人在竣工时所说的那样："比起普通地方，在这里，人们可以更好地做别的、说别的。"

这是事实。这个小房间美丽、迷人，同时也很危险。难道家具没有自己的一些个性？比如有美德的床、罪恶的沙发、体面的椅子、罪恶的椅子。无论如何，波烈说得对。在那间居室里，人们的感觉和说的话都与在我的小礼拜堂般的工作室里是不同的。

在这个特别的夜晚，像洛亨格林往常举办的晚宴一样，香槟肆意流淌。凌晨两点，我发现自己和亨利·巴塔耶坐在波烈房间的沙发上。虽然他一直把我当兄弟，但这天晚上，因为这个房间散发的魅力，他言行举止和往常都不一样了。这时洛亨格林出现了，他从大镜子中看到我和亨利·巴塔耶一起坐在金色的沙发上，他特别生气，拆了通向工作室的楼梯，飞奔到工作室，对客人说我如何如何，并说他要离开，再也不会回来。

客人们因此心情有点低落，但转瞬之间，却让我的好心情变坏了。

"快，"我对斯基恩说，"演奏《伊索尔德之死》，否则今晚就毁了。"

我迅速脱下我有刺绣的外衣，换上白色长袍，斯基恩坐在钢琴前，他弹得比平时更美，然后我一直跳舞跳到天亮。

那个晚上却有一个悲剧性的余波。尽管我们是清白的，但是洛亨格林完全不相信，他发誓再也不见我，我求他也无济于事。亨利·巴塔耶对此非常不安，他甚至给洛亨格林写了一封信，但没用。

洛亨格林只愿意在汽车里见我。他说了一堆难听的话。忽然，他停下来，打开车门，把我推进夜色中。我一个人在街上茫然地走了好几个小时，路上遇到奇怪的人冲我做鬼脸，低声说一些让人心里生疑的话，这个世界忽然变成一个令人厌恶的地狱。

两天后，我听说洛亨格林去埃及了。

ISADORA DUNCAN

第二十五章　痛失爱子

这段时间我最好的朋友和最棒的抚慰者是音乐家汉纳·斯基恩。奇怪的是，他蔑视成功和个人野心。他欣赏我的艺术，为我演奏时格外开心。他是我遇到的所有人当中对我赞美最夸张的一个。他是个了不起的钢琴家，有着钢铁般的意志，他常常整夜为我演奏，有一晚是贝多芬的交响乐，另一晚是《尼伯龙根的指环》的全部曲子——从莱茵黄金到诸神的黄昏。

　　1913年1月，我们一起到俄国巡演，期间发生了一件奇怪的事。某日早晨破晓时分我们抵达基辅，然后搭雪橇前往酒店。睡眼惺忪的我突然看到大路两旁摆放着两列棺材，异常醒目，但它们不是普通的棺材，它们是孩童的棺材。我紧握住斯基恩手臂。

　　"看，"我说道，"所有孩子，所有孩子都死了！"

　　他安抚我："可是那里什么也没有呀。"

　　"什么？你没看到吗？"

　　"没有；什么也没有，只有雪——雪堆积在道路两旁。你产生了多么奇怪的幻觉！你是累了。"

那一天，为了让自己放松，舒缓自己紧张的情绪，我去了一个俄式澡堂。在俄国，澡堂的布局是这样的：高温的房间里叠放着数层长条木板。我躺在其中一条木板上，服务人员候在门外，然后一阵热浪突然袭击了我，我从木板跌到了大理石地板上。

侍者发现了躺倒在地、失去意识的我，不得不将我送回酒店。派人去请了医生，诊断结果是轻微脑震荡。

"你今晚可能因为高烧没法跳舞了。"

"但我害怕大家失望。"我坚持要前往剧院。

演出的是肖邦的曲目。让我也感到十分意外的是，我在演出快结束时对斯基恩说道：

"弹肖邦的《葬礼进行曲》。"

"为什么？"他问道，"你从来没跳过这一曲。"

"我也不知道，弹吧。"

我非常坚持，他听从了我的愿望，然后我就随着进行曲跳了起来。我表演了一个双手怀抱自己死去孩子的女人，她迈着缓慢、踌躇的步子，走向最后的安息地。我展示了走下坟墓的舞姿，最终，灵魂逃离了禁锢它的肉体，飞升、飞升，直抵光明——复活。

当我结束表演、幕布落下时，等到的是一阵奇异的静默。我看向斯基恩。他脸色惨白，全身战栗。他握住我的手，他的双手冰冷。

"别再让我演奏这首曲子，"他恳求道，"我亲历了死亡本身。我甚至嗅到了白花——葬礼上的花朵——的香气，我看到了孩童的棺材——棺材。"

我俩都受到了惊吓，十分不安，我认为那天晚上是某个幽灵在以特别的方式暗示我们的未来。

1913年4月，我们返回巴黎，斯基恩在特罗卡德罗进行了一次长时间的演出，演出临近结束时，他又为我演奏了这支进行曲。一阵静默，听众仍没回过神来，随后是热烈的掌声。一些女性流下了眼泪，一些甚至陷入了歇斯底里的状态中。

也许过去、现在和将来就像一条长长的路。在每一个转角后面，都有路，只是我们没法看到它，我们认为转角就是未来，但其实未来已经在转角后面等着我们。

在基辅经历了葬礼进行曲的幻觉之后，我开始有一种祸事将至的奇怪感觉，这让我感到沮丧。回到柏林后，我做了些演讲，又一次，我在某种诅咒的驱使下开始创作新舞蹈：一个在世上勇往直前的人突然被沉重的打击压垮，这个伤痕累累的人从命运的残酷一击中复起，或许再迈向新的憧憬。

当我在俄国巡演时，我的孩子们与伊丽莎白在一起，此时他们被带到柏林与我团聚。他们身体和精神状态都很好，跳舞是快乐的直接表现。我们一道回了巴黎，回到了我位于讷伊的大房子。

又一次，我住在了讷伊，和我的孩子们一同生活。我时常悄悄站到阳台上，看黛特创作自己的舞蹈。她还会为自己创作的诗歌配上舞蹈。在巨大的蓝色工作室，这个稚嫩的孩童用甜美、奶声奶气的声音说道"现在我是一只鸟，我飞高高，高入云霄"，以及"现在我是一朵花，仰望着鸟，摇曳着身子。"看到她精致的优雅和美丽，我不禁遐想，或许有一天她能够如我所愿，接管我的学校。她是我最棒的学生。

帕特里克也开始舞蹈了，他用自己诡异的音乐做伴奏。不过他从来不肯让我教他。"不，"他会严肃地说道，"帕特里克会跳帕特里克自己的舞。"

住在讷伊，在工作室工作，到我的图书馆阅读几小时，和我的孩子们在花园玩耍，或是教他们跳舞，这一切让我感到异常幸福，害怕再有任何巡演将我与孩子们分开。他们一天比一天漂亮，我也越来越没有勇气离开他们。我一直在预言会有一个伟大的艺术家出现，他同时拥有创作音乐和跳舞的才能，当我的小儿子跳舞时，我总觉得他能够成为那个依照新音乐创造新舞蹈的人。

我与两个可爱孩子之间不只是骨肉相连，我与他们有着更高的、超乎常人的连接——艺术的连接。他们都狂热地爱好音乐，当斯基恩弹奏或是我在工作时，他们都会乞求留在工作室。当他们安静坐着、神情专注，我有时会惊讶于他们如此幼小却能如此心无旁骛和专注。

我记得伟大的艺术家拉乌尔·普尼奥演奏莫扎特的那个下午。他演奏时，孩子们踮着脚走进会场，站到了钢琴两边。他结束表演时，两个孩子一齐将长着金发的脑袋靠进他的腋下，向他投去敬佩的目光，他大吃一惊，呼喊道：

"从哪里冒出来了这些天使——莫扎特的天使。"孩子们大笑，爬上了他的双膝，将他们的脸藏到他的胡子里。

我满怀柔情地看着这组美好的人儿，不过，若是我当时知道他们三人距离那片"没有旅者返来"的幽暗土地如此之近，我又会是什么心情呢？

这时是3月。我轮流在夏特莱和特罗卡德罗跳舞，不过，尽管我生命中的每段关系都可称幸福，但我仍然持续忍受着一种奇怪的压力。

一天晚上，我又在特罗卡德罗跳肖邦的《葬礼进行曲》，斯基恩用风琴伴奏，我又感到脑门有冷风吹过，又嗅到了同样的白色晚香玉和葬礼花朵的强烈气息。黛特当时一身白衣，坐在中间的包厢里，很可爱，当她看到我跳这一段时，突然抹起泪来，仿佛她小小的心脏快要破裂，她大声哭泣："天哪，为什么我妈妈会这么伤心，这么难过？"

　　这是一场悲剧的前奏的第一个微弱音符，这场悲剧不久后将终结我所有正常的、快乐的生活。我认为，有些人看起来可能还活着，但某些忧伤已经将其杀死。一个人的身体或许还能在地面上疲惫拖行，但这个人的精神已经被击溃，被永远击溃。我听人说过忧伤的惊人影响。我只能说我生命的最后时光，实际上就是我精神生活的最后时光。从那时开始，我便只有一个愿望——飞离——飞离——飞离对精神生活的恐惧，我的人生只是源自它一系列怪诞的夜晚，仿佛悲伤流浪的犹太人，仿佛飞翔的荷兰人，整个人生对我来说不过是一片幻觉之中的海上的一只幻觉之船。

　　有时会有奇怪的巧合，心境常常会投射到某些物品上。波烈为我设计我谈起过的那个奇异、神秘的公寓时，曾在每一道金色大门上挂上黑色双十字。最初我只觉得这种设计新颖、奇特，但渐渐地，这些黑色双十字开始以一种怪异的方式影响我。

　　正如我之前说的，尽管我的所有人生看起来十分顺遂，但我一直生活在一种奇怪的压力之下。我有一种不祥的预感，我发现自己现在会突然在夜间惊醒，心中充满恐惧。我一直开着夜灯，一天晚上，借着夜灯暗淡的光线，我看到一个人影从正对着床的黑色双十字里浮出，身披黑衣，靠近床边，用怜悯的目光看着我。一时之间，我被恐惧所震慑，随后我将灯光调亮，人影便消失了，但这个诡异的幻象——这种事情我是第一次遇到——后来一再出现，断断续续。

我不胜其扰，一天晚上，在我的好心朋友拉舍尔·布瓦耶安排的晚宴上，我向她坦白了此事。她十分担心，她以她一贯的热心肠，坚持要马上打电话给她的医生。"因为，"她说道，"你一定是有些神经上的问题。"

年轻、英俊的医生勒内·巴德来了，我把幻觉的事告诉了他。

"很明显，你的神经太过紧张。你必须到乡下休养几天。"

"可是我正按照合同在巴黎演出。"我回答。

"好吧，那去凡尔赛，那里很近，你可以开车过去，那里的空气对你会有好处。"

第二天，我将此事告知与孩子们最亲的保姆，她很高兴。"凡尔赛对孩子们也有好处。"她说道。

于是我们塞满了几个手提箱，准备出发。这时，一个身着黑衣的消瘦身影出现在大门门口，正沿着小径缓慢靠近。是因为我过于神经紧张了吗？或者和夜晚从双十字里浮现的人影是同一个？她来到我面前了？

"我逃出来了，"她说道，"只为了见你。最近我一直梦见你，我觉得我必须来见你。"

此时我认出了她。原来是上了年纪的那不勒斯王后。就在几天前，我还带着黛特去看过她。我说：

"黛特，我们要去见一位王后。"

"噢，那样的话，我必须穿上我的宴会服。"黛特说道。她让波烈为她制作了一件小裙子，那是一件有很多刺绣边饰的精细物件。

我花了些时间教她真正的宫廷屈膝礼，她很兴奋，但到最后一刻时她突然大哭并说："噢，妈妈，我害怕去见一位真正的王后。"

我觉得可怜的小黛特是误以为自己要被迫进入一个真正的宫廷，就像童话剧中的那样。不过，当她在森林边缘的一座华丽小屋里见到白发盘在王冠里的纤瘦、精致的女性时，她还是勇敢地行了宫廷屈膝礼。随后，她欢笑着投入了王后展开的双臂里。她不害怕王后，王后十分善良、优雅。

这一天，当她披着黑色面纱进来时，我向她解释说我们正要出发去凡尔赛，并告知她我们去那里的原因。她说她很乐意跟随我们，这会是一次冒险。在路上，她突然轻轻地把我的两个孩子揽入手中，抱在胸前，但当我看见两个金发脑袋被笼罩在黑色之中时，我又体验到了奇怪的压迫感，最近经常有这种感觉。

在凡尔赛，我们和孩子们度过了愉快的下午茶时光，然后我护送那不勒斯王后返回住处。我还未见过比命运多舛的伊丽莎白的姐姐更为温柔、更具同情心和更加聪明的人。

第二天，我在特里亚农酒店可爱的花园中醒来，我所有的恐惧和不祥的预感消散了。医生是对的，我需要的正是乡下。唉，要是那里有希腊悲剧的歌队该有多好！他们或许会不断吟唱那句"走相反的路以避免不幸"，但我们径直走进了不幸，一如不走运的俄狄浦斯。如果我没有逃避萦绕我的预言般的死亡幻象，孩子们也不会在三天后在这同一条路上遭遇死亡。

我清楚地记得那天晚上，因为我跳舞的感觉和往日不同。我不再是一个女人，而是一团欢乐的火焰——一团火，我是迸发的火花，是从观众心中旋出的烟。在十二次加演之后，为做告别，我跳了最后的曲目《音乐瞬间》。另外，当我跳舞时，似乎有个声音在我心中唱道："生命与爱——至高喜悦——是我能贡献的所有——是我能贡献的所有——是我能贡献给需要它们的人的所有。"突然地，仿佛黛特正坐在我的一个肩膀上，帕特里克坐在我的另一个肩膀上，他们完美平衡，处于极致的快乐当中。当我在舞中从一侧看到另一侧时，我看到他们在大笑，看到他们充满生气的婴儿脸——婴儿的微笑——我的双脚完全没有感到疲倦。

舞蹈结束后，数月前出发去埃及后我就再也没有见过的洛亨格林走进了我的包厢，让我很惊讶。他似乎被我那晚的舞蹈以及我们的相会深深打动，提出要来奥古斯丁在香榭丽舍酒店的公寓与我们共进晚餐。我们回到公寓，坐在摆放好餐具的桌前等待。时间流逝，一个小时过去了，他没有来。他的这种态度让我非常焦虑。尽管我知道他去埃及旅行并非独自一人，但我深切地想要见他，因为我始终爱着他，想要给他看他自己的儿子。在父亲不在的时候，儿子已长得健壮、漂亮。但直到三点，他也没有到来，大失所望的我离开了，前往凡尔赛与孩子们会合。

经历了表演的亢奋以及等待的焦心，我已经精疲力竭，瘫倒在床上，睡死过去了。

第二天一早，当孩子们一如既往地大笑着跳到我的床上时，我醒来了。然后，按照我们的习惯，我们一起吃了早餐。

帕特里克比往常更加喧闹，他翻倒椅子取乐，每当一张椅子倒下时便开心地大叫。

然后一件奇怪的事情发生了。昨晚，一个我不知道其身份的人送了我两本装订精美的巴尔贝·德·奥尔维利的作品。我伸出手，从身旁的桌子上拿起了这些书本中的一本。我正准备训斥帕特里克制造了太多噪音，同时，我打开了书，目光落到了名字"尼俄伯"上，然后是这些文字：

美人、与你相称的孩子们的母亲，当人们对你说起奥林匹斯诸神时，你笑了。为了惩罚你，众神的箭射向了你的孩子们被献祭的头颅，你敞开的胸膛无力保护。

甚至保姆也发话了："请求你，帕特里克，不要吵！你吵到妈妈了。"

她是一个和蔼、善良的女人，是世界上最有耐心的人，她对两个孩子都非常喜欢。

"噢，随他去吧，"我大声说道，"如果没有他们的吵闹声，想想我的生活会变成什么样。"

我忽然想到，如果没有他们，我的生活将是多么空虚和灰暗，他们比艺术更能让我感到幸福、更能充盈我的人生，比任何男人的爱强一千倍。我继续读：

"当除了你的胸脯外再无别人的胸脯可以刺穿时，你迅速转动胸脯，避开了箭射去的方向……而你还在等！但是没用的，高贵而不幸的女人。众神的弓已经拉开，不把你放在眼里。

"你就这样等待着——整整一生，在平静、暗自忍耐的绝望中等待着。你没有像普通女性常做的那样大声哭泣。你变得不再动弹，人们说，为了展示你不屈不挠的内心，你变成了石头——"

然后我合上了书，因为一阵恐惧突然涌上心头。我张开双臂，将两个孩子叫了过来。抱住他们时，我突然流下了流泪——我记得那个早晨的每一句话、每一个动作。不知有多少个无眠的夜里，我一遍又一遍地重温那个早晨的每一个片段，绝望地想知道为何没有任何幻象来警告我，让我避开后来发生的事。

一个温和、阴沉的早晨，窗户向着公园开着，公园的树就要开花了。那一年我第一次感受到了异样的快乐来袭，快乐在温暖的初春降临，感受着春天的欣喜，再看看我的孩子们，我是如此陶醉、愉快和幸福，满心欢喜的我跳下了床，开始和他们跳舞，我们三个人都兴奋得大笑。保姆也在微笑旁观。

电话突然响起。是洛亨格林的声音，他邀请我到城里与他会面，带上孩子。"我想要见他们。"他已经有四个月没见他们了。

我乐于认为这能带来我所期望的和解，我将这个消息悄悄告诉了黛特。

"噢，帕特里克，"她大叫道，"你猜我们今天要去哪里？"

这稚嫩的声音我不知听到过多少次——"你猜我们今天要去哪里？"

我可怜、脆弱、美丽的孩子们，要是我预先知道残酷的命运会在那天找到你们该多好！那天你们去了哪里？哪里？

保姆随后说道："女士，我看快要下雨了——或许让他们留在这里比较好。"

不知道有多少次，我听到她的警告仿佛身处一场可怖的噩梦中，不知道有多少次，我悔恨自己的无心之失。但我认为如果孩子们在场的话，与洛亨格林的会面会更加简单。

这是最后一次从凡尔赛驱车到巴黎，在路上，我怀抱着两个孩子，心中充满新的希望和对生活的信心。我知道，当洛亨格林看到帕特里克时，他就会忘记他对我的所有情绪，我梦想我们的爱能够继续完成一些真正伟大的目标。

在动身前往埃及前，洛亨格林在巴黎市中心买下了一片很重要的地块，打算在那里为我的学校建一个剧院，这个剧院将成为一个聚会的地点，同时也是全世界所有伟大艺术家的庇护所。我相信杜丝能够在那里为她神圣的艺术找到合适的模式，穆内·絮利能够在那里实现他怀揣已久的雄心——连演三部曲《俄狄浦斯王》《安提戈涅》和《俄狄浦斯在科罗诺斯》。

这一切都是我在驱车前往巴黎时的所思所想，我的心因艺术的伟大前景变得轻盈起来。但剧院注定建不起来，杜丝也没有找到配得上她的神庙，而穆内·絮利没能实现上演索福克勒斯三部曲的愿望就死了。为什么艺术家的愿望几乎总沦为无法实现的幻想？

一切如我所想。洛亨格林很高兴再次见到他的小男孩，而黛特也得到了他亲切的关怀。我们在一家意大利餐厅享用了快乐的午餐，吃了很多意大利细面条，喝了基安蒂酒，讨论了那座绝佳剧场的未来。

"它将成为伊莎多拉剧场。"洛亨格林说道。

"不，"我回道："它将是帕特里克的剧场，因为帕特里克是伟大的作曲家，他将会创作出未来音乐的舞蹈。"

午餐结束时，洛亨格林说道，"我今天非常开心，我们为何不去幽默者沙龙呢？"

但我已经约好排练，所以洛亨格林带走了我们的年轻朋友H——他一直和我们在一起，我和孩子们还有保姆返回讷伊。当我们走到门口时，我对保姆说道：

"你和孩子们要进来等我吗？"

但她却说："不，女士，我想我们还是回去的好。小家伙们需要休息。"

于是我亲吻了他们，并说："我也会很快回来。"然后，准备离开的黛特将嘴唇贴到了玻璃窗上。我倾了倾身子，隔着玻璃亲她。冰冷的玻璃让我有种异常的感觉。

走进我的大工作室，还不到排练的时间。我打算先休息一会儿，于是上到了我的公寓，躺倒在沙发上。屋里有花，还有某人送来的一盒糖果。我拿了一块糖在手中，懒散地吃着、遐想着："确实，毕竟，我是个非常幸福——或许是世上最幸福的女人。我的艺术、成功、财富、爱，以及最最重要的，我漂亮的孩子们。"

我就这样懒散地吃着糖果，对自己微笑，遐想："洛亨格林回来了，一切都会好起来。"此时一阵陌生、诡异的哭喊传入我的耳中。

我转过头。洛亨格林在那里，像一个醉汉一样走不稳路。他双膝一软，扑倒在我面前，嘴里冒出了这些话：

"孩子们——孩子们——死了！"

我记得我一时间不知所以地待在了那里，只在喉咙里感到一阵灼烧，仿佛生吞了烧炭之类的东西。但我还是没能理解他的话。我轻声对他说话，我尝试安抚他，我告诉他这不可能是真的。

然后有其他人来了，但我无法想象发生了什么。接着进来了一个留着黑色胡须的男人。他是医生。"这不是真的，"他说，"我会救下他们。"

我相信他。我想要跟着他走，但大家留住了我。我现在知道，这是因为他们不想让我知道实际上并无希望了。他们担心这一打击会让我发疯，但我在那个时刻已经进入亢奋状态了。我看到周围的人在哭泣，但我没有哭。相反，我强烈地想要安慰每一个人。现在回想起来，很难理解当时的我的心情。或许当时的我处在全知全能的状态，知道死亡并不存在——那两个冰冷的蜡像不是我的孩子，只是他们脱下的衣服？或许我的孩子们的灵魂闪着光，抵达了永生？

一个母亲撕心裂肺的哭声你只能听到两次——孩子出生时和孩子死亡时。当我握住他们冰冷的、再也不会反推我的小手时，我听到了我的哭声，与他们出生时我的哭声一模一样。怎么会一样呢？一个是喜极而泣，一个是伤心恸哭。我不知道为什么，但就是一样。或许在整个宇宙中有且只有一种包含了悲伤、快乐、狂喜、痛苦的伟大哭泣——母亲对创生的哭泣？

不知有多少次，我们清晨出门时与黑压压、散发不祥气息的基督教送葬队伍不期而遇，我们战战兢兢，把所有至爱在脑中过了一遍，并且决不让那个想法溜进来。有一天，我们也会成为这样的黑色队伍中的送葬者。

从很小的时候开始，我就极度反感一切与教会、教规有关的东西。对英格索尔、达尔文作品以及其他异教哲学作品的阅读加深了我的反感。我反对现代的婚姻准则，也认为现代的葬礼观念恶心、丑陋到了野蛮的程度。正如我有勇气拒绝婚姻，拒绝让我的孩子受洗，我现在拒绝让所谓的基督教葬礼这种虚礼参与他们的死亡。我只有一个想法——让这个可怕的灾难以美结束。不幸过于巨大，没有给眼泪留余地，我流不出眼泪。来看我的朋友们都在流泪，站在花园里和街道上的成群的人都在流泪，但我流不出眼泪，我只是表达了我的强烈愿望——这些身穿黑衣前来慰问的人能够美一点。我没有穿黑衣。人们为什么要改变装束？我一直认为穿丧服是可笑的、不必要的。奥古斯丁、伊丽莎白和雷蒙德察觉到了我的愿望，他们在工作室里堆了一座巨大的花冢，当我回过神来时，我首先听到了科洛纳管弦乐队在演奏格鲁克的《奥菲》里的动人挽歌。

但要在一天之内换掉丑陋的本能去创造美，那是多么困难。如果我的愿望得到实现，那么散发着不祥气息的黑帽男人就不会出现，也不会有灵车，不会有无用、丑陋的虚礼，后者没有将死亡升华，而是将死亡变成了令人毛骨悚然的可怖之物。拜伦在海边燃起柴堆、焚化雪莱遗体的行为是多么痛快！但我在我们的文明世界里只能找到不那么浪漫的另一选项——火化。

当我与孩子们的遗体以及和蔼的保姆分别时，我多想用一种充满活力的姿态与他们告别。毫无疑问，这样的一天将会到来：人类的智慧终于开始反抗教会这些丑陋的仪式，转而为他们的死亡创造并实践一些美的告别仪式。相比于将遗体埋入地下的恐怖习俗，火化已经是巨大进步了。一定有很多人与我感触相同，当然，我这种看法遭到了许多传统宗教人士的指责和怨恨。在他们看来，因为我打算在和谐、色彩、光和美之中向我的至爱告别，因为我将他们送去火化而不是埋到土里被虫子咬噬，所以我是个无情的、可怕的女人。还要等多久，我们对生命、爱甚至死亡的些许智慧才能够占上风。

我来到了火化场阴暗的地下室，看着我面前的棺木，棺木里是我最爱的孩子们的金发脑袋，紧贴着身体、花朵般的双手以及曾经快步如飞的小脚——现在将被交付给火焰——从今往后只剩下令人感伤的一捧灰。

我回到了我在讷伊的工作室。我大概想好了怎么去死，在失去了孩子们之后我如何还能活下去？但站在我身旁的我的学校的小女孩们的话——"伊莎多拉，请为我们活下去。我们不也是你的孩子吗？"惊醒了我，让我意识到我有责任抚平这些我的其他孩子的悲伤，她们正站在那里为黛特和帕特里克的死痛哭流涕。

如果这种悲伤更早一些在我的生命中出现，我或许能战胜它；如果出现得更晚一些，它可能不再会有那么可怕。但在这一时刻，在生命的全部力量和活力面前，它彻底动摇了我的力量和能量。除非现在有强大的爱能够包围我，将我带离，但洛亨格林没有回应我的呼唤。

雷蒙德和他的妻子佩内洛普即将去阿尔巴尼亚，从事难民工作，他说服了我加入他们。我与伊丽莎白和奥古斯丁启程前往科孚岛。我们抵达米兰过夜时，我被带到四年前我曾与他大吵数小时的同一个房间，争论小帕特里克的出生问题。现在，他已经出生了，有着我梦想的圣马可广场的天使一般的面庞，然后又走了。

当我再一次望向画像上的女士瘆人的眼睛时，她仿佛在说："是否如我所料，所有一切都通向死亡？"我不寒而栗，马上跑下走廊，求奥古斯丁带我去另一个酒店。

我们在布林迪西登船，不久之后，在一个美好的早晨，我们抵达科孚岛。整个大自然在欣喜和微笑，但我无法得到慰藉。和我的一起的人说我只是坐着，看着前方，日复一日，周复一周。我没有了时间的概念，我进入了一片灰暗的沉闷土地，在那里没有生活和移动的意愿存在。当真正的悲伤到来时，受伤的人不会有舞姿，不会有表达。与尼俄伯变成石头一样，我坐着，渴望湮灭在死亡中。

洛亨格林在伦敦。我觉得，只需要他来见我，也许我就能够逃离这种糟糕的死一般的昏迷状态。也许，如果能有温暖、深情的双臂抱住我，我就能够活过来。

某一天，我请求任何人都不要来打扰我。在我拉上窗帘的房间里，我平躺在床上，双手扣在胸前。我已经到了绝望的最后极限，我不断重复着给洛亨格林的一段话：

来见我，我需要你，我快要死了。如果你不来，我将随孩子们而去。

我不断重复这段，仿佛在连祷，一遍又一遍。等到我起床时，已经是午夜，之后我又痛苦地睡去了。

第二天早上，奥古斯丁唤醒了我，手上拿着一封电报：

看在上帝面上，请发给我伊莎多拉的消息。我马上出发去科孚岛。洛亨格林

接下来的几天，沐浴着第一缕带我脱离黑暗的希望之光，我等着。

某日早晨，洛亨格林抵达了，他面色苍白，激动不安。

"我以为你死了。"他说。

随后他告诉我，在我给他捎去消息的那个下午，我出现在了他的面前——在他的床边出现了一个幻影，对他说了和我捎的消息一模一样的话，而且重复了很多遍"来见我，来见我，我需要你——如果你不来，我会死"。

当我有了我们之间存在心灵感应的证据后，我也产生了希望，从希望萌生的爱意能够让过去的不幸得到补偿，能够让我再次感受到内心的悸动——希望我的孩子能够重返人间来抚慰我。但这并不会发生。我深切的渴望和我的痛苦过于强烈，洛亨格林无法承受。某天早上，他毫无预兆地突然离开了。我看着轮船渐渐离开科孚岛，我便知道他在船上。我看着轮船渐渐消失在蓝色海面，我就知道我又一次被丢下，又一次孤身一人。

然后我对自己说："要么我必须立刻去死，要么我必须找到活下去的方式，即使无休止的、恼人痛苦的日夜纠缠着我。"每天夜里，无论是醒是睡，我都要重历一遍那个可怕的早晨，听到黛特的声音："你猜我们今天要去哪里？"听到保姆说："女士，我看快要下雨了——或许让他们留在这里比较好。"听到我的激动的回答。"你是对的。留住他们，好保姆，留住他们；今天不要让他们出门。"

雷蒙德从阿尔巴尼亚来了。与往日一样，他热情满满。"整个国家都在帮助。村庄一片狼藉，孩子们在挨饿。你怎么能在这里沉溺于自私的忧伤中呢？快来提供帮助，给孩子们提供食物、安慰妇女。"

他的恳求很有效。我又一次穿上了我的希腊长袍和拖鞋，追随雷蒙德去了阿尔巴尼亚。他有非常独特的方法来组建营救阿尔巴尼亚难民的营地。他去到科孚岛的市场，在那里购买羊毛。然后将羊毛装上他雇来的小轮船，运往接待难民的主要港口桑提夸兰塔（今萨兰达）。

"不过，雷蒙德，"我说道，"你要用这些羊毛喂饱饥民？"

"等着，"雷蒙德说道，"你会看到的。如果我给他们面包，那面包只够今天吃，但我给他们的是羊毛，就有长远的用处。"

我们在桑提夸兰塔多岩的海岸登陆，雷蒙德已经在那里组建了一个中心。一条标识写着："愿意纺线的人每天可获得一个德拉克马。"

虚弱、纤瘦、饥饿的妇女们正排成一列。她们可以用德拉克马换黄玉米，希腊政府正在港口售卖黄玉米。

雷蒙德又驾驶他的小船返回科孚岛。在那里，他向木匠订做织布机，返回桑提夸兰塔后："谁愿意把纺好的线织成有图案的布？每天可以得到一个德拉克马。"

成群饥饿的人接下了这项任务。编织的图案来自雷蒙德学来的古代希腊花瓶。很快，他在海边集结了一列女织工，他教她们配合着纺织的节奏唱歌。他们会织出美丽的沙发盖布，雷蒙德将它们发往伦敦，按50%的利润销售。利用这笔收入，他继续开了一家面包店，按50%的折扣销售白面包——比希腊政府正在销售的黄玉米便宜。就这样，他建立了自己的村庄。

我们住在海边的帐篷里。每天早上日出时，我们去海里游泳。雷蒙德偶尔会有多出来的面包和土豆，我们就翻山越岭到各个村庄，把面包分给饥饿的人。

阿尔巴尼亚是个奇怪的、不幸的国家。这里有雷神宙斯的第一个祭坛。他被称为雷神宙斯，是因为在这个国家，无论冬夏，都有频繁的雷暴和大雨。我们穿着长袍和拖鞋，艰难地穿过风暴，我发现被雨打湿远比穿着雨衣行走更令人兴奋。

我见到了很多悲惨的景象。一位母亲怀抱婴儿坐在树下，三四个孩子紧抱着她，他们都饥肠辘辘，也没有住处——房子被烧毁，丈夫和父亲已被土耳其人杀死，家畜被偷，田地被毁。雷蒙德送给他们很多土豆。

拖着疲惫的身躯回到了营地，一种奇异的快乐涌上心头。我的孩子们已经离开了，但还有别的孩子在挨饿、受苦。我难道不可以为这些孩子而活吗？

桑提夸兰塔没有理发师，我第一次剪了头发，扔到了海里。

慢慢恢复了健康、体力，在难民中的生活便无法继续了。毫无疑问，艺术家的生活与圣人的生活有着巨大的差别。我体内的艺术生活醒来了，我感到，以我有限的能力，我无法终结阿尔巴尼亚难民的无尽苦难。

第二十六章　远离伤心之地

某一天，我感到我必须离开这个有很多高山、巨石和风暴的国家。我告诉佩内洛普：

我觉得我不再能忍受看到这些惨象。我想要坐在清真寺里，只需安静的灯陪伴着——我想要波斯地毯在我脚下的感觉。我已经对这里的路感到疲倦，你愿意和我去君士坦丁堡（今伊斯坦布尔）吗？

佩内洛普很乐意。我们换下了长袍，换上了素雅的裙子，上了去君士坦丁堡的船。白天，我留在甲板上的房舱里；晚上，其他乘客入睡后，我便迅速围上头巾出门，走进满是月光的夜晚。有一个人靠着船舷，也在赏月，他穿着一身白衣，甚至戴的小羊皮手套也是白的。他是一个年轻男人，手中拿着一小本黑色的书，看起来时不时在读这本书，然后低吟似乎是祷词的话语。他白色、拉长的脸因两只黑色明眸而闪着光，他还有一头乌黑的头发。

我靠近时，这个陌生人对我说话了。

"请允许我向你问好，"他说，"因为我的悲伤和你的一样巨大，我正要返回君士坦丁堡安慰我的母亲，她正处于巨大的痛苦之中。一个月之前，她得知我的长兄不幸自杀，但不到两周，另一个悲剧发生了——我的第二个哥哥也自杀了。我成了她唯一在世的孩子。但我又如何能安慰她呢？我自己就处在绝望之中，我现在觉得最幸福的事就是追随我的兄长们。"

我们开始聊天，他告诉我他是一名演员，他手中的小书是一本《哈姆雷特》，他当时正在研究角色。

第二天晚上，我们又在甲板上见了面，像两个不幸的游魂，都沉浸在自己的思绪中，但也因为对方的存在找到了些许安慰，我们在那里一直待到了天亮。

我们抵达君士坦丁堡后，一个身穿黑色丧服的高个子漂亮女人迎接并拥抱了他。

佩内洛普和我入住了佩拉宫酒店，最初两天，我们在城里游荡，主要是在狭窄街道纵横的老城。第三天，我接待了一个意想不到的访客。就是我在船上碰到的绝望的朋友的母亲，在码头接他的那个女人。她怀着极度的苦闷来找我。她给我看了她失去的两个英俊儿子的照片后说，"他们死了，我没法把他们带回来，我来找你是想请求你帮我留住最后一个儿子拉乌尔。我感觉他想要走他哥哥们的路。"

"我能做什么，"我说道，"他现在很危险？"

"他离开了城市，去了一个小村庄圣斯特凡诺，孤孤单单地住进一座别墅里，看到他离开时的绝望表情，我只能往最坏处想。他对你印象深刻，我想，你也许能让他意识到他的做法不好，让他可怜可怜他的母亲，回到正常生活。"

"但他绝望的原因是什么？"

"我不知道，我也不知道他两个哥哥们自杀的原因。他们英俊、年轻、幸运，为什么要一心寻死呢？"

我被这位母亲的请求深深触动，我答应去圣斯特凡诺村，尽我所能帮拉乌尔恢复理性。门房告诉我去那里的道路坑坑洼洼，汽车几乎不能通行。于是我去了码头，雇了一艘小拖船。当时有风，博斯普鲁斯海峡波涛汹涌，但我们还是安全抵达了小村庄。按照他妈妈先前的指点，我找到了拉乌尔的别墅。这是一座坐落于花园中的房子，孤零零地靠着一个古旧的墓园。没有门铃。我敲门，没有回应。我试着开门，发现门没锁，便进去了。一楼的房间是空的，于是我爬了一小段楼梯，打开了另一扇门，找到了拉乌尔，他在一个墙壁、地板和门都粉刷成白色的小房间里，躺在一张罩住的沙发上，穿着我在船上看到他时穿的那身衣服——白色的西装、洁白无瑕的手套。沙发旁有一张小桌子，桌子上立着插有一支白色百合的水晶花瓶，旁边有一支左轮手枪。

　　我觉得他已经有两三天没有吃东西了，此时他游离在虚无缥缈之中，他已听不到我的声音了。我摇晃他，试图让他恢复意识，告诉他他母亲的情况，告诉他她的心如何因他的兄长们的死而被撕裂。最终，我设法抓住了他的手，使出全力把他拽上了等我的小船，而且特意把左轮手枪留了下来。

　　在回去的路上，他不停在哭，并且拒绝回他母亲的房子，于是我说服他去了我在佩拉宫酒店的房间。在那里，我试图问出他极度悲伤的原因。在我看来，他现在的状态是他的兄长们的死解释不了的。终于，他喃喃地道：

　　"是的，你是对的。原因不在于我兄长们的死，原因在于西尔维奥。"

　　"西尔维奥是谁？她现在在哪里？"我问道。

　　"西尔维奥是世上最美的人，"他回答，"他现在就在此处，在君士坦丁堡，和他的母亲一起。"

　　听到西尔维奥是个男孩时，我十分惊讶；不过，因为我向来是柏

286

拉图的学生，而且也确实认为他的《菲德鲁斯》是有史以来最美的爱的赞歌，我没有像其他人那样感到意外。我相信最高贵的爱是一种纯粹的精神的火焰，和性别无关。

但我决定不惜一切代价拯救拉乌尔的生命，因此，我没有做任何更多的评价，只是简单问他：

"西尔维奥的电话号码是多少？"

很快我听到了电话线传来的西尔维奥的声音——一个甜美的声音，在我看来，它必定来自一个甜美的灵魂。"你最好马上来这里。"我说道。

没过多久，他出现了。他是个十八岁左右的可爱年轻人，让全能的宙斯乱了心的盖尼米得也许就长这样。

"练习体操时，还有其他与他见面的时刻，与他靠近、拥抱，那股涌流——陷入与盖尼米得的爱的宙斯将其命名为欲望——的源泉便充盈了施爱的人，一些进入他的灵魂，一些填满后又溢出；一如微风和回声被光滑的岩石反弹后返回来处，美的涌流穿过眼睛——心灵的窗户，又回到了美的所有者身上；抵达的美的涌流为翅膀开出了前路，浇灌它们，催促它们成长，也将爱填入被爱的人的灵魂。就这样，他在爱，但不知道在爱什么，他不理解也无法解释自己的状态。他似乎被别人传染了眼盲症，去爱的人是他的镜子，在施爱的人那里，他看到了自己，但他并不知道这一点。"

我们一道用餐，整晚都待在一起。之后，我在阳台眺望博斯普鲁斯海峡，愉快地看着拉乌尔和西尔维奥轻柔地、悄悄地谈话，这让我确定拉乌尔暂时愿意活下去。我打电话给他的母亲，告诉她我成功了。那可怜的女人喜不自禁，激动得说不出话来。

那天晚上，我向朋友们道晚安后，我感到我救了这个英俊少年的生命是做了件好事，但过了几天，那位心神不宁的母亲又来找我了。

"拉乌尔又回到圣斯特凡诺的别墅。你得再救他一次。"

我认为这完全是在利用我的善良，但我无法拒绝这位可怜的母亲的请求。不过这一次，因为我发现坐船十分不舒服，便冒险走陆路，坐了汽车。然后我打电话给西尔维奥，告诉他必须和我一起前去。

"这次又是为什么？"我问他。

"好吧，是这样的，"西尔维奥说道，"我确实爱拉乌尔，但我不敢说我对他的爱和他对我的爱一样深，于是他说他不想活了。"

我们在日落时出发，经过一路的颠簸和摇晃，到了别墅。我们突袭别墅，再次带着忧郁的拉乌尔回到了酒店。在酒店，我们和佩内洛普进行了长时间的谈话，直到夜幕降临，讨论如何找到医治困扰拉乌尔的奇怪疾病的有效疗法。

第二天，我和佩内洛普在君士坦丁堡的老街道里游荡，在一条阴暗、狭窄的小巷里，佩内洛普指向一句标语。标语是亚美尼亚语，她能读懂，标语说这里住着一个占卜者。

"我们去问问她。"佩内洛普说道。

我们走进一座老房子，爬上盘旋的楼梯，穿过好几条年久失修的过道，踏过污秽，终于在一个黑暗的房间里找到一个年纪很大的女人，她正蹲伏在一口大锅旁，锅里散发着诡异的气味。她是个亚美尼亚人，但能说一些希腊语，所以佩内洛普能够听懂她的话，她告诉我们，上一次土耳其人大肆屠杀时，就在这间房间，她目睹了他的所有儿子、女儿、孙子、孙女是如何被残忍杀戮的，甚至最小的婴儿也没有被放过，从那时起，她成了预言者，能够预测未来。

"关于我的未来，你看到了什么？"我问她。佩内洛普替我传话。

老妇朝着大锅的烟雾看了一会儿，然后说了些话，佩内洛普将她的话翻译了给我。

"你是太阳的女儿,她向你问好。你被派到人间,给所有人带来无尽喜悦。一种新的宗教将建立在这种喜悦之上。经历了多次漫游后,在你人生的最后阶段,你将会在全世界建起神庙。终有一天,你会回到这座城市,也会在这里建起一座神庙。所有这些神庙都将被献给美和喜悦,因为你是太阳的女儿。"

当时,考虑到我当时的悲伤和绝望,这个诗意的预言于我来说十分古怪。

佩内洛普随后问道:"我的未来会是怎样的?"

她开始对佩内洛普说话,我注意到后者脸色变得惨白,似乎受到了严重的惊吓。

"她对你说了什么?"我问道。

"她说的东西很让人困扰,"佩内洛普回答,"她说我有一只小羊羔,她说的是我的儿子梅纳尔卡斯。她说'你想要另外一只小羊羔',这一定是说我一直想要的女儿。但她说这个愿望永远无法实现。她还说我很快会收到一封电报,会有人通知我一个我爱的人病重了,另一个我爱的人已在弥留之际。说完这些后,"佩内洛普接着说道,"她又说我的寿命不会很长,不过,我会去到一个高处,俯瞰世界,做最后一次冥想,然后离开这个世界。"

佩内洛普非常沮丧,给了她一些钱,说了再见,然后拉着我的手,几乎跑着穿过了过道,下了楼梯,走进狭窄的街道,然后我们找了一辆出租车,出租车把我们送回了酒店。

我们走进酒店时,门房走了过来,手上拿着一份电报。佩内洛普靠在了我的手臂上,几乎要晕过去。我不得不把她扶到她的房间,然后打开了电报。电报写着:

梅纳尔卡斯病重；雷蒙德病重。立即返回。

可怜的佩内洛普心烦意乱。我们匆忙将行李塞进箱子，我去询问了去桑提夸兰塔(今萨兰达)的船的发船时间。门房说有一班船会在日落时出发。不过，尽管我们很赶时间，但我也没有忘记拉乌尔的母亲，我给她写了信："如果你想要把你的儿子从威胁他的危险中拯救出来，那么必须让他马上离开君士坦丁堡。不要问我原因，如果有可能的话，把他带到我今晚5点将要搭乘的船上来。"

我没有收到回复，直到船要出发时，拿着行李箱、看起来半死不活的拉乌尔才匆忙上了舷梯，登上了船。我问他是否买票或者订了房舱，但他没有考虑到这些。幸运的是，这些东方人的船很友好、乐于助人，我得以与船长协商，考虑到没有多余的房舱了，拉乌尔可以睡在我的套间的客厅里。对于这个男孩，我确实有作为母亲的担忧。

抵达桑提夸兰塔后，我们发现雷蒙德和梅纳尔卡斯在发烧。我竭尽全力劝说雷蒙德和佩内洛普离开阿尔巴尼亚这片阴郁的土地，与我一道返回欧洲。我找来了船上的医生，让他施加压力，但雷蒙德拒绝离开他的难民和他的村庄，佩内洛普自然也不会离开他。于是，我不得不将他们留在了那块荒凉的岩石上，只有一小个帐篷保护他们，帐篷上则刮着猛烈的飓风。

轮船继续向的里雅斯特航行，拉乌尔和我都非常不开心，他一直在哭。我发电报让我的车来的里雅斯特等候我们——因为我害怕接触火车上的乘客——然后我们乘车北上，穿过群山，前往瑞士。

我们在瑞士日内瓦湖畔停留了一阵。我们是一对古怪的伙伴，两个人都沉浸在自己的悲伤之中，很可能出于这一原因，我们发现彼此是对方很好的陪伴。在湖上的一只小船里待了很多天，最终，我从拉乌尔那里得到了一个神圣的承诺：为了他的妈妈，他绝不再考虑尝试自杀。

因此，一天早上，我送他上了火车，他要返回他的舞台，我后来再也没见过他。但我后来听说他的事业非常成功，他扮演的哈姆雷特给人们留下了深刻印象，这我能理解——在说出"生存还是灭亡"时，谁能比可怜的拉乌尔更深刻地理解这句台词呢？不过，他还那么年轻，我希望他已经找到了幸福。

独自留在瑞士的我被巨大的疲倦感和忧郁压垮。我被烦躁吞噬，无法在某个地方待着。我坐着我的汽车在瑞士全境旅行，最后，在无法抑制的冲动的驱使下，回到了巴黎。我孤身一人，因为其他任何人的陪伴对我来说都令人难以忍受。甚至是我的哥哥奥古斯丁的陪伴也令我难以忍受，他在瑞士与我会合，但也没有力量破除束缚我的诅咒。最终，我到了这样一种境地：哪怕是人类的声音，在我听来也是可憎的，有人走进我的房间时，他们似乎离我很遥远，显得很不真实。我在某天晚上抵达巴黎，来到了我位于讷伊的房子门前。除了有一个照看花园、住在大门门房处的老人，这里空无一人。

我走进了我的大工作室，不一会儿，我看到了我蓝色的窗帘，这让我回想起我的艺术和我的工作，我决定努力回归。为了实现这一目的，我派人找来了我的朋友汉纳·斯基恩为我伴奏，但熟悉的音乐只会让我大哭。实际上，这是我第一次哭泣。这个地方的每一样东西一直让我回想起曾经的快乐时光。很快，我产生了幻觉，听到了花园里传来了孩子们的声音。有一天，碰巧走进他们曾居住过的小房子，看到他们的衣服和玩偶散落一地，我彻底崩溃了，意识到我无法继续留在讷伊。但我还是做了些努力，叫了些朋友来陪我。

但在晚上，我无法入睡，我还发现那条河离房子过于近了，存在危险。于是有一天，再也不能忍受这种气氛的我又一次开车出门，向南进发。我只有坐在车里、把车开到时速70或80公里时，我才能从夜以继日、难以言说的苦闷中获得些许解脱。

我翻越了阿尔卑斯，到了意大利，继续我的游荡，有时身处威尼斯运河上的贡多拉中，要求船夫划一整夜，有时又身处里米尼古城。我在佛罗伦萨待了一晚上，知道C住在这里，我产生了派人去找他的强烈欲望，但我知道他现在已经结婚了，过着安稳的家庭生活，我觉得我的出现只会带来冲突，于是我忍住了。

有一天，在海边的一座小城里，我收到了一份电报：

伊莎多拉，我知道你在意大利漫游。我请求你来见我。我会尽我所能抚慰你。

署名是埃莉诺拉·杜丝。

我一直不知道她是如何知道我的行踪，然后给我发电报的，但是当我看到这个有魔力的名字时，我便知道埃莉诺拉·杜丝兴许是我愿意见的人。电报是从维亚雷焦发来的，维亚雷焦和我现在所在的地方刚好在海岬的两侧。向埃莉莱奥拉发去一封告知我的到来的感谢答复后，我便马上发动汽车出发了。

当晚，我抵达维亚雷焦，当时有很大的风暴。埃莉诺拉住在边远乡下的一座小别墅里，不过她在大酒店给我留了口信，邀请我去找她。

ISADORA DUNCAN

第二十七章　走出阴影

第二天早晨，我开车去找杜丝，她住在葡萄园背后的一座玫瑰色别墅里。她从一条葡萄藤遮蔽的小径走下来迎接我，像一个光芒四射的天使。她将我抱在怀中，炯炯有神的眼睛向我投来了爱和温柔，此时我的感受想必与但丁在《天堂》里遇到神圣的贝雅特丽齐时的感受无异。

　　从那时开始，我便住在维亚雷焦，在埃莉诺拉闪着光的目光中，我找到了勇气。她常常将我揽入怀中轻轻摇晃，抚慰我的伤痛。但她不只是抚慰我，她似乎将我的悲伤当成自己的悲伤。这让我意识到，我无法忍受别人在场，是因为他们全都在演一出闹剧——试图用遗忘来让我振作起来。但埃莉诺拉则会说："跟我谈谈黛特和帕特里克。"并让我重复给她讲他们所有的童言童语和个性习惯，给她看他们的照片。她看着这些照片，亲吻这些照片。"停止忧伤吧。"但她和我一道忧伤，自从孩子们夭折后，这是我第一次感觉到自己不孤单。埃莉诺拉·杜丝是一个超凡的存在。她的心灵是如此伟大，以至于不能接受世界上的任何悲剧，她的灵魂光明四射，能够穿透尘世上最深的悲痛。当我与她在海边散步时，我常常觉得她的头是群星之一，她的双手触到了群山之巅。

她仰望山峰，再次对我说道：

"看那克罗齐坚硬、粗野的山坡，快活的藤蔓和可爱的开着花的树在吉拉尔多内树木覆盖的斜坡上显得多么阴沉且令人生畏。但如果你望向黑色、粗野的克罗齐山顶，你将会看到一缕白色大理石正等着雕刻师给予它永生，但吉拉尔多内只提供人在尘世中的所需——属于他的别的梦想。这便是艺术家的生活——黑暗、阴沉、悲剧性，但提供了白色大理石，人的希望就从那里诞生。"

埃莉诺拉很喜欢雪莱，有时候，在9月末，在频繁发生的暴风雨中，当有一道闪电在阴沉的海浪上方划过时，她总会指向海面，说：

"看，雪莱闪光的余烬，他在那里，在海浪上行走。"

酒店里总是盯着我看的陌生人让我感到困扰，于是我也住进了一座别墅。是什么原因让我选择了这样一个地方？这是一座很大的红砖房，位于一片阴郁的松树林深处，有很高的围墙围绕。如果说外面令人悲伤，那么里面就是难以描述的阴郁。按照村里的传说，一位女士曾住在这里，在此之前她曾与奥地利宫廷某位身居高位的、有人说正是弗兰茨·约瑟夫（奥地利帝国和奥匈帝国皇帝）本人的人，有过不愉快的恋情。更为不幸的是，还目睹了他们的结合诞下的儿子发疯。在别墅的顶部，有一个小房间，它的窗子装了栅栏，墙壁绘有奇幻的图案，门上有一个很小的方形孔，很明显，当那位可怜的年轻疯人变得不可控时，食物是从这个孔送入的。房顶上有一个很大的开放式凉廊，一侧可俯瞰大海，另一侧可以看到群山。

这处阴郁的住所至少有60个房间，我想要租下这里。我觉得是环绕的松树林以及游廊上的绝美风景吸引了我。我问埃莉诺拉是否愿意和我一起住在这里，但她礼貌地拒绝了，她搬出她的夏日别墅，搬进了附近的一座小白房里。

现在，杜丝在写信方面的怪癖暴露了。如果你在别的国家，三年里她或许只会偶尔给你发一封长长的电报，但如果你住在她附近的话，她几乎每天都会给你送来充满魔力的一小段文字，有时候送来两次、三次，然后我们会见面，通常会到海边散步，这时杜丝会说："不幸的舞蹈和不幸的缪斯散步。"

有一天，当我和杜丝正在海边散步时，她转向了我。夕阳仿佛给她的头戴上了炽烈的光晕。她好奇地、长久地看着我。

"伊莎多拉，"她哽咽地说道，"千万——千万不要再去寻找幸福了。你的额头上有全世界种种苦难的印记。现在你遇到的还只是序幕。不要再尝试挑战命运。"

啊，埃莉诺拉，如果我能听从你的提醒该多好！但是希望是一株难以杀死的植物，无论有多少树枝被杀死、被摧毁，它总会发出新芽。

此时的杜丝是一个了不起的人，她的生活和智慧都处在巅峰状态。当她沿着海滩散步时，她会大踏步走，这和我见过的任何其他女人的走路方式都不一样。她不穿胸衣，她的体型——此时显得雍容富态——会让时尚爱好者感到困扰，但会让高贵的人印象深刻。她的一切都在展示她的伟大以及受折磨的灵魂。她常常给我读希腊悲剧或莎士比亚作品的选段，当我听到《安提戈涅》当中的几句台词时，我惊叹这么精彩的翻译竟然不为世人所知，简直是犯罪。杜丝在她艺术的全盛期、成熟期长期远离舞台，一些人乐于相信是不愉快的恋情所致，或是出于其他一些感情上的原因，这不是事实，甚至也不是因为健康不佳，而是因为她没有必要的帮助、资金来实现她希望实现艺术理念——这是一个简单、可耻的事实。这个"热爱艺术"的世界让这位世界上最伟大的女演员在孤独和贫穷之中伤心难过达十五年之久。当莫里斯·格斯特终于意识到这一点，并为她在美国安排了巡演时，就已经太晚了，因为她在那最后的巡演中死去了，她为了给自己的作品筹集足够的资金呕心沥血，为了这部作品，她已经等待了那么多年了。

我租了一架大钢琴放在别墅里，然后我给我忠诚的朋友斯基恩发去电报，他马上来与我会合了。埃莉诺拉是狂热的音乐爱好者，每晚斯基恩都为她弹奏贝多芬、肖邦、舒曼、舒伯特。有时她会用她低沉、婉转的声音唱她最喜爱的歌曲《在这坟墓里》，唱到最后的"负心人啊——负心人啊"时，她的音调和表情变得极为悲怆、如怨如诉，看向她的人无不落泪。

某一天黄昏，我突然爬了起来，让斯基恩为我伴奏，我为杜丝跳了贝多芬的钢琴奏鸣曲《悲怆》里面的柔板乐章。这是我自4月19日以来第一次跳舞，杜丝将我搂入怀中，亲吻了我，以此表示感谢。

"伊莎多拉，"她说，"你在这里做什么？你必须回归你的艺术，那是你唯一的救赎之路。"

埃莉诺拉知道我几天前收到南美巡演的合同邀请。

"接受这份合同，"她敦促我，"你要知道人生多么短暂，烦恼的年岁是多么漫长。烦恼——全是烦恼！从悲伤和烦恼中逃走——逃走！"

"逃走，逃走。"她说，但我的内心很沉重。我可以在埃莉诺拉面前做几个动作，但我似乎无法再次走到观众面前。我整个人已伤痕累累——我的每次心跳都只是在呼喊我的孩子。只要我与埃莉诺拉在一起，我就会感到安心。但到了夜晚，我就在这座孤零零的别墅里，听着它所有空荡荡的、阴暗的房间传来的回声，等待早晨的到来。然后我会起床，到海里游泳。我想过我会游到足够远的地方，远到我再也无力返回，但我的身体总是会自己转向陆地——这便是年轻身体具有的生命力。

一个阴沉的秋日下午，我正沿着沙滩独自散步，突然，我看到了我的孩子黛特和帕特里克的身影就走在我前面，手挽着手。我呼唤他们，但他们在我前面边笑边跑，我始终够不着。我开始追着他们跑并呼喊着，突然，他们消失在了海雾之中。然后，我不禁毛骨悚然。我孩子们的幻影——是我疯了吗？有那么一会儿我明显感觉到，我当时已经朝着疯癫与理智的分界线迈出了一只脚。我看到精神病院就在我眼前——可怕的乏味生活，在绝望之中，我脸朝下倒在了地上，大声哭了起来。

等到有一只怜悯的手放到我头上时，我不知道我已经在那里躺了多久。我抬头看，然后我以为我看到了西斯廷小教堂里优雅的沉思人像中的一个。他站在那里，刚从海边走来，他说道：

"为什么你一直在哭？有没有什么我可以做的，可以帮到你的？"

我仰头看着他。

"是的，"我回答，"救我，不只是救我的生命，救救我的理性。给我一个孩子。"

那一晚，我们一起站在我别墅的房顶上。夕阳正在海面落下，月亮在升起，将耀眼的光洒在山峰的大理石壁上，当他强壮、年轻的手臂将我搂住，嘴唇贴上我的嘴唇，全部的意大利热情向我袭来，我感到我被救出了悲伤和死亡，再次被带回光明，被带回爱。

第二天早晨，当我把这一切告诉埃莉诺拉时，她看起来一点也不惊讶。艺术家一向生活在传奇和幻象之乡，所以年轻米开朗琪罗从海边来抚慰我一事在她看来尤为自然。另外，尽管她讨厌与陌生人会面，她还是大方地同意我可以向她介绍我年轻的安杰罗，我们参观了他的工作室——他是一个雕塑家。

"你真的觉得他是一个天才？"看完他的作品后她问我。

"毫无疑问，"我回答，"他很可能会成为第二个米开朗琪罗。"

年轻人有极强的可塑性。年轻人相信一切，我也几乎要相信新的恋情能够战胜我的悲伤。那时我对无休止的痛苦已十分厌倦，我经常反复读维克多·雨果的一首诗，最终，我说服了自己："是的，它们将会回来，它们只是等着回来找你。"很不幸，这一假象没有持续很久。

看起来，我的情人来自一个传统的意大利家庭，他已经和一个年轻女孩订了婚，后者也来自一个传统的意大利家庭。他没有告诉我这些，但有一天，他在一封信里对我做了解释，然后就对我说再见了。不过，我完全没有生他的气。我觉得他已经拯救了我的理性，我也明白了我不再孤单。从这时起，我进入了一段充满神秘主义气息的时期。我感觉到我的孩子们的灵魂在我周围徘徊，感觉到他们将返回人间来安慰我。

因为秋天临近，埃莉诺拉搬到了她在佛罗伦萨的公寓，我也离开了我阴郁的别墅。我先去了佛罗伦萨，再去了罗马，计划在那里度过冬季。我在罗马过了圣诞节，生活悲惨至极，但我对自己说："尽管如此，至少我没有在坟墓里，也没有在疯人院——我在这里。"我忠诚的朋友斯基恩一直陪着我。他从不提问，从不质疑，只是给予我他的友谊和赞美，以及他的音乐。

对于一个伤心的灵魂来说，罗马是个绝佳的城市。在那个时候，雅典炫目的明亮和完美只会让我的痛苦更加剧烈，而罗马有庞大的废墟、陵墓以及辉煌的历史遗迹，见证了一代又一代人死去，恰是一剂止痛剂。我尤其喜欢在清晨漫步阿庇安大道，这个时候，来自弗拉斯卡蒂的运酒马车会经过这条两侧是一排接一排的坟墓的大道，车夫昏昏欲睡，像疲倦的牧神一样靠在酒桶上。这时，我会感觉时间静止了，我像一个在阿庇安大道游荡了千年的幽灵，游荡在这罗马近郊平原的广阔空间，游荡在这拉斐尔描绘过的天穹之下。有时我会向这片天空举起双臂，独自舞蹈，有如一排排坟墓中的不幸身影。

到了晚上，斯基恩和我继续漫游，我们时常被喷泉阻住去路，无数的山间泉眼源源不断地将活水送来。我很喜欢坐在喷泉边上，听着泉水翻腾、飞溅。我常常坐在那里悄悄抹泪，我温柔的同伴则满是同情地握着我的手。

直到有一天，洛亨格林的一封长电报让我从这些伤感的游荡中惊醒过来，他以我的艺术的名义恳求我返回巴黎，于是我坐上了前往巴黎的火车。我们路上经过了维亚雷焦。我看到了松树林中的红砖别墅的屋顶，想到了我在那里度过的充满失望和希望的数月时光，想到了我神赐的朋友埃莉诺拉，我现在正离她而去。

洛亨格林已经在克利翁为我准备了豪华套间，那里可以俯瞰协和广场，房间里布满了鲜花。我对他讲了我在维亚雷焦的经历，讲了我做的神秘的梦——孩子们复活，返回人间。他用双手捂住了脸，看起来在痛苦挣扎，然后他说道：

"1908年，我第一次来见你，来帮助你，但我们的爱让我们走向了悲剧。现在，让我们把你的学校建起来，一切按照你的意愿，让我们在这片悲伤的土地上为其他人创造一些美。"

然后他告诉我，他已经买下了位于贝尔维的大酒店，酒店的露台可以俯瞰整个巴黎，花园向下一直延伸到河边，房间可以容纳一千名儿童。只要我同意，学校就可以一直开设下去。

"只要你愿意暂时将个人感受放在一边，只为一个理念而活。"他说道。

想到我的人生给我带来了怎样交缠的悲伤和灾祸，想到只有我的理念始终闪耀着光芒，出淤泥而不染，我同意了。

第二天早晨，我们去看了贝尔维大酒店，之后，室内装潢师、家具商便在我的指导下忙碌起来，将这座颇为平庸的酒店改造成未来舞蹈的神殿。

这里有从巴黎中心的考试中选出的五十名有抱负的人，有第一所学校的学生，有女家庭教师。

舞蹈室是过去酒店的餐厅，挂上了我的蓝色窗帘。在长厅中央，我建了一个平台，平台有楼梯通向地面，这个平台可以供观众使用，也可以给不时来那里试演其作品的作者使用。我已经有结论了，普通学校生活单调、沉闷的一部分原因是地面都处在同一水平。因此，我在数量众多的房间之间设置了小通道，一侧上升，另一侧下降。餐厅的布置仿照了伦敦的英国下议院，一排排椅子向四周层层堆高，高年级的学生和老师坐在高处的椅子上，低年级的孩子们坐在低处的椅子上。

在此种动人、梦幻般的生活里，我再一次找到了教学的勇气，学生们进步飞快。学校开办三个月，他们已经取得了如此进步，所有来看他们的艺术家都表达了自己的惊叹和赞美。星期六是艺术家日。早上11点到下午1点有面向艺术家的公共课。然后，按照洛亨格林一贯的挥霍习惯，会让艺术家和孩子们共进丰盛的午餐。因为天气一天天变好，午餐是在花园里进行的。午餐结束后，还有音乐、诗歌和舞蹈。

罗丹的房子就在对面的山上，他时常来看我们。姑娘们和孩子们跳舞时，他会坐在舞蹈室里给她们画素描。他又一次对我说：

"我年轻时要是有这样的模特该多好！会移动，会依照自然和谐地移动的模特！我有过漂亮的模特，确实，但没有一个人像你的学生那样懂得移动的科学。"

我为孩子们买了许多彩色斗篷，她们离开学校到树林里散步时，或跳舞、奔跑时，就像一群美丽的鸟儿。

我相信这座位于贝尔维的学校将会永存，我的余生应该在那里度过，将我工作的所有成果留给那里。

6月，我们在特罗卡德罗做了表演。我坐在包厢里看着我的学生们跳舞，演出中多个环节都有观众站起来热情、欣喜地欢呼。演出结束时，他们长时间地鼓掌，久久不愿离开。我相信，这种对孩子们——这些孩子绝对不是训练有素的舞者和艺术家——超乎寻常的热情，就是对我曾依稀预见到的人类某种新动向的热情。实际上，他们是尼采所幻想的舞蹈的化身：

"舞者查拉图斯特拉，光芒四射的查拉图斯特拉，他在用他的翅膀召唤——他随时可以战斗。他召唤所有的鸟，他准备就绪，他无忧无虑、轻松愉快。"

他们是贝多芬《第九交响曲》未来的舞者。

第二十八章　死神降临

贝尔维的生活从早晨的一派欢乐中开始。人们可以听到小脚跑过走廊的声音——孩子们的说话声也一同作响。等到我下楼，就可以看到她们已经在舞蹈室，她们看到我时，会大喊："早上好，伊莎多拉。"在这样的氛围里，谁会闷闷不乐呢？尽管有时候，我会在她们当中寻找那两张面孔，我会回到我的房间独自抹泪，但我仍然获得了每天去教她们的勇气，她们跳舞时令人愉快的优雅鼓舞我继续活下去。

公元100年，罗马几座山丘当中的一座上面矗立着一所学校，被称为"罗马舞蹈祭司学校"。这所学校的学生是从最高贵的家庭选出来的，不仅如此，他们还必须有可追溯到数百年前的祖先世系，世世代代不能有任何污点。尽管他们也接受各种艺术和哲学的教育，但舞蹈是他们的主要表达方式。一年四季，春夏秋冬，他们都会在剧场跳舞。到了相应的节点，他们会从山顶下到罗马，在罗马参加一些庆典，在人群前跳舞，让观看他们的人得到净化。这些男孩们舞蹈时是如此热情、纯粹，他们的舞蹈对观众的影响和鼓舞如药物对病人的影响和振奋。当我第一次组建我的学校时，心中想要的就是这种表现力，我相信，坐落在巴黎近郊卫城之上的贝尔维，也能够对这座城市具有重要意义，它的艺术家也能够与罗马舞蹈祭司学校的艺术家比肩。

一群艺术家每周都带着他们的速写本造访贝尔维，这所学校已经证明自己是灵感的源泉，许多舞蹈造型的模特（现在有这个行业）也受到了启发。我梦想能通过这所学校，为艺术家和他的模特的关系树立一种新的典范，通过我的学生的示范，他们伴着贝多芬和赛萨尔·弗兰克的音乐起舞、扮演希腊悲剧的合唱队、朗诵莎士比亚作品。模特将不再是人们见过的坐在艺术家工作室里可怜、木讷的生物，而是作为生活最高表现形式的活的、会动的典范。

为了实现这些理想，洛亨格林现在打算落实曾经的设想：在贝尔维的山上建造剧场——这一计划曾被悲剧性地打断——让剧场成为节日剧场，巴黎市民可以在重大节庆时前来。同时为剧场配备了一个交响乐团。

他又一次叫来了建筑师路易·苏以及剧场的模特们，模特团队一度被解散，现在又被重新安置在图书馆，剧场的地基也已经选定。我希望我能够在这座剧场中实现我的梦想：将音乐、悲剧和舞蹈三种艺术以它们最纯粹的形式融合起来。在这里，穆内·絮利、埃莉诺拉·杜丝或苏珊娜·德斯普蕾可以上演《安提戈涅》或《厄勒克特拉》，而我的学校的学生们则将扮演合唱队。我还希望在这里庆祝贝多芬的百年诞辰上演奏第九交响曲，并且让我的一千名学生上场表演。我在心中描绘了未来某一天的场景：孩子们像在庆祝泛雅典娜节一样从山上走下来，到河边坐船，在荣军院登岸，继续他们前往先贤祠的神圣游行，然后在那里纪念某位伟大的政治家或英雄。

我每天花数小时教我的学生，当我太累，难以站立时，我会靠在沙发上，挥舞手臂来教他们，我的教学能力似乎已臻化境。我只需向孩子们伸出双手，他们就会跳舞了。这甚至不像是我在教他们跳舞，而是仿佛我打了一条通路，舞蹈之魂经由它降临到他们身上。

我们正计划上演欧里庇德斯的《酒神的伴侣》，我的哥哥奥古斯丁将扮演狄奥尼索斯一角，他对这部戏了如指掌，每晚都会读给我们听，也会读莎士比亚的某部戏剧，或是拜伦的《曼弗雷德》。而邓南遮对学校满怀热情，常常与我们共进午餐或晚餐。

从第一所学校来的一小群女学生，现在已经是高个的年轻姑娘了，她们协助我教小家伙们，看到她们身上发生的巨大变化，看到她们带着自信和丰富的知识传承我的教诲，我感慨万千。

但到了那年，即1914年的7月，一种怪异的压抑降临地面。我感觉到了，孩子们也感觉到了。当我们在露台俯瞰巴黎城时，孩子们经常沉默不语，十分克制。天空中大片乌云密集，似乎有不可思议的静止笼罩着大地。我能感受到这种静止，对我来说就像我怀的孩子的胎动变弱了，不像其他人的那么明显了。

我觉得我为一改悲伤、哀痛、迎接新生活所作的努力也已让我十分疲倦，随着7月一天天过去，洛亨格林提议应该将全校师生带去英格兰，到他在德文郡的家中休假。于是某天早晨，他们全都拥到我屋里，三三两两地来向我道别。他们将在海边度过8月，然后在9月返回。等他们全部离开后，房子里显得异常空旷，尽管我全力挣扎，但还是成为了深度抑郁的猎物。我非常疲倦，我常常在露台上一坐数小时，俯瞰巴黎，我越来越觉得来自东方的危险正在逼近。

再后来，一天早上，传来了卡尔梅特遇刺的不祥消息，整个巴黎都陷入了不安和焦虑。这是个悲剧性事件是更大的悲剧的前兆。卡尔梅特一直是我的艺术道路上、我的学校的好朋友，这则消息令我大为震惊和难过。

我感到烦躁，恐惧。现在孩子们离开了，贝尔维显得如此庞大、安静，巨大的舞蹈室显得如此令人沮丧。我试图平复我的恐惧，告诉自己孩子很快就会诞生，孩子们会回来，贝尔维会再次成为生命和快乐的中心。但时间走得很慢，直到一天早晨，我的朋友、当时我们的客人博松博士一脸惨白地走到我面前，手上拿着一份报纸，我从报纸的头条读到了费迪南大公遇刺的消息。随后，出现了战争爆发的传言，没过多久，传来了战争爆发的确切消息。事情发生前总会有预兆，这是多么真实的事实。现在我知道，过去一个月我感觉到的笼罩贝尔维的黑影就是战争。正当我计划复兴剧场艺术、复兴人类伟大喜悦和欢欣的节庆时，却有人在谋划战争、死亡和灾难。天哪！我微小的力量如何对抗这一切。

8月的第一天，我感受到分娩的最初剧痛。在我窗下，人们在告知动员的消息。那是炎热的一天，窗子都开着。与我的尖叫、我的痛苦、我受到的折磨相伴的是此起彼伏的鼓声、街头公告员的叫唤声。

我的朋友玛丽买了一个摇篮放到房间里，房间里挂满了白色的平纹细布。我一直看着摇篮，我确信黛特或帕特里克将要再次来到我身边。鼓声继续。动员——战争——战争。"有战争吗？"我产生了疑惑。但我必须产下孩子，他能来到世界是如此不易。一个陌生医生接替了我的朋友博松，因为博松接到了参军的动员令，离开了。医生一直在说："加油，女士。"为什么要对一个被剧痛折磨的可怜人说"加油"？他如果对我说下面这些话，显然会更好："忘记你是女人，你应该高贵地承受疼痛，以及所有类似的糟糕之事。忘记一切，忘记尖叫、咆哮、吼叫。"如果他足够仁慈，能给我一些香槟，那就更好。但这个医生有他自己的方式，就是说"加油，女士"。护士心烦意乱，一直在说："女士，这是战争——这是战争。"我想："我的孩子会是个男孩，但他太小了，没法去参战。"

终于，我听到了婴儿的哭声，他哭了，他活着。在那个极为糟糕的年份，我的担心和恐惧是如此巨大，现在因为一次巨大的欢乐冲击，它们都被一扫而空了。哀恸、悲伤、泪水，长久的等待和疼痛，全都因一次巨大的欢乐瞬间得到弥补。毫无疑问，如果神存在，他一定是一个伟大的舞台指导。长时间的哀痛和恐惧在它们将一个漂亮的男孩宝宝放到我怀里时就转变成了欢乐。

但鼓声在继续："动员——战争——战争。"

"战争正在发生吗？"我感到疑惑，"我在乎什么？我的孩子在这里，安安稳稳在我怀里。现在就让他们去打仗吧！我在乎什么？"

人类的喜悦是多么以自我为中心。在我的窗外、门外，人们在来回跑动，有各种声音：女人的哭泣、叫声、谈论动员的话语，而我抱着我的孩子，在这种普遍的灾难面前光荣地感到幸福，带着再次怀抱自己孩子的超然喜悦直登云霄。

夜晚来临。我的房间挤满了来庆祝孩子的降生的人，孩子现在躺在我怀里。"现在你再次幸福了。"他们说。

然后，他们陆续离开了，只剩下我和宝宝。我低语道："你是谁，黛特还是帕特里克？你回来找我了。"这个小家伙突然看着我，接着开始喘气，好像呼吸不畅，从他冰冷的嘴唇里传出了一声长长的哨声。我叫来护士，她来了，看了看，警觉地将孩子夺到怀中，然后我听到另一间屋子里的呼叫声："氧气——热水。"

一个小时的焦心等待后，奥古斯丁走了进来并说：

"可怜的伊莎多拉，你的孩子死了。"

我相信，那一刻，我遇到了我在尘世上所能遇到的最大痛苦的极限，其他人仿佛因为这次死亡又死了一遍，像是第一次痛苦的重复，并变本加厉。

我的朋友玛丽来了，哭着把摇篮带走了。我听到隔壁房间传来的榔头敲钉封住小箱子的声音，那是我可怜的孩子唯一的摇篮。榔头似乎在我的心头敲打绝望的最后几个音符。我躺在那里，心碎、无助，泪水、乳汁和血液组成的三重喷泉从我体内流出。

一个朋友来看我，并对我说："你的个人悲伤算什么？战争已经夺去了数百人的生命，伤员和垂死之人正从前线被送回。"所以，我现在唯一该做的事似乎是将贝尔维捐作医院。

在那段战争岁月里，每个人都感受到了类似的热忱。那种蔑视一切的可怕信念，那种导致废墟和坟墓遍地的惊人热忱，谁能说它是对的还是错的？确实，在现在这个时刻看来，它应该是无用的，但当时我们如何能判断？而罗曼·罗兰正安坐在瑞士，超然一切，用他苍白而深邃的脑袋诅咒一些人、祝福另一些人。

无论如何，从那一刻起，我们全都热情高涨，甚至连艺术家都说："艺术算什么？年轻人在献出他们的生命，士兵们在献出他们的生命，艺术算什么？"如果当时有一点智慧的话，我应该会说："艺术比生命伟大。"并且会留在我的工作室创作艺术。但实际上，我随了大流，说的是："将这些床搬走，将这个为艺术而建的房子拿走，把它变成一所医院救助伤员。"

有一天，有两个担架员来到我的房间，询问我是否想去看看我的医院。因为我无法走路，他们将我放到担架上，穿过一个个房间。在每个房间里，我都看到我的酒神女祭司和舞蹈的牧神、仙女、萨提尔的浮雕被从墙上卸下，我所有的帷幕、窗帘也被卸下，浮雕原来所在的地方换上了一个廉价的肖像——金色十字架上的黑色基督，这是一家天主教商店提供的，战争期间出现了数千家这样的商店。我设想了一下可怜的受伤士兵第一次苏醒过来时，如果他们看到的是之前的布置，心情会更加愉悦。为什么他们只能看这个被挂在金色十字架上的黑色基督？对他们来说这是多么让人抑郁的一幕啊。

在我绝妙的舞蹈室里，蓝色的窗帘已经消失，一排排没有尽头的病床正等着伤员的到来。在我的图书馆，诗人们曾站在书橱里等待新生，现在它变成手术中心，等待着病人。当时我很虚弱的，所有这些场景都对我影响至深。我感到狄奥尼索斯已经被彻底击败，现在是受难后的基督在统治。

在此之后不久，一天，我第一次听到了担架员沉重的脚步声，他们带来了伤员。

贝尔维，我的卫城！它本应是灵感的源泉，本应是哲学、诗歌和伟大音乐所启迪的高雅生活的学院。从那天起，艺术与和谐消失了，在你的围墙里第一次响起了我的哭声——受伤的母亲和孩子的哭声，孩子被战鼓惊吓，离开了这个世界。我的艺术神殿被改造成殉难地，最终，它变成了满是血淋淋的伤口和死亡的停尸房。我幻想仙乐飘升的地方，现在只有痛苦呻吟。

萧伯纳（爱尔兰作家）说，只要人类还在虐待和屠杀动物，吃它们的肉，我们就一直会有战争。我相信所有清醒、有理智的人都会同意他的观点。我学校的孩子们都是素食主义者，靠吃蔬菜和水果也长得强壮、漂亮。战争期间，当我不时听到伤员的哭嚎时，我想到了屠宰场的动物的哭嚎。我觉得，正因我们虐待这些可怜的无力反抗的生灵，众神因此也虐待我们。谁会喜欢这种叫作战争的可怕东西？很可能是肉食者因为已经在杀戮，所以感到有必要继续杀戮，杀鸟类、兽类，杀温柔、脆弱的鹿，猎杀狐狸。

围裙满是血迹的屠夫煽动了流血、谋杀。如何不是这样呢？从割断一头小牛的喉咙到割断我们兄弟姐妹的喉咙不过是一步之遥。我们自己就是被杀戮的动物的坟墓，如何能期望世上会有完美的环境？

等到我能够挪动身子时，玛丽和我离开贝尔维，去了海边。我们穿过战区，当我报出自己的名字时，得到了热情欢迎。当一个执勤哨兵说："这是伊莎多拉，让她过去。"我感到这是我曾受到过的最大荣耀。

我们去了多维尔，在诺曼底酒店找到了房间。我已经非常疲倦、难受，找到这个落脚处让我很开心。但几个星期过去后，我还是精神不振、沮丧，我是如此虚弱，甚至无力走到沙滩上呼吸大海清新的空气。最终，我感到我是真的病了，于是派人去医院请医生。

令我吃惊的是，他竟然没有来，而是传回一个模棱两可的回答，因为没人来照看我，我只得继续留在诺曼底酒店，病重的我也无法为未来做任何规划。

在当时，这个酒店是很多巴黎名流的避难所。在我们的套间旁边的是贝莱迪埃伯爵夫人的套间，诗人罗伯特·德·孟德斯鸠伯爵在她那里做客，晚餐后我们常常能听到他用他轻柔的假声朗诵他的诗歌，身处不断传来的战争和屠杀的消息之中，能够听他如痴如醉地称颂美的力量是多么棒的一件事。

萨卡·圭特瑞也是诺曼底的客人，每天晚上他都会在大厅用他盈箱溢箧的故事和轶闻款待心情愉悦的听众。

只有每次来自前线的信使带着世界惨剧的消息来到我们这里时，才会有一阵被拉回现实的丧气时刻。

但这种生活很快就令我讨厌了，因为我病重无法旅行，我便租了一座带家具的别墅。这座别墅被称作"黑与白"，里面的一切，地毯、窗帘、家具，全是黑的和白的。当我租下它时，我觉得它非常时髦，直到我打算入住时才意识到它是多么令人沮丧。

我便这样来到了这里，带着我寄托于贝尔维的所有我的学校、艺术、未来新生活的希望，从贝尔维放逐到了这座靠着海的黑与白的小房子，孤独、病痛、凄凉。不过，当中最糟糕的很可能还是疾病。我甚至没有力气走完到海边的一小段路。秋天来了，伴随着9月的风暴。洛亨格林写信告诉我，他们已经带着全校的人去了纽约，期望能在那里找到战时避难所。

有一天，我感到的凄凉甚于往常，于是去医院找那个拒绝来看我的医生。我看到一个身材矮小、留着黑胡须的男人。是出于我的幻觉吗？他看到我时仿佛要逃走。我走近他并说：

"为什么，医生？是什么让你这么不待见我，在我请求你来看我时不来看我？你不知道我确实病了，确实需要你吗？"

他支支吾吾地给了些借口，依然是那副焦虑不安的面孔，向我承诺次日会来看我。

次日早晨，秋季风暴开始了，海浪滔天，大雨倾盆。那位医生来了"黑与白"别墅。

我坐在那里，徒劳地试图升起炉火，但烟道疯狂出烟。医生测了我的脉搏，问了我一些寻常的问题。我对他说了我在贝尔维的伤心事——没能活下来的孩子的事。他还是用那种迷幻的方式盯着我。

突然，他将我抓入怀中，用爱抚淹没了我。

"你没有病，"他大声喊道，"只有你的灵魂是病的，为爱而病。唯一能治好你的是爱，爱，更多的爱。"

孤单、疲惫和忧伤的我对这种激情的、突然爆发的爱慕只能心存感激。我注视着这个陌生医生的眼睛，在里面发现了爱，我用我受伤的灵魂和肉体的全部悲痛力量做了回应。

每天，当他结束他在医院的工作后，他就会来到我的别墅。他会告诉我当天糟糕的经历、伤员的痛苦、常常无望的手术——可怕战争中的种种可怕之事。

有时我会和他一起值夜班，这时这座位于赌场的巨大医院已陷入沉寂，只有中央的夜灯还亮着。到处都有未能入睡的病人在辗转反侧，发出疲倦的叹息和呻吟，他逐一探查这些病人，稍作安慰，或是给他们一些喝的，或是给一剂难得的麻醉剂。

在这些艰难的白天和令人同情的夜晚之后，这个陌生男人需要爱和激情，他招人可怜的同时又异常凶猛。经过这些激情的拥抱和数小时的疯狂欢愉后，我的身体得到了治愈，开始变好，所以我现在又能够在海边散步了。

有一天晚上，我问这位陌生医生为何我最初找他时他拒绝来见我。他没有回答我的问题，他的双眼渐渐显露出痛苦和不幸的神情，我不敢再追问这个话题。但我的好奇心却愈发增长了，一定有一些秘密。我感觉我的过去与他拒绝回答我的问题之间有某种联系。

11月的第一天是亡灵节，当我站在别墅的窗子前时，我注意到用黑色和白色石头围出来的花园地块，刚好是两座坟墓的形状。花园的这种样子成了某种幻象，以至于看到它时我总会忍不住战栗。实际上，我似乎落入了一个痛苦和死亡的网，整日独守在别墅中，或是在此时已经寒冷、荒凉的沙滩游荡。一列又一列火车抵达多维尔，载着不幸的乘客——伤者和死者。这个曾经十分时髦的赌场，它在一个季度前还回响着爵士乐和欢笑声，现在变成了痛苦的大旅馆。我越来越受到忧郁的折磨，而安德烈的激情，其激烈程度也一晚接一晚减退。常常在我撞上他绝望的目光时——仿佛是一个被可怕回忆困扰的男人的目光，他总是回复我的提问："当你知道一切时，那就意味着我们要分开了，你最好不要问我。"

有一晚我醒来，发现他正屈身看着我睡觉。他眼中的绝望如此令人恐惧，我已无法再忍受。

"告诉我那是什么，"我乞求道，"我再也受不了这个不祥的秘密了。"

他往后退了几步，站在那里低头看着我——他是一个矮小、长相方正的男人，留着黑色胡须。

"你真的不认识我吗？"他问道。

我看着他，迷雾消散，我失声大叫。我记起来了，那可怕的一天，那个来看我、给我希望的医生，他曾试图拯救我的孩子们。

"现在你知道，"他说道，"我承受了什么。你入睡时的样子，特别像躺在那里的你的小女儿。为了救活她，我是如此努力，好几个小时，我试图用我的嘴给她我的呼吸、我的生命。通过她可怜的小嘴给她我的生命——"

他的话给我带来了极度的痛苦，那晚剩下的时间我都在无助地哭泣，他的痛苦看起来不亚于我的。

从那晚开始，我意识到我是在用一种我自己都没有察觉的激情在爱这个男人。但随着我们的爱和欲望越来越深，他的幻觉也在增多，直到有一晚，又一次我醒来时撞上了那双盯着我看的忧郁的眼睛，我认识到困扰着他的执念或许会让我们俩精神错乱。

第二天，我沿着海滩越走越远，抱着一个可怕想法——再也不回阴郁的别墅"黑与白"，告别包围着我的致命的爱。我走了太远，一直走到了黄昏，等到我意识到必须返回时，天已经完全黑了下来。潮水迅速上涨，我常常趟过涨上来的海浪。尽管海浪非常冷，我依然非常想要直面海浪，想径直走进海里，一劳永逸地结束这种难以忍受的悲伤——不管是艺术、生育孩子还是爱都无法帮我摆脱它。每次试图逃离，找到的只有毁坏、折磨和死亡。

在回别墅的半途，安德烈碰到了我。他非常紧张，他发现了我在海边不小心遗失的帽子，也以为我打算在海浪中结束我的痛苦。他走了几英里后，看到我活着走了过来，哭得像个孩子。我们走回了别墅并尝试互相安慰对方，但我们都意识到如果我们还想保持理智，就必须分开。因为我们的爱，以及对爱的可怕执念，只会将我们带向死亡或疯人院。

而另一件事让我更觉悲凉。我让人从贝尔维送来一箱保暖衣服。一天，一个箱子到了别墅，但寄件人犯了个错误，我打开箱子时，我发现里面装的是黛特和帕特里克的衣服。当我看到它们在那里时，看到它们再一次出现在我眼前时——他们最后穿的小裙子、外衣、鞋子和小帽子——我又听到了当我看到他们尸体时所听到那阵哀嚎，一种陌生、冗长、哀诉的哭嚎，我无法认为那是我自己的声音，反而像某个受了重伤的动物在为它的死亡呼喊——从我的喉咙里呼喊出来。

安德烈回来时看到我在那里失去了意识，躺倒在打开的箱子上，将所有小衣服抓在怀中。他把我带到隔壁房间，然后带走了箱子，后来我再也没见过它。

第二十九章 战争年代

英格兰参战后，洛亨格林把他在德文郡的城堡改成了医院，为了保护我的学校的孩子们——他们来自多个国家，他把他们全部送上了前往美国的船。随学校人员前往纽约的奥古斯丁和伊丽莎白频频发电报催促我与他们会合，所以最终我决定前去。

　　安德烈将我带到利物浦，让我搭上了前往纽约的一艘巨大的冠达邮轮。

　　我是如此忧伤、疲倦，旅行全程我都没有离开过我的房舱。除了晚上，等到其他乘客都入睡后，我会出现在甲板上，当奥古斯丁和伊丽莎白在纽约见到我时，他们惊讶于我的改变和憔悴。

　　我发现我的学校安置在一座别墅里，这是一支由战争难民组成的快乐团队。我在第4大道32街租下了一间巨大的工作室，在那里挂上了我的蓝色窗帘，然后我们重新开启了工作。

　　因为从正在流血的、充满英雄主义的法国归来，美国对战争明显的漠不关心让我愤愤不平。一天晚上，在结束了大都会歌剧院的一场表演后，我将披在身上的红色披肩折起来，即兴表演了《马赛曲》。这是在号召美国的小伙子们起来保卫我们时代的最高文明，那种文化是通过法国降临世界的。第二天早晨的各家报纸都做了热情的报道，其中一家说道：

伊莎多拉·邓肯小姐在她的演出快结束时对《马赛曲》充满激情的演绎为她赢得了满堂喝彩，观众们站起来为她欢呼了数分钟……她尊贵的姿势是对巴黎凯旋门古典人像的模仿。其中一个姿势，她的双肩裸露，身体一侧直到腰线也是裸露的，她对那座著名凯旋门的（粗野的）美丽人像的表现让观众兴奋不已。对她高雅艺术的生动表现，观众们爆发出了欢呼声和叫好声。

我的工作室很快成为所有诗人和艺术家的聚集地。从这一刻起，我的勇气又回来了，并且，我发现新建的世纪剧院当时空置，便租了一个季度，准备在那里创造我的狄奥尼索斯。

但这座剧院自命不凡的形状让我感到气愤。为了将其改造为一座希腊剧场，我挪走了全部管弦乐队的椅子，换上了一张蓝色地毯，以便合唱队能够在上面走动。我用巨大的蓝色窗帘遮住了丑陋的包厢，用35名演员、18名音乐家和100名歌手组成的团队上演了悲剧《俄狄浦斯》，我的哥哥奥古斯丁出演主角，我学校的成员和我本人负责合唱队。

我的观众大部分来自东区，顺带一提，他们都属于今日美国真正的艺术爱好者。东区对我的赞赏十分触动我，我带着全校人员和交响乐团去了那里，在意第绪剧院进行了自由的表演，如果我有条件，我肯定会留在那里为这些人表演，他们的灵魂天生就适合音乐和诗歌。

但，天哪！我的这次大冒险费用高昂，让我彻底破产了。我向一些纽约的百万富翁求助，得到的回复都是："为什么你偏要上演希腊悲剧呢？"

在那时，整个纽约都陷入了爵士舞的狂热之中。上流社会的男男女女、老人和年轻人都把时间花在类似比特摩尔这样的酒店里的大型沙龙里，他们伴着野蛮的尖叫以及黑人乐团的嘶吼跳狐步舞。那时我有一两次被邀请到这些欢乐的舞会，我无法抑制住我的愤慨，当法国正在流血，正需要美国的帮助时，这样的舞会还在举行。实际上，整个1915年的气氛都让我作呕，我决定带着我的学校返回欧洲。

但此时我没有足够的钱支付我们的船票。我在返程船只但丁·阿利吉耶里号上预订了铺位，但没有钱支付。距离开船三个小时时我依然没钱，这时一个年轻的美国女人走进了我的工作室，衣着素雅，她问我是否我们今天要启程前往欧洲。

"你看，"我说道，指着穿着旅行斗篷的孩子们，"我们全都准备好了，但我们还没钱支付船票。"

"你需要多少？"她问道。

"大概两千美元。"我回复道。听完我的答复，这位不寻常的年轻女人拿出了钱包，数出两张一千美元的钞票，把它们放在桌上，并说：

"我非常高兴能在这件小事上帮到你。"

我满是惊诧地看着这位陌生人，我从未见过她，她甚至没有要求任何回报就放下这笔巨款任我处置。我只能设想她是某位我不熟悉的百万富翁，但之后我发现不是这样的。实际上，她为了拿出这笔钱，已经在前一天卖掉了她的全部股票和债券。

她和很多其他人一起，来送我们乘船离开。她叫鲁思——《圣经》里的摩押女子，鲁思说："你的国就是我的国，你的路就是我的路。"鲁思从那时起，一直践行着这种诺言。

因为不再被允许在纽约进行任何《马赛曲》的表演，我们便全部站到甲板上，每个孩子藏一小面法国国旗在袖子里，我告诉他们哨音吹响、船只离港时，我们要全部挥动国旗，唱《马赛曲》，我们确实这样做了，我们十分开心，岸上的官员们则极度恐慌。我的朋友玛丽来送行，到了分别的最后一刻，因为无法忍受与我分离，没有带行李和护照的她跳上了甲板，加入了唱歌的我们，并说："我要和你一起去。"

就这样，我们唱着《马赛曲》，离开了1915年富裕、享乐的美国，和我现在已处于流浪状态的学校扬帆前往意大利。我们在情绪高涨的一天抵达了那不勒斯。意大利已经决定参战。能够回来我们都很高兴，我们在乡下举行了迷人的庆祝活动，我记得我对着一群围绕着我们、盯着我们看的农民和劳作的人说了以下的话："感谢上帝赐予你们这个美丽的国家，不用嫉妒美国。在这里，在你们美丽的土地上，有蔚蓝的天空、葡萄树和橄榄树，你们比任何美国百万富翁都富裕。"

在那不勒斯，我们讨论了接下来的目的地。我非常想去希腊，想要在科帕诺斯扎营，直到战争结束。但这个想法吓坏了我年纪较大的学生，因为他们在用德国护照旅行，于是我决定寻求瑞士的庇护，看能不能那里表演。

为此，我们去了苏黎世。当时一位知名美国百万富翁的女儿正在巴尔拉克停留，我认为这是让她对我的学校产生兴趣的一个绝佳机会。某天下午，我还让孩子们在草坪上为她跳舞。他们是多么可爱的一道风景，我肯定她受到了触动，但当我同她商量帮助我的学校的事情时，她回复道："不错，他们也许很可爱，但我对他们不感兴趣。我只对分析我自己的灵魂有兴趣。"她多年跟随那位著名的弗洛伊德的学生荣格博士学习，每天都要花数小时记录她前一晚做的梦。

那个夏天，为了离我的学生们近一点，我住在乌契的博里瓦奇酒店。我有几间漂亮的房间外带一个湖景阳台。我租下了一座当时被用作厨房的巨大营房，在里面挂上永远能给我灵感的我的蓝色窗帘，将营房变作神殿，我在那里教孩子们，每天下午和晚上都在那里跳舞。

有一天，我们开心地接待了魏因加特纳和他的妻子，我们花了整个下午和晚上为他表演了格鲁克、莫扎特、贝多芬和舒伯特。

我每天早上站在阳台上，看着另一座可以俯瞰湖泊的大阳台，那里聚集着一群漂亮的男孩，身穿闪亮的丝绸和服。他们似乎围着一个老头——身材高大，金黄色头发，长得像奥斯卡·王尔德。他们也常常朝我微笑，一天晚上，他们邀请我共进晚餐。我才发现这些迷人、有天赋的男孩们是战争难民。

在另一些晚上，他们带我坐上摩托艇驰骋浪漫的莱芒湖。在船上，人们畅饮香槟，极尽欢腾。我们通常在凌晨四点在蒙特勒靠岸，那里有一个神秘的意大利伯爵会在四点钟提供晚餐。这位英俊，但更为冷峻、令人毛骨悚然的美男子白天都在睡觉，只在晚上醒来。他常常从他的口袋里拿出一小支银色注射器，小心翼翼地用它给他苍白、瘦弱的手臂注射，大家都假装没有看到。他的风趣、快乐无穷无尽，但他们说他会在白天经受可怕的折磨。

这群有趣、迷人的年轻人让我从悲伤和孤独中走出来，但他们明显无视女性魅力的行为，刺痛了我的骄傲。我决定检验一下我的魅力，结果非常成功。一天晚上，在一位美国年轻朋友的陪伴下，我首先瞄准了一位开着豪华梅赛德斯车的乐队指挥。这是一个美妙的夜晚。我们沿着莱芒湖疾驰，飞奔越过蒙特勒。我大喊："再远一点，再远一点！"最后，早晨来临，我们发现自己到了维耶日。我仍在喊"再远一点，再远一点"，于是我们加速穿过终年不化的积雪，通过了圣哥达山口。

想到年轻美男子组成的迷人乐队，早晨起来，惊讶地发现他们的苏丹不见了，并且是和一个他们厌恶的女性，我不禁大笑。我施展了我全部的诱惑力，很快我们就要下山进入意大利，一路上马不停蹄，一直开到了罗马，又从罗马继续前往那不勒斯。然后，当我瞥见大海时，我产生了再去看一看雅典的强烈愿望。

我们坐上了一艘意大利的小轮船，某天早晨，我再次从卫城的白色大理石台阶拾级而上，前往神圣智慧的雅典娜的神庙。我清楚地记得上一次我在那里的情形，当我想到我彻底背离智慧与和谐，以及——哎呀！我为我所着迷的激情所付出的痛苦代价，让我不禁感到羞耻。

雅典新城一片混乱。我们到达后一天，韦尼泽洛斯（希腊革命家，政治家）就被宣布下台了，人们认为王室很可能会站到德皇一边。那天晚上，我举行了一个迷人的晚餐聚会，我的客人包括国王的秘书梅拉斯先生。在餐桌中央，我摆上了一堆红玫瑰，在花里藏了留声机。在同一个房间里还有从柏林来的一群高官。突然间，他们那桌传来了祝酒的声音："向德皇敬礼！"，于是我拂去玫瑰，打开了我的留声机，让它演奏《马赛曲》。与此同时，我提议干杯："法国万岁。"

国王的秘书看起来有些惊慌，但他其实很开心，因为他由衷地拥护协约国的事业。

此时，一大群人在我们窗口面向的广场上集合。我把韦尼泽洛斯的画像举过头顶，并让我年轻的美国朋友带着留声机跟着我，我们无所畏惧，留声机一直播放着《马赛曲》，走到广场中央。之后，伴着留声机里的音乐，以及此时情绪高涨的人群的歌声，我随着法国国歌舞动起来。再之后，我向人群慷慨陈词：

"你们有了第二位伯里克利——伟大的韦尼泽洛斯。为什么要让他陷入麻烦？你们为什么不追随他？他只会带领希腊走向伟大。"

随后我们列队前往韦尼泽洛斯的住所，并站在他的窗下轮流唱希腊国歌和《马赛曲》，直到架着刺刀的不友善的士兵驱散我们。

经历了这一段插曲——这真的让我很开心——我们乘船返回那不勒斯，然后继续前往乌契。

从那时起，直到战争结束，我使了浑身解数维持着我的学校，以为战争会马上结束，我们能返回贝尔维。但战争仍在继续，我被迫以50%的利率向放债人借钱维持在瑞士的学校。

因为这个原因，1916年，我接受了一份去南美的合同，随后乘船前往布宜诺斯艾利斯。

在我写下这些回忆时，我越来越意识到要写尽一个人的人生是不可能的，或者说，要写尽我曾经历过的各种不同的人生是不可能的。那些在我看来持续了一生的事件只占了几页的篇幅，这些事件之间的间隔期在我看来则是长达数千年的受苦与疼痛，为了纯粹的自卫，为了能够继续活下去，在这期间我成了完全不同的人，但这些间隔期在书中出现的时间并不长。我常常绝望地问我自己："读者会给我提供的这些肉和骨架披上什么样的衣服呢？"我试图把真相写下来，但真相总是跑开，躲着我。如何找到真相？如果我是一名作家，将我的生活写成了20本左右的小说，可能会更接近真相一些。然后，等我写完这些小说之后，我应该写艺术家们的故事，那将是与其他所有故事都十分不同的故事。因为我的艺术生活和艺术思想已经变得遗世独立，而且程度还在加深，像是一个分离的器官，明显与我所称的我的意志相独立。

我仍在这里，试图如实记录我身上发生的一切，我十分害怕结果会是一团糟。但是你已经在这里了，我已经开始把我的生活用笔记录下来，这是不可能完成的任务，但我会坚持到最后，尽管我已经听到全世界各种所谓的好女人在说："这是最丢脸的个人经历。""她的所有不幸只是她罪恶的正当报应。"但我不觉得我有罪。尼采说过，"女人是一面镜子"，我只是反映、回应了那些俘获了我的人和力量，就像奥维德的《变形记》中的女主角们一样，会根据永生诸神的命令改变形式和特质。

船停靠纽约时，奥古斯丁加入了我的行列，我在战时独自旅行那么远让他感到不安，他的陪伴是对我巨大的安慰。在船上，还有由泰德·路易斯带队的一些年轻拳击手，他们会在每天早晨六点钟训练，然后去船上的大型海水游泳池游泳。我早上和他们一起训练，晚上为他们跳舞，因此整个旅途非常愉快，完全不会觉得漫长。我的这次旅程还有钢琴家莫里斯·蒂麦斯尼勒陪同。

巴伊亚是我人生中到访的第一座亚热带城市，它看起来非常柔和、葱翠和湿润。尽管一直在下雨，但仍有女人在沿着街道行走，她们的棉布衣服已经湿透，紧贴着身子，可是她们看起来并不在意下雨，似乎也不关心她们的衣服是干是湿。这也是我第一次见到黑人和白人若无其事地混在一起。在我们吃午饭的一家餐厅，一个黑人男性和一个白人女孩同坐一桌，在另一张桌子旁坐的是一个白人男性和一个黑人女孩。在小教堂里，有妇女抱着裸体的黑白混血婴儿，人们准备为婴儿洗礼。

每个花园里都盛开着红色的木槿花，到处都可以看到黑人和白人相亲相爱、和睦共处。在这座城镇的某些街区，黑皮肤、白皮肤和黄皮肤的妓女们懒洋洋地靠在楼房的窗前，完全没有大城市的同行们通常所呈现的面容憔悴、鬼鬼祟祟的神色。

到达布宜诺斯艾利斯后，有几晚上我们去了一处面向学生的酒店歌厅。这种歌厅通常是一间很长、低矮且烟雾缭绕的房间，里面挤满了年轻的黑人男性，同样皮肤黝黑的女孩混杂其间，所有人都在跳探戈。我从未跳过探戈，不过我们年轻的阿根廷导游让我试一试。从最初胆怯的几步开始，我就感到我的脉搏在随着这种性感舞蹈而充满诱惑的、慵懒的节奏跳动，这种舞如绵长的爱抚一样甜美，像南方天空下的爱一样令人陶醉，像热带雨林的诱惑一样残暴和危险。这位黑眼睛的年轻人的手臂在用恰到好处的力度引导我的舞步，他时不时大胆地看着我，让我有了这种感受。

突然，我被学生们认出并包围起来，他们解释说这一晚是在庆祝阿根廷的独立，他们请求我为他们的国歌伴舞。我一向喜欢满足学生，于是答应了，我将阿根廷国旗披在身上，努力为他们演绎他们曾经受奴役的殖民地所受的苦难，以及它自己摆脱暴君获得自由的历史。我获得了令人激动的成功。学生们之前从未见过这种类型的舞蹈，他们热情呼喊，求我一遍又一遍地跳这支舞，他们则负责伴唱。

我怀着成功的喜悦和对布宜诺斯艾利斯的喜爱回到了酒店。但，天哪！我高兴得太早了。第二天早晨，我的经纪人读到报纸上对我的表演的耸人听闻的报道后非常生气，他告知我，根据法律，他认为我的合同已经不能继续了。布宜诺斯艾利斯的所有上流家庭都在取消预订，他们还打算抵制我的演出。就这样，让我如此快乐的那个夜晚毁了我的布宜诺斯艾利斯巡演。

艺术给生活中的混乱和无序带来了形制与和谐。一部好的小说能够通过艺术催生某种高潮，且不会虎头蛇尾。艺术中的爱会以悲剧性的、美丽的收尾音符结束，就像依索尔德的故事一样，但生活中充满了虎头蛇尾，真实生活中的恋情通常以混乱结束，在乐句的正中间留下刺耳、聒噪的不和谐的声音。在真实生活中，恋情经历高潮后的再次复燃，也只是为了在撤资和律师费堆起的坟墓上悲惨死去。

我是抱着为在战时维持学校、为学校筹集足够经费的希望开始这次巡演的。想想看，当一封发自瑞士的电报告知我，因为战时管制，我电汇的钱被冻结了，我该多么惊愕。出门前，我将我的姑娘们托付给了一间寄宿学校，如果不付钱，学校的女主管将无法继续收留她们，她们有被逐出门的危险。以我一贯的冲动，我坚持要求奥古斯丁立即带着必要的资金去日内瓦拯救我的学生——没有意识到这会让我没有足够的钱支付酒店账单，而且，我愤怒的经纪人已经和一个喜歌剧团去了智利，我的钢琴师蒂麦斯尼勒和我被困在了布宜诺斯艾利斯。

观众很冷淡、严苛，觉得演出很普通。实际上，我在布宜诺斯艾利斯取得的唯一成功就是我在酒店歌厅跳了《自由赞歌》的那个晚上。我们被迫把行李箱留在酒店，前往蒙得维的亚。幸运的是，我跳舞穿的长袍对酒店老板来说并没有什么价值。

在蒙得维的亚，我们发现这里的观众刚好是阿根廷观众的反面——热情狂野，因此我们能够前往里约热内卢继续我们的巡演。我们到那里时身无分文，没有行李，但市立剧院的主管非常体贴，马上为我们安排了演出，我发现这里的观众非常聪明、非常机敏，他们积极回应，能让出现在他们面前的任何艺术家发挥出最佳水平。

我在这里见到了诗人让·德·里奥，里约所有的年轻人都喜欢他，而里约的每个年轻人自己就是诗人。我们一同散步时，所有高喊"让·德·里奥万岁！伊莎多拉万岁！"的年轻人就跟在我们身后。

我把蒂麦斯尼勒留在了里约——因为他不想离开，我返回了纽约。旅程伤感、孤独，我始终担忧我的学校。和我一道出行的一些拳击手也坐了同一艘船回纽约，他们在船上当船员没能获得成功，也没有赚到钱。

乘客中有一个总是醉醺醺的美国人，每晚吃晚餐时他都会说："将这瓶1911年的伯瑞香槟送到伊莎多拉·邓肯桌上。"让所有人都感到惊愕。

我们抵达纽约时，没有人来迎接我们，因为战时的困难，我的电报没能送达。偶然地，我给我的好朋友阿诺德·金瑟①打了电话。他不仅是个天才，还是个巫师。他放弃了绘画，转攻摄影，但他的摄影最为怪诞，充满魔力。他把相机对准人群，拍下他们，这不假，但这些画面绝不是那种给坐着的模特拍的照片，而是他对他们的催眠幻象。他给我拍了很多照片，这些照片呈现的不是我的肉体，而是我的灵魂状态，其中有一张照片简直是我的灵魂写照。

----

① 阿诺德·金瑟（1869—1942）：德国裔美国摄影师，以拍摄旧金山唐人街，1906年旧金山大地震以及政界人士、社会名流、文学人物和娱乐界名人的肖像而闻名。

他一直是我最好的朋友，所以当我发现自己在码头孤身一人时，我便给他打了电话。电话那头传来的熟悉的声音让我大吃一惊，但这不是阿诺德的声音。这是洛亨格林的声音，他非常巧合地在那天早晨去找阿诺德。听到我独自在码头，没有钱，也没有朋友，他马上说他会来帮助我。

几分钟后，他来了。当我再次见到他高大、威严的身影时，我有了种自信和安全的奇异感受，他能来见我让我很开心。

顺便说一句，你读这本自传时也许注意到了，我一向忠诚于我的爱人。实际上，我应该不会离开他们当中的任何一个，如果他们继续忠诚于我的话。因为，只要我曾经爱过他们，我就会继续爱他们，一直爱他们。我确实和他们当中的许多人分开了，但我也只能将其归罪于男人的反复无常以及命运的残酷。

因此，在经历了这些灾难性的旅行之后，我非常希望洛亨格林再次来拯救我。他以一贯的执行力，很快从海关那里拿回了我的行李，然后我们去了阿诺德的工作室，接着我们三人一道去河滨大道一个可以俯瞰格兰特总统墓地的地方共进午餐。

我们都很高兴能够重聚，喝了很多香槟，我感到这是我返回纽约是一个吉兆。洛亨格林也很亲切，特别慷慨。午餐结束后，他匆匆离开，去预订大都会歌剧院，花了整个下午和晚上给每位艺术家送去邀请函，邀请他们参加一场极棒的免费节日演出。纽约所有的艺术家、演员和音乐家都到场了，没有票房收入压力，我可以尽享舞蹈的快乐。自然，在表演行将结束时，按照我战时的习惯，以《马赛曲》收场，收到了人们对法国和协约国的热烈鼓掌。

我对洛亨格林说了我派奥古斯丁去日内瓦的事情，说了我对学校的担忧，他极为慷慨地汇去了必要的资金，以便把学校搬到纽约。不过，很不幸！对于一部分学生来说，这笔钱来得太迟了。年纪小的学生已经全部被他们的父母接走，带回家了。

我为之奋斗了数年的学校就此分崩离析，让我十分痛苦，但奥古斯丁的到来，以及不久后六个年长孩子的到来，给了我些许安慰。

洛亨格林继续处于最佳、最豪爽的情绪之中，对孩子和我来说，没有什么比这更好的了。他在麦迪逊广场花园顶层租下了一间大工作室，每天下午我们都在那里工作。早晨，他会开车载着我们沿哈德孙河兜风。他给每个人送礼物。实际上，靠着金钱的魔力，生活暂时变得美妙起来。

不过，随着纽约严酷的冬季临近，我的健康恶化了，洛亨格林提议我去古巴旅行——他派了他的秘书陪同着我。

古巴给我留下了非常愉快的回忆。洛亨格林的秘书是一个年轻的苏格兰人，还是一位诗人。我的健康状况不允许我进行任何表演，但我们在哈瓦那待了三个星期，在海边驾车兜风，欣赏身边如画的景致。我仍记得我们待在那里时发生的一件悲喜剧事件。

距离哈瓦那约两公里的地方，有一座高墙环绕的古旧麻风病院，但我们还是会时不时看到满脸震惊的面孔。当局也意识到这个地方紧邻一处流行的冬季度假胜地颇不协调，决定将其搬迁。但麻风病人们拒绝离开。他们或是紧抱着门，或是靠着墙，有些爬到了屋顶，赖在那里，甚至有传闻说他们当中有一些人已经溜进哈瓦那，藏在了城里。这座麻风病院的搬离总给我一种梅特林克的离奇、怪诞戏剧的感觉。

另一处我探访过的宅子里住着一位来自某个最古老家族的人，

她对猴子和大猩猩十分迷恋。老宅的花园里放满了这位女士圈养宠物的笼子。所有游客都对她的房子感兴趣，她极为慷慨地接待他们。她肩扛猴子，手捧大猩猩，迎接她的客人。它们是她养的最温顺的几只，但有一些并不那么温和，当有人经过它们的笼子时，它们会摇晃笼子，发出尖叫，扮鬼脸。我询问它们是否危险，她冷冷地回道，除了时不时逃出笼子，杀死园丁，它们还是十分安全的。这让我十分焦虑，离开时我终于松了一口气。

这个故事的奇怪之处在于，这个女人非常漂亮，有一双深邃的大眼睛，博览群书，聪明，并且喜欢将文学和艺术世界里最闪耀的名人聚到她的屋子里。那么，如何解释她对猿类和大猩猩的狂热喜爱呢？她告诉我，她已经立了遗嘱，死后会将她收养的全部猴子捐给巴斯德研究所，用于与癌症和肺结核相关的实验研究，在我看来这是喜爱尸体解剖的一种特殊表现形式。

还有一件在哈瓦那的趣事。在一个节日的夜晚，所有的酒店歌厅和小餐馆都人满为患，我们像往常一样去了海边和大草原之后，来到了一家典型的哈瓦那咖啡店，当时是凌晨三点左右。不出意外，这里聚着各种各样的吗啡上瘾者、可卡因上瘾者、鸦片吸食者、嗜酒者以及其他被生活遗弃的人。我们在低矮、灯光昏暗、烟雾缭绕的房间里找了一张小桌子坐下，一个男人吸引了我的注意，他脸色苍白，有着消瘦的面颊和凌厉的目光，看起来似乎已产生幻觉。他的长手指在弹钢琴，令人惊讶的是，他弹的是肖邦的前奏曲，他有天才般的技艺，同时对曲子的理解也很深刻。我听了一会儿，然后走向他，但他只能说一些不连贯的词。我的举动让我成了整个小餐馆的焦点，意识到这里没人认识我，我异想天开地想为这群陌生观众跳舞。我披上我的斗篷，然后告诉钢琴师，我要伴着几首前奏曲跳舞。渐渐地，喝酒的人都安静了下来，我不但引起了他们的注意，他们当中的许多了还流下了泪水。钢琴师也从他的吗啡迷幻中清醒了过来，像是在凭灵感弹奏。

我一直跳到了清晨，离开时，他们全都来和我拥抱，我十分骄傲，比在任何舞台表演都要感到骄傲，因为我知道这是对我的才能的真实证明，没有任何剧院经理的帮助，也不靠预告吸引公众注意。

这一段插曲结束后不久，我和我的诗人朋友乘船去了佛罗里达，并在棕榈滩登岸。从那里我发了一封电报给洛亨格林，然后他来博瑞克斯酒店与我们会合。

极度悲痛最可怕的部分并不在开头，不是在悲伤的打击让人进入亢奋状态的时候，实际上这种亢奋甚至有麻醉的作用，而是之后，很久之后，当人们说"哦，她已经翻过那一页了"或者"她现在很好，她熬过去了"的时候。或许是在一个人在本应该欢快的晚餐聚会上突然感到忧伤的时候——用冰冷的手紧按心脏或用另一只发烫的手锁住喉咙，冰与火，地狱与绝望，能压倒一切——他还会举起香槟酒杯，努力忘记痛苦，无论能不能做到。

这便是我现在所处的状态。我的朋友都在说："她已经淡忘了，她已经熬过去了。"每次看到有任何小孩突然进到我的房间叫"妈妈"，我的心就被扎了一刀，我整个人都因为这种痛苦而扭曲，以至于我的大脑只能哭求忘记、哭求湮没，以各种方式，为了摆脱这种可怕的折磨，我渴求创造新生命，渴求创造艺术。啊，我多么嫉妒那些修女的顺从，在陌生人的棺材前，苍白的嘴唇念念有词，整夜不断地低声诵出祈祷文。这种气质正是反抗、高呼"我要爱，爱；创造快乐，快乐"的艺术家所嫉妒的。真该死！

洛亨格林来棕榈滩时带来了一位美国诗人，我们一道在阳台坐了一整天，洛亨格林根据我的想法为未来的学校规划了蓝图。他告知我，作为启动学校的初步计划，他已经买下了麦迪逊广场花园。

尽管对于计划整体我很有热情，但在战争期间，我并不赞同那么快地启动项目，但我的这一态度让洛亨格林非常震怒，以至于正如他冲动地买下麦迪逊广场花园一样，他也在我们返回纽约时冲动地取消了这个计划。

一年前珀西·麦凯（美国诗人、剧作家）在这里观看孩子们跳舞之后，曾写过一首美丽的诗。

一颗炸弹落到了巴黎圣母院；

德国人又焚烧了一座比利时城市；

俄国人在东部镇压；

英格兰在疑虑；

我闭上了双眼，放下了报纸。

灰蓝色大海边的灰色岩礁、沼泽地和黯淡光芒；

那世上的仙子——孩子，发出了怎样的笑声，

如十月孤独蜜蜂的触角那么甜美，

带着成熟、老成的快乐呼啸过模糊的海岸？

这是些什么样的精灵？

她们一身灰蓝，如大海和岩礁。

她们在黑暗的银色边缘跳舞——

每个狂喜的精灵

都做了一个快乐的祈祷，

用她们闪闪发光的四肢，向着低沉入海的太阳。

看：现在她们停下了

像筑巢的鸟，不再飞翔：

端庄、文雅

她们在它们的女主人的椅子旁列队行进

礼貌地道出晚安：

"晚安（Spokoini Notchi）！晚安（Gute Nacht）！

"晚安（Bonsoir）！晚安（Bonsoir）！晚安（Goodnight）！"

这是怎样的来自五湖四海的精灵？

聚集在一个家族神圣的艺术之中。

梦：基督和柏拉图曾做过的梦——

她们的快乐灵魂出发了，多么美好！

亲爱的上帝！这一切看起来多么简单

直到又一次

在我的眼前，红色字体颤抖：杀戮——

一万名敌人。

然后是笑声！来自古老海洋的笑声

在黄昏时歌唱：雅典！加利利！

精灵的声音在灯光熄灭后呼喊：

"晚安（Spokoini Notchi）！晚安（Gute Nacht）！

"晚安（Bonsoir）！晚安（Bonsoir）！晚安（Goodnight）！"

第三十章　美国之舞

1917年初，我一直在大都会歌剧院演出。那时，我和很多人一样相信整个世界自由、复兴和文明的希望取决于协约国赢得战争，因此，每次表演结束时，我都会跳《马赛曲》，全体观众都会起立。但这不妨碍我继续举行瓦格纳的音乐会，我认为所有理智的人都会同意，在战时抵制德国艺术家不公平且愚蠢。

　　俄国革命爆发的消息传来的那天，所有热爱自由的人们欢欣鼓舞。那一晚，我以《马赛曲》原本的革命精神——这首曲子就是在革命精神的鼓舞下创作的——跳了这首曲子，然后我又对《斯拉夫进行曲》做了讲解，里面出现了沙俄国歌《天佑沙皇》的旋律，我还绘声绘色地讲述了被压迫的农奴在皮鞭下的苦难生活。

　　这一与音乐对立，或者说不协调的举动让观众群情激动。

　　很奇怪，在我的艺术生涯中，我总是被这些绝望和反抗的运动吸引。我一直穿着我的红色长袍，为革命而舞，为号召被压迫者反抗而舞。

在俄国革命那晚，我以一种骇人的狂喜在跳舞。所有为人类的事业受苦、受折磨和死去的人们，我为他们感到情绪高涨。所以毫不奇怪，一夜又一夜从包厢里看我表演的洛亨格林最后会有些担心，甚至自问，这所他赞助的传授优雅和美的学校是否会变成危险之物，最终让他和他的数百万资产灰飞烟灭。但我的艺术冲动过于强烈，我甚至无法为了取悦我的爱人而抑制它。

为了祝贺我的成功，洛亨格林在雪莉饭店举办了庆祝会。庆祝会以正餐开场，然后是舞蹈，最后是精致的晚餐。借此机会，他送给我一条豪华的钻石项链。我从来不想要珠宝，也从来没有戴过，但当我愿意让他把项链戴到我的脖子上时，他似乎非常开心。一直到早上，一加仑接一加仑的香槟让宾客们持续保持着活力，我的脑袋也因为此刻的快乐和酒多少有些晕乎，让我产生了一个不得体的想法——教在场的一个英俊男孩阿帕切探戈，我已经在布宜诺斯艾利斯看过这种舞是怎么跳的。突然，我感觉到我的手臂被一只铁腕抓住，我回头一看，发现是怒气冲冲赶来的洛亨格林。

这是我唯一一次戴这件倒霉的项链，因为不久后，洛亨格林就又一次怒气冲冲，然后消失了。只留下了我一人，以及需要支付的巨额的酒店账单和学校的所有开销。向他求助无果后，这条著名的钻石项链只好被送去当铺，我再也没见过它。

就这样，我发现自己被困在了纽约，没有钱。此时已是季末，已经没有可能再进行任何活动。幸运的是，我手里还有一件貂皮大衣，以及一块洛亨格林从某位印度王公的儿子那里买来的精美翡翠，那位儿子在蒙特卡洛输掉了所有的钱。据说翡翠来自于某个著名神像的头部。我把外套卖给了一位著名的女高音，把翡翠卖给了另一位著名的女高音，然后在长滩租了一座别墅，在那里度过夏天，我也将学生安置在那里，然后等待秋天到来，那时应该又可以挣钱了。

我一直缺乏远见，一旦我有了钱负担别墅、汽车和我们的日常开销，我就不怎么顾及未来了。因为我现在实际上已经身无分文，毫无疑问，更明智的做法应该是用变卖皮草和珠宝所得的收入购买可靠的股票和债券。当然，我不会这么做，我们所有人在长滩度过了一个十分快乐的夏天。像往常一样，我们也招待了很多艺术家。在这里，和我们共处数周的来客当中，有一位和蔼的小提琴家伊萨耶（Isaye），每天早晨和夜晚，他漂亮的小提琴奏出的音乐给我们的小别墅带来了欢乐。我们没有工作室，所以我们在海滩跳舞，我们还为伊萨耶举行了一个特别的庆典，他开心得像个孩子。

不过，正如你能想象得到的，当这个快乐的夏天结束后，我们回到纽约，我发现自己又没钱了。心烦意乱两个月后，我接受了一份加利福利亚的合同。

巡演途中，我发现自己离故乡越来越近。就在我抵达前，我从报纸上得知了罗丹的死讯。想到我再也见不到这位好朋友，我痛哭不已，以至于看到等在奥克兰站台准备采访我的记者时，我不愿意他们见到我泪眼汪汪的，便用一块黑色蕾丝面纱遮住了脸，于是他们就在第二天的新闻上写我刻意制造神秘气息。

自离开旧金山开始我的大冒险以来，已经有二十二年了，你可以想象我回到家乡时的心情。因为1906年的地震和大火，这里的一切都已经改变了，所以这里的一切对我来说都是新的，我几乎不认识这座城市了。

尽管哥伦比亚剧院衣着华丽、有品位的观众十分亲切、十分有鉴赏力，评论家们也是如此，但我还是不满意，因为我想要为更多人跳舞。为此我询问了希腊剧院，但被拒绝了。我一直不知道被拒的原因，不知道是因为我的经纪人缺乏策略，还是出于某些我不理解的恶意。

在旧金山，我再次见到了我的母亲，我有一些年没有见过她了，她因为莫名其妙的乡愁拒绝住在欧洲。她看起来老了许多，忧心忡忡，有一次去悬崖屋吃午餐，我们俩站在镜子前端详自己，我忍不住把我现在的愁容和我母亲憔悴的身影与二十年前两个冒险的灵魂相对比，那时两个人正怀着远大抱负启程寻找名声和财富。两者都被找到了，但结果为何如此悲惨？也许，这个最不尽人意的世界里，最基本的情况就是与人为敌，生活的自然结局便是如此。一生中我遇到过很多伟大的艺术家、聪明人以及所谓的成功人士，但没有人可以称得上过上了幸福的生活，尽管一些人可以装得很像。只要有些许洞察力，每个人都能透过他人的面具，窥视到同样的忧虑和痛苦。也许在这个世界上，所谓的幸福并不存在。有的只是幸福的瞬间。

当我在旧金山遇到了我音乐的灵魂伴侣、钢琴师哈罗德·鲍尔的时候，我经历了这样的瞬间。让我惊讶但也让我高兴的是，他告诉我，比起舞蹈家，我更是一名音乐家，我的艺术帮助他理解了巴赫、肖邦和贝多芬原本费解的乐句。在奇迹般的几个星期里，我们进行了很棒的艺术合作，他让我相信我为他解开了他的艺术的秘密的同时，他也向我展示了他对我的艺术的诠释，这是我从未梦想过的。

哈罗德过着细腻、智性的生活，遗世独立。与大多数音乐家不同，他并不局限于音乐，他对所有艺术形式都有很好的鉴赏力，也深谙诗歌和最深邃的哲学。两个对艺术有着同样崇高理想的人相遇，就会进入某种沉醉状态。数天之中，我们没有喝酒却醉得厉害，令人颤抖、澎湃的希望蔓延到每一条神经。意识到这种希望，双眼相对时，我们体验到了如此强烈的快乐，以至于我们仿佛疼得大喊出来："你觉得肖邦的这一段音乐应该是这个样子吗？""是的，就像那样，甚至表达了更多的东西。我现在为你创造出它舞动的样子。""啊，实现了！我现在为你演奏。""啊，多么开心——至高喜悦！"

我们的对话就是这样，它不断加深了我们对我们都喜爱的音乐的理解。

我们一同在旧金山的哥伦比亚剧院进行了演出，我认为这是我职业生涯中最幸福的事件之一。与哈罗德·鲍尔的相遇再次将我置身于轻快和欢愉的氛围中，只有与这样闪耀的灵魂触碰才会出现这种氛围。我一度希望这种交流能够继续，我们能够一起创造一种全新的音乐表现领域。但，天哪，我没有考虑到人言可畏的世界和多疑的妻子。因为不得已的、戏剧性的分离，我们的合作结束了。

在旧金山时，我与一位知名作家和音乐评论家雷德芬·梅森成了朋友。哈罗德·鲍尔的一次音乐会结束后，我们三个人共进晚餐，他问我在旧金山他能做什么来讨我开心。我说可以承诺满足我一个请求，无论以何种代价。他答应了，于是我拿出一支铅笔，为鲍尔的音乐会写了一首长长的颂词，模仿了莎士比亚十四行诗的开头：

每每，当你，我的音乐，奏响

在那幸福的琴键，琴键跃动

随着你的甜蜜手指……

我多么嫉妒那些琴键灵活跳跃

去亲吻你手柔软的掌心……

以及结尾：

既然冒失的琴键乐在其中

那就将你的手指给它们，将你的嘴唇给我亲吻。

梅森感到十分困扰，但他不得不"大度"，当第二天署了他的名字的评论文章出现时，他所有的同事都取笑他突然对鲍尔产生的新兴趣。我的好朋友对他们的取笑泰然处之，当鲍尔不在旧金山时，他就是我最好的同伴和慰藉者。

尽管坐满哥伦比亚剧院的高品味观众热情满满，但我建新学校的想法并没有得到家乡的支持，这让我大为沮丧。已经有一堆我的模仿者了，以及若干模仿的学校，他们似乎已经满足于此，他们似乎还认为我的艺术尤为严肃的特质可能会造成一些灾难。我的模仿者全都成了糖精、甜浆，对于我的作品，他们只推广他们乐于称为"和谐和美丽"的那部分，却无视了所有严肃的部分——实际上，这是无视了主要部分和真正的意义所在。

沃尔特·惠特曼在抒发对美国预言般的爱时曾说："我听见美国在唱歌。"我可以想象沃尔特听到了有力的歌，它来自太平洋的波涛，越过平原，它是孩子、年轻人、男人和女人组成的庞大的合唱队激昂的声音，它在歌唱民主。

当我读惠特曼的这首诗时，我也产生了幻象——美国跳舞的幻象，这应该是沃尔特听到美国唱歌时那首歌的恰当表达。这支音乐的节奏会是欢快和强劲的，如同起伏的落基山脉。与爵士乐轻浮的节奏毫不相关，就像美国之魂力争和谐生活的律动。我脑海中的这只舞也没有任何狐步舞或查尔斯顿舞的痕迹——相反，它是孩子往高处有力一跃，跳向未来的个人实现，跳向能表达美国的新的伟大生活愿景。

当人们将我的舞蹈称作希腊舞蹈时，我常常一笑了之——多少有些讽刺的意味，我自认为我的舞蹈起源于我的爱尔兰祖母讲给我们听的故事，她讲到她和祖父在1849年坐着大篷车穿越大平原，当时她十八岁、他二十一岁，讲了与印第安人的著名战斗期间，她的孩子诞生于这辆大篷车中的情形，还讲到印第安人最终被击败后，我的祖父手上拿着还冒着烟的枪，将头探入大篷车门，迎接他新生的孩子。

他们抵达旧金山后，我的祖父建造了属于最早一批的木屋，我记得当我还是小女孩时，我去过这间屋子。我的祖母因为想念爱尔兰，常常唱爱尔兰歌曲，跳爱尔兰快步舞，但我却认为这些爱尔兰快步舞中潜藏着开拓的英雄精神和与印第安人战斗的影子——可能还有一些印第安人的舞姿，以及有一次，在我的祖父托马斯·格雷上校打完内战迈步回家时的一些洋基舞步被加入其中。祖母将这一切汇入了爱尔兰快步舞中，我向她学了这种舞，然后在舞中加入了我自己对年轻美国的憧憬，最后加入了我阅读沃尔特·惠特曼诗歌时获得的巨大精神满足感。这便是我向世界推广的所谓希腊舞蹈的起源。

这是起源——根基，但后来我到了欧洲，我有了三位伟大的导师，我们这个世纪的舞蹈的三位伟大先行者——贝多芬、尼采和瓦格纳。贝多芬创造了节奏强劲的舞蹈，瓦格纳提供了雕塑的造型，尼采提供了精神——尼采是第一位跳舞的哲学家。

我常常在想，能够倾听沃尔特·惠特曼所说的美国的歌唱、能够为美国舞蹈创作真正音乐的美国作曲家在哪里，这种音乐不应包含任何爵士节奏——没有任何节奏来自腰部以下，而是来自心头——灵魂的暂时居所，来自高高飘扬于广阔天空的星条旗。这片天空高拱于大地之上，起自太平洋，跨过大平原，跨过内华达山脉，跨过落基山脉，直抵大西洋。我恳求你，年轻的美国作曲家，要为表达沃尔特·惠特曼的美国（亚伯拉罕·林肯的美国）的舞蹈创作音乐。

竟然有人认为爵士节奏能表达美国，在我看来这是荒谬的。爵士节奏表达的是原始野蛮。美国的音乐有所不同，但还没被创作出来。还没有作曲家掌握这种美国节奏——对于大多数人的耳朵来说，它过于强劲了。但总有一天，它会从辽阔的大地涌出，从广大的天空降下，某种巨人般的音乐将会用来表达美国。这种音乐将使混乱变为和谐，长腿、闪光的男孩和女孩将随着这种音乐起舞，这不是查尔斯顿舞跟跟跄跄、猿猴一般的抽搐，而是一种醒目的、大幅度的向上运动，跨上埃及的金字塔，越过希腊的帕特农神庙。这是一种任何文明都还未见识过的对美和力量的表达。

这种舞蹈里将不会有芭蕾舞愚蠢的搔首弄姿，也不会有黑人的肉欲抽搐，它是纯净的。我见到的美国舞蹈是，她单足独立于落基山最高峰，双手张开，伸向大西洋和太平洋，优雅的头颅直指天空，前额有一顶百万星辰组成的王冠放射光芒。

他们在美国学校里推广所谓的身体文化以及瑞典体操，还有芭蕾，这是多么荒唐。真正的美国风格绝不可能是芭蕾舞。美国人的腿太长，身体太敏捷，精神太自由，不适合芭蕾舞这种做作的高雅、踮起脚的流派。所有伟大的芭蕾舞者都是身板小的矮个子女人，这是人尽皆知的。一个高大、健硕的女人根本无法跳芭蕾。能够最好地表达美国的身形绝无可能跳芭蕾。哪怕具有天马行空的想象力，你也无法描绘出自由女神跳芭蕾的样子。既然如此，为什么要在美国开设这种学校？

亨利·福特（美国汽车工程师与企业家，福特汽车公司的建立者）表达过让所有福特城的孩子跳舞的愿望。他并不推崇现代舞，想要孩子们跳老式的华尔兹、马祖卡和小步舞。但老式的华尔兹和马祖卡表现的是病态的感伤和浪漫情调，我们的年轻人已经越过这一阶段了，而小步舞表现的是路易十四和环形裙时代侍臣们油腔滑调的奴性。这些舞姿与美国的自由青年有何关系？福特先生难道不知道舞姿和词语一样富于表现力吗？

为什么我们的孩子要在小步舞那种繁缛、奴性的舞蹈中屈膝，或是在华尔兹虚假感伤的迷宫中旋转？还是让他们大跨步、猛冲和跳跃吧，昂起头，张开双臂，舞出我们先辈的语言，舞出我们英雄的坚毅，舞出我们的政治家的正义、仁慈和纯粹，以及所有母亲们卓异的爱和温柔。当美国的孩子们以这种方式跳舞时，他们就会成为美的存在，配得上最伟大民主的国家之名。

那将是美国之舞。

第三十一章　新世界

有那么一些日子，我的生活像是点缀着珍贵珠宝的金色传说，像是一片无数鲜花盛开的花田，像是每时每刻洋溢着爱与幸福的明亮早晨。我找不到词语表达我的生活的喜悦和快乐。我对我的学校的想法仿佛天才之光，我确实也相信，尽管无法证实，我的学校是一个巨大成功，我的艺术是一种复兴。但在其他日子，当我试图回顾我的生活，萦绕心头的只是无尽的恶心以及彻底虚无的感受。过去似乎只是一连串的灾难，未来是某种确切的灾难，

　　学校是疯子脑袋里的幻象。

　　人类生活的真相是什么，谁又能找到？神也会感到困惑。在这些苦闷和欢愉之间，在污秽和光明纯净之间，在这填满地狱之火的肉体以及这同一具闪耀着英雄主义和美的肉体之间，真相在哪里？神知道，或者恶魔知道，但我怀疑他们也在困惑。

　　因此，在一些天马行空的日子里，我的思绪像是一面被玷污了的玻璃窗，透过它，我看到了美丽、奇幻——有不可思议的形式和丰富

的色彩。其他日子，我只能透过模糊、灰暗的玻璃窗，看到被叫做生活的无聊、灰暗的垃圾堆。

如果我们能够潜入自己，像潜水者取出珍珠一样取出思想——从深藏于我们潜意识里的无声、紧闭的牡蛎中取出珍贵的珍珠，那该多好！

为维持我的学校进行了长时间的奋斗后，我感到孤独、伤心、气馁，想要回到巴黎，在那里有可能通过我的资产换到一些钱。不久后玛丽从欧洲返回，从巴尔的摩给我发了电报。我对她说了我的遭遇，她说："我的好朋友戈登·塞尔福里奇明天出发。如果我去求他，他肯定会给你弄到一张票。"

美国期间的挣扎和心碎已让我筋疲力尽，于是我欣然接受了这个提议，第二天早晨我从纽约乘船出发。抵达伦敦后，我没有继续前往巴黎的钱，于是在杜克街找了个住处，然后给巴黎的朋友们分别发了电报，但没有得到回复——可能是战争的原因。我在那个阴暗的住处度过了糟糕、阴郁的几周，被完全困住了。孤单、虚弱，身无分文，学校已废，战争看起来还要无休止地继续下去，我常常在夜里坐在昏暗的窗边看空袭，希望有一颗炸弹落在我身上，结束我的困境。自杀已是如此诱人，我常常想到自杀，但总有事阻止了我。毋庸置疑，如果药店里像卖某些预防药物一样公开卖自杀药丸，我相信所有国家的知识分子无疑会因为受不了极度痛苦而一夜消失。

绝望的我给洛亨格林发了电报，但是没有得到回复。一位经纪人为我的学生安排了一些演出，他们想要在美国发展事业。他们之后以伊莎多拉·邓肯舞者的名义巡演，但这些巡演的收入没有分给我一丝一毫，我发现自己身处绝境，直到我机缘巧合遇到了法国大使馆一位有魅力的工作人员，他拯救了我，把我带去了巴黎。在巴黎，我租下了奥赛宫里的一个房间，找放债人借了些钱。

每天早上五点钟，我们都会被贝尔莎大炮野蛮的嘶吼吵醒，以此开启不祥的一天倒是挺合适，前线频频传来糟糕的消息。死亡、流血、杀戮，填满了痛苦的每一小时，夜里还有空袭警报呼啸。

这一时期的美好回忆之一是一天晚上在朋友的家里见到了著名的"王牌"加洛斯，他弹奏肖邦时我跳了舞，他送我回家，从帕西走到了奥赛宫。其间有空袭，我们看着空袭，顶着空袭，在协和广场，我为他跳了舞，他坐在喷泉池边为我拍手喝彩，火箭弹在离我们很近的地方落下，爆炸，火光照亮了他忧郁的黑眼睛。他告诉我，那晚他只想寻死，一心求死。没过多久，众英雄天使找到并带走了他——离开这个他并不爱的生活。

那些日子乏味单调。我很乐于去当一名护士，但我意识到，在申请成为护士的人排成长队的此刻，我的刻意显得多余，毫无意义。因此我考虑重拾我的艺术，尽管我的内心已如此沉重，我怀疑我的脚是否还能支撑住我的重量。

我喜爱的瓦格纳的《天使》，讲述了光明天使降临到一个极度悲伤和孤寂的总灵魂的故事，在这些黑暗的日子里，这样的天使也来到了我身边——当一位朋友将钢琴家沃尔特·鲁梅尔带来见我了。

沃尔特·鲁梅尔走进来时，我以为李斯特年轻的画像从画框里走出来了——他很高，很瘦，高高的前额上有一缕锃亮的头发，眼睛如波光闪闪的清泉。他为我演奏，我称他是我的大天使（Archangel）。

雷雅娜很慷慨，说我们可以在剧院的门厅工作。在贝尔莎大炮的轰鸣中，在战争消息的回响中，他为我演奏李斯特的《在旷野中思考上帝》，圣方济各对鸟说话，而我受到他演奏的启发，创作了新的舞蹈，舞蹈全部由祈祷、甜蜜和光组成，我再一次精神焕发，他指下流淌出的天籁之声把我从泥沼中拉了出来。这是我生命中最神圣、最缥缈的爱的开端。

没有人像我的大天使那样演奏过李斯特，因为他充满想象力。他能透过写在纸上的乐谱看到狂乱真正的意味，看到每天与天使对话时的狂乱的意味。

他非常温柔、可亲，激情燃烧。以他永不满足的狂乱表演，他的紧张神经消耗着他，他的灵魂在抗议。他并不向年轻人与生俱来的炽热的激情让步，相反，他的嫌恶像是不可抗拒的情绪一样控制着他。他像是在炭火盆上跳舞的圣人。爱这样的人既危险又困难，爱的嫌恶很容易变成对闯入者的憎恨。

透过皮囊寻找灵魂，这种接近别人的方式多么奇怪和骇人——应该经由皮囊寻找快乐、感觉和幻觉。啊！最重要的是被人们叫作幸福的幻觉。透过皮囊和表象，抵达幻觉——人们叫作爱的东西。

读者一定要记住，这些记忆在我心里已经很多年了，每一次我遇到新的爱，不管表现为恶魔、天使还是普通人，我都相信这是我长久等待的唯一真爱，相信这份爱将是我生命的最后救赎。我猜想，爱总是能带来这种信念。我生命中的每一次恋爱都可以写成一本小说，它们全都草草收场。我始终在等待结局完美、长长久久的那一次爱情，就像以幸福收场的电影一样。

爱的奇迹在于它可以以不同的主题和音调演奏，爱一个男人不同于爱另一个男人，也许正如听贝多芬的音乐不同于听普契尼的音乐，而能回应这些悦耳旋律演奏者的则是女人。我认为只爱过一个男人的女人就如同只听过一个作曲家的音乐的人。

夏日渐浓，我们在南部找了个安静的隐居处。在那里，在卡普费拉的圣·让港附近，在一处近乎荒废的酒店里，我们将空置的车库改造成工作室，日日夜夜，他弹奏美妙的音乐，而我跳舞。

现在我迎来了多么无忧无虑的时光，有我的大天使取悦我，有大海环绕我，我可以完全沉浸在音乐中。仿佛是天主教徒的夙愿实现了——死后前往天堂。这是多么摇摆不定的生活——痛苦越深，狂喜越强烈；每次坠入的忧伤越深，之后的快乐飞升就越高。

我们偶尔会走出我们的隐居之地，去救助不幸的人，或是给伤员举行音乐会，但多数时候我们都深居简出，通过爱和音乐，我的灵魂安居在极乐之巅。

隔壁的一座别墅里住着一位受人尊敬的神父和他的姐姐（或妹妹）吉拉尔迪女士，神父曾是南非白衣修士会的成员。他们是我们仅有的朋友，我常常听着李斯特灵性、神圣的音乐，为他们跳舞。夏天快结束时，我们在尼斯找了间工作室，宣布停战后，我们回到了巴黎。

战争结束了。我们在凯旋门看了胜利阅兵，我们大声呼喊："世界得救了。"在那一刻，我们全都是诗人。但，天哪！就像诗人猛然发现自己需要为所爱的人寻找面包和奶酪，世界也猛然发现有商业的需求了。

我的大天使挽着我，我们一同去了贝尔维，发现曾经的房子已经坍塌成废墟。但我们还是想：为何不重建它？花了数月设法为这个不可能完成的任务筹集资金，最终徒劳无功。

最终，我们接受了这个计划不可能完成的现实，法国政府给出了一个合理的购买报价，我们接受了。政府认为第二年把这间大屋子建成窒息性毒气工厂是个绝好的主意。我已经见证过我的狄奥尼索斯剧院被改造成伤员医院，现在我又要被迫放弃它，让它成为战争工具的工厂。失去贝尔维是一个巨大的遗憾，贝尔维——那里的景致多美啊。

交易终于完成，钱存到银行后，我在庞贝街买了房子，这里曾经是贝多芬厅，现在我在这里建了我的工作室。

我的大天使非常细腻，有同情心。他似乎能感受到那些让我内心沉重、常常让我整夜失眠和流泪的所有悲痛。在这种时刻，他会用怜悯而清澈的眼睛看着我，我的灵魂因此被抚慰。

在工作室，我们的两种艺术以一种绝妙的方式融合，在他的影响下，我的舞蹈开始变得超脱。他是第一位让我领会了弗朗茨·李斯特作品全部精神意义的人，我们用李斯特的音乐编排了一整个独奏会。我还开始在贝多芬厅安静的音乐室研究一些伟大壁画的动作和光影，我想在《帕西法尔》中再现它们。

我们在那里度过了神圣的时刻。我们合一的灵魂受到了支配我们的神秘力量的鼓舞。很多次，当我在跳舞、他在弹奏时，当我举起双手，我的灵魂随着《圣杯》悠扬的银色旋律飞升时，我们仿佛创造了一个迥异于我们自身的精神实体，当音乐和舞步上升至无穷，天空中也传来了回应。

我相信，借助这种音乐瞬间的超自然力量，当我们的灵魂在爱的神圣力量中交融时，我们已经到了另一个世界边缘。观众能感受到这种交融的力量的冲击，剧院中常常存在着我过去并不知晓的古怪的精神疾病。如果我的大天使和我继续研究下去，我毫不怀疑，我们会达到这种精神力量的内在律动，给人类带来新的启示。但尘世的感情竟然终结了这种对至高之美的神圣追求，这是多么可悲。就像传说里一样，人们永远不知满足，给坏精灵打开大门，后者带来了各种麻烦。所以，我没有满足于我已经找到的幸福，而是想要回归旧愿，重建学校。为了实现这个目的，我给我在美国的学生发了电报。

他们来与我会合后，我召集了一些信赖的朋友并对他们说，"让我们全都去雅典，去看看卫城，我们也许会在希腊建一座学校。"

但一个人的动机是多么容易被曲解！一名作家在《纽约客》（1927）上是这么写这次旅行的："她的挥霍没有限度。她大肆聚会，从威尼斯开始，一直持续到雅典。"

可是，我多么不幸！我的学生们来了，她们年轻漂亮，事业有成。我的大天使看着她们，爱上了其中的一个。

怎么描述这次旅程，这次对我来说就是爱的处刑的旅程？在利多的艾克塞西尔酒店，我第一次注意到了他们之间的暧昧，我们在那里停留了数周，在继续前往希腊的船上，他们的关系得到了证实。无法反驳的事实永远地毁了月光下的卫城在我心中的美好——这些都是我爱的处刑的站点。

我们抵达雅典后，一切看起来都有利于学校。因为韦尼泽洛斯的好意授权，我能够随意使用扎皮翁宫。在这里，我们有了工作室，每天早晨我和我的学生在这里工作，我努力用配得上卫城的舞蹈来启发他们。我的计划是为在体育场举行的狄奥尼索斯节庆培训一千名孩子。

每天我们都去卫城，回想1904年我第一次到访那里，看着我的学生们年轻的身影以他们的舞蹈实现了——至少一部分——我在十六年前的梦想，这是多么催人泪下的一幕。现在，种种迹象似乎都在表明，战争已经结束，我应该可以在雅典建立我久已盼望的学校。

我从美国到来的学生身上有种我不喜欢的做作和脾性，但他们很快沉醉于雅典灿烂的天空、群山胜景给予的灵感以及伟大的艺术之中。

我们的聚会成员中有画家爱德华·史泰钦，他在卫城、在狄奥尼索斯剧场拍了许多迷人的照片，它们是我希望在雅典创造的辉煌景象的小小预演。

我们发现科帕诺斯已是废墟，被牧羊人和他们的山羊群占据，但我毫不气馁，马上决定清理地面，重建房子。工程马上开始，积攒多年的垃圾被一扫而空，一位年轻的建筑师接下了安装门窗和屋顶的工作。我们在高大的客厅里铺上了跳舞用的地毯，添了一架大钢琴。每天下午在这里，以卫城日落的绝美景色为背景，当紫色和金色的光线洒在海面，我的大天使会为我们演奏恢弘、激励人心的音乐——巴赫、贝多芬、瓦格纳、李斯特。凉爽的夜晚来临后，我们所有人会从雅典街头的男孩那里买来可爱的白色茉莉花，编织成花环，戴在前额，然后漫步到海边的法勒隆吃晚餐。

我的大天使被这群花冠少女簇拥，仿佛帕西法尔身处昆德丽的花园，此刻我才发现他眼中有了新的光芒，但这光芒更多是尘世的，而非天堂的。我一度认为我们的爱在智性和精神方面牢不可摧，以至于我花了一些时间才意识到真相：他闪亮的翅膀已经变成热情的双臂，能够抓住、抱紧林中女仙的身体。我的所有经验对我毫无帮助，这对我来说是一个巨大的打击。从那时起，一种不安、难忍的痛苦始终伴随着我，我不由自主地开始以一种特别的感觉看着他们日渐情深的种种表现，这种感觉有时会唤醒近似于杀心的恶魔，这让我感到害怕。

某天傍晚日落时，当我的大天使越来越像普通人。刚刚演奏完伟大进行曲《诸神的黄昏》，最后的音符还在空中回荡，似乎要融入紫色的光线，被伊米托斯山反射并照亮海面，我突然看到他们目光交汇，在鲜红的夕阳里，他们眼中燃烧着同样的激情。

看到这一幕，我不禁大怒，愤怒之强烈甚至让我感到害怕。我转身走开，整晚都在伊米托斯山周围的山丘游荡，我因为失望而发狂。确实，在我过往的人生中，我见识过那只绿眼怪兽，它的獠牙可以唤起最惨烈的痛苦，但远没有达到我现在感到的盛怒困扰我的程度。我爱他们两人，同时也恨他们，这段经历让我对那些不幸的人、那些受难以想象的嫉妒驱使杀了自己所爱的人，有了更多的同情和理解。

为了避免自己步入此种灾祸，我组织了一个由我的学生和我的朋友爱德华·史泰钦组成的小团，然后我们踏上了从底比斯古城到卡尔基斯的绝美大道。在卡尔基斯，我看到了金色沙滩——正是我想象中的埃维亚岛的少女们为庆祝依菲琴尼亚不幸婚姻跳舞的那片金色沙滩。

　　不过，此时此刻，希腊的所有荣光都无法驱散控制我内心的恶魔，它总是在我脑中重复留在雅典的两人的画面，它噬咬我的内脏，像酸一样腐蚀我的大脑。我们返回时，看到我们卧室窗户外延的阳台上有他俩的身影，洋溢着青春和相互的激情，我的痛苦达到了顶点。

　　我现在无法理解这种着魔，但在当时，它让我深陷其中，且如猩红热和天花一般难以避免。但尽管如此，我还是每天教我的学生，继续推进在雅典建立学校的计划，并且看起来很顺利。韦尼泽洛斯政府对我的计划十分支持，雅典民众也充满热情。

　　某天，我们全体受邀参加在体育场举行的向韦尼泽洛斯和年轻国王致敬的大游行。五万群众以及希腊教会全体成员参加了这次游行，年轻的国王和韦尼泽洛斯步入体育场时，受到了鼓掌欢迎。牧师们列队行进，他们身穿绣满黄金的锦缎长袍，在阳光下熠熠生辉，这是十分壮观的一幕。

　　当我身穿轻盈的垂褶短裙，带着一群塔纳格拉进入体育场时，友好的康斯坦丁·梅拉斯迎了上来，将一顶桂冠递给我，并说：

　　"你，伊莎多拉，再次将菲狄亚斯的永恒之美和希腊的伟大时代带给了我们。"

而我回答："啊，请帮助我创造出一千名能够在这座体育场以绝佳的舞姿舞蹈的出色舞者，让全世界的人都愿意来这里，满怀惊叹和欣喜地观看他们。"

　　当我说完这些话时，我注意到大天使正欢天喜地地握着他的心上人的手，我破天荒地内心平和下来。在我的伟大幻象面前，这些微不足道的情绪丝毫不重要，我以爱和原谅看待、俯视它们。但当天晚上，当我在阳台上看到他俩在月光下将脑袋靠在一起的轮廓时，我再次成了微不足道的人类感情的俘虏，它让我方寸大乱，我不顾一切地独自狂奔，盘算着要学萨福从帕特农的岩石上纵身一跃。

　　没有什么词语能够描述吞噬我的这种扭曲的感情带来的痛苦，我周围柔和的美景只会让我感觉更不幸，但似乎也没有逃离这一窘境的出口。短暂的激情足以让我们放弃能够永生的伟大的音乐合作计划吗？我也不能将我的学生送离她成长的学校，每天看他们恩爱，忍住不表达我的懊恼似乎不可避免。实际上，这是一个死局。提升精神高度或许可以超越这一切，不过，尽管我身处不幸，坚持不懈的舞蹈练习、山间的长途远足以及每日去海里游泳给了我旺盛的食欲，也让我难以控制的情绪得以以尘世的方式得到消解。

　　因此我坚持了下来，当我教我的学生美、平静、哲学和和谐时，我的内心却在最致命的折磨中翻腾。这种局面最终会怎么收场，我并不知道。

　　我唯一的对策是穿上强颜欢笑的盔甲。每晚，我们在海边吃晚餐时，努力将我的痛苦浸没在易醉的希腊美酒里。确实有更高尚的办法，但在当时我没有能力找到。总之，这些只是我可怜的人生经验，我尽力记录在这里。不管有没有价值，或许能告诉别人"不要做什么"。但更有可能的是，每个人只是按照他们所能做到的唯一方式来避免自己的不幸和折磨。

这种无解的局面因为命运的奇怪一击而化解，源头只是一件小事。年轻的国王被一只恶毒的小猴子咬了一口，但猴子咬的这一口被证明是致命的。

他在生死之间徘徊了数天，然后传来了他去世的噩耗，这导致了动乱和革命，以至于韦尼泽洛斯和他的党派不得不再次辞职。顺带一提，我们也不得不离开，因为我们是作为他的客人被邀请到希腊来的，我们也成了政治局势的受害者。就这样，我所有花在重建柯帕诺斯和筹划工作室的钱打了水漂，我们被迫放弃了在雅典建立学校的梦想，乘船经罗马返回巴黎。

1920年的这次对雅典的最后造访，之后的重返巴黎，再次出现的痛苦，我的大天使和我的学生最终分手离开了。学生是永远离开我了。这是一段多么奇特的、折磨人的回忆。尽管我觉得我是这一系列事件的牺牲者，但她的想法刚好相反，她不遗余力地污蔑我的感受，指责我完全不懂识趣退出。

最终我发现我独自被留在庞贝街的那座房子里，它的贝多芬厅徒劳地等待着我的大天使的音乐，这时我的绝望无以言表。我不忍再看到这座房子，这座我在其中曾那么快乐的房子。实际上，我想要飞离这里，飞离世界，因为在那个时刻，我相信世界和爱对我已死。人们一生中有多少次得出过这个结论！然而，如果我们能看到下一座山的另一侧，我们会发现有一个满是鲜花和幸福的山谷在等待我们。我尤其反感这个由许多女人得出的结论：四十岁之后，有尊严的生活不应包含任何谈情说爱。啊，这是大错特错的！

在这个离奇的尘世旅程中感受肉体的生命，是多么不可思议。首先是年轻女孩羞怯、畏缩、纤细的肉体，我曾是这样的女孩，然后转变成强壮的亚马逊女战士。接着是葡萄藤绕身、浸透葡萄酒的酒神女祭司，在萨提尔的飞踢下，柔软倒下，不加抵抗。我活在我的肉体里，像灵魂活在云端——这是一片玫瑰之火，体态丰满，富有弹性。

总是只歌唱爱和春天多么无聊。秋天的色彩更加灿烂，更加丰富，秋天的快乐浓烈、惊人、美丽千倍。我多么同情那些可怜的女人，她们苍白、狭隘的信条将她们排除出爱的秋天送来的壮丽、慷慨的礼物。我可怜的母亲就是这样，因为这个荒谬的偏见，在本应最美好的年华，她的身体出现了衰老和疾病，曾经出色的大脑出现了部分萎缩，她将这一切归咎于这个荒谬的偏见。我曾是羞怯的猎物，然后是咄咄逼人的酒神女祭司，现在我吞没情人，如同大海吞没勇敢的游泳者，圈住，打旋，用云和火的浪花将他环绕。

1921年春，我收到了苏联政府发来的以下电报：

只有俄国政府能理解你。来找我们，我们将为你建立学校。

这则消息是从哪里发来的？从地狱？不是。是从离地狱最近的地方发来的。在欧洲，地狱所指的是莫斯科的苏联政府。环顾我空荡荡的房子，没有我的大天使，没有希望，也没有爱。于是我回复：

好，我会来俄国，我会教你们的孩子，但我有一个条件，你们需要给我一个工作室以及开展工作必要的资金。

他们的回答是："好。"之后的某一天，我出现在了泰晤士河的船上，我准备离开伦敦前往瑞威尔，并最终前往莫斯科。

离开伦敦前，我去见了一个算命的人，她说："你正要开启一段漫长的旅程。你会有许多奇特的经历，你会有麻烦，你会结婚。"①

听到"结婚"这个词时我用大笑打断了她的话。我，一个一直反对婚姻的人？我永远不会结婚。算命的人说："走着瞧吧。"

去俄国的路上，我有种死去的灵魂前往另一个世界的超然感觉。我觉得我将所有的欧洲生活永远抛在了身后。我确实信奉理想国的理念，柏拉图、卡尔·马克思和列宁曾设想过的理想国，现在已经靠着某种奇迹在尘世中被创造出来了。我使出全身力量，仍不能在欧洲实现我的艺术幻象，现在我已经准备好进入共产主义的理想之乡。

我没有带服装，我想象我会与同样穿着朴素、心中充满手足之爱的同志们一道度过余生。

船一路北上，我满是轻蔑和同情地回看我正在离去的布尔乔亚欧洲的所有腐朽的体制和习俗。从此以后，我就是同志们中的一名同志，我执行为这代人类工作的庞大计划。那么，再见，旧世界的不平等、非正义和野蛮——旧世界让我的学校不能继续。

---

① 指的是邓肯后来与苏联诗人叶赛宁结婚。

船最终抵达时，我的心脏因喜悦而狂跳。这次是为了被创造出来的新世界！为同志们的世界。这个梦想曾在佛陀脑中被构想；这个梦想曾借助基督的言语流传；这个梦想曾是所有伟大艺术家的终极希望。列宁用伟大的魔术将这个梦想变为现实，我现在踏入了这个梦想，我的工作和生活将变成它的伟大承诺的一部分。

　　再见，旧世界！我要欢呼新世界。

伊莎多拉·邓肯生涯大事记

1878年　　1岁

出生于旧金山，一如她所常说的："在金星上升的时候。"

1899年　　22岁

与母亲、哥哥雷蒙德和姐姐伊丽莎白搬到芝加哥，她在那里跳舞，并获得了奥古斯丁·戴利的采访。因为这次采访，她第一次获得了在纽约演出的机会。

1900年　　23岁

邓肯一家搬至伦敦，在那里，伊莎多拉为伦敦上层社会表演，结识包括威尔士亲王在内的社会名流。

1904年　　27岁

伊莎多拉在柏林结识戈登·克雷，他们成为恋人。

1905年　　28岁

她的女儿黛特出生（戈登·克雷的孩子）。

1910年　　33岁

缝纫机跨国公司继承人、百万富翁帕里斯·辛格（即本书所述的洛亨格林）追求她，并成为她的恋人。同年，她的儿子帕特里克出生（帕里斯·辛格的孩子）。

1913年　　36岁

黛特和帕特里克的悲剧性死亡，孩子们与家庭女教师一同溺亡于塞纳河。

1922年　　45岁

伊莎多拉前往苏联，并于5月与诗人叶赛宁结婚。

1924年　　47岁

与叶赛宁离婚。

1927年　　50岁

伊莎多拉在法国南部写作回忆录期间，因车祸去世。

附录

伊莎多拉·邓肯

邓肯演出《仲夏夜之梦》，在剧中扮演长着翅膀的仙女

邓肯在台上舞蹈

邓肯的第一个"罗密欧"

邓肯在授课

邓肯及孩子

邓肯与她的学生们

邓肯与她的学生们

邓肯优美的舞姿

邓肯伴着《蓝色多瑙河》翩翩起舞

邓肯与诗人叶赛宁

邓肯的舞蹈艺术刺激了当时许多艺术领域,
雕塑家为她雕像,画家为她作画,作曲家为她作曲,
诗人为她作诗,她成为欧洲当时的明星

邓肯的舞蹈艺术刺激了当时许多艺术领域，
雕塑家为她雕像，画家为她作画，作曲家为她作曲，
诗人为她作诗，她成为欧洲当时的明星

邓肯的舞蹈艺术刺激了当时许多艺术领域，
雕塑家为她雕像，画家为她作画，作曲家为她作曲，
诗人为她作诗，她成为欧洲当时的明星

邓肯的舞蹈艺术刺激了当时许多艺术领域，
雕塑家为她雕像，画家为她作画，作曲家为她作曲，
诗人为她作诗，她成为欧洲当时的明星

邓肯的舞蹈艺术刺激了当时许多艺术领域，
雕塑家为她雕像，画家为她作画，作曲家为她作曲，
诗人为她作诗，她成为欧洲当时的明星

邓肯的舞蹈艺术刺激了当时许多艺术领域，
雕塑家为她雕像，画家为她作画，作曲家为她作曲，
诗人为她作诗，她成为欧洲当时的明星

花园中跳舞的邓肯

埃伦·特里和儿子克雷

邓肯和她的姐姐